smart
사회복지사 1급
총정리문제집
[사회복지정책과 제도]

2020년 사회복지사 1급 시험 대비

기출문제에서 합격이 보인다!

smart

사회복지사 1급

최근 10년간 기출문제

총정리문제집

[사회복지정책과 제도]

심상오 편저

에듀파인더
[edufinder.kr]

2020년 사회복지사 1급 시험 대비

스마트 사회복지사 1급 총정리문제집
사회복지정책과 제도

초판 인쇄 2019년 10월 28일
초판 발행 2019년 11월 5일

편저자 심상오
발행인 권윤삼
발행처 (주) 연암사

등록번호 제16-1283호
주소   서울특별시 마포구 양화로 156, 1609호
전화   (02)3142-7594
FAX   (02)3142-9784

ISBN 979-11-5558-061-5   14330
     979-11-5558-060-8   (전3권)

연암사의 책은 독자가 만듭니다.
독자 여러분들의 소중한 의견을 기다립니다.
트위터 @yeonamsa
이메일 yeonamsa@gmail.com

이 도서의 국립중앙도서관 출판시도서목록(CIP)은 서지정보유통지원시스템 홈페이지(http://seoji.nl.go.kr)와
국가자료공동목록시스템(http://www.nl.go.kr/kolisnet)에서 이용하실 수 있습니다.
(CIP제어번호: CIP2019041655)

머리말

3교시 시험과목인 사회복지정책과 제도는 사회복지정책론, 사회복지행정론, 사회복지법제론으로 구성되어 있습니다. 사회복지급여와 서비스라는 정책이나 제도가 결정되고, 근거 법령(법률, 시행령, 시행규칙)을 마련하고, 공공기관이나 민간기관 등 사회복지 경로를 통해 최종 복지수혜자(Client)에게 전달되는 전 과정을 다루는 과목입니다.

사회복지행정론은 일반적으로 수험생이 이해하는데 크게 어려움이 없을 것으로 생각되나 사회복지정책론과 사회복지법제론은 대상이 광범위하기 때문에 다소 어렵다고 느낄 수도 있습니다. 그러나 우리의 일상생활과 관련된 학문이기 때문에 크게 이해하지 못할 부문은 없습니다.

특히, 사회복지정책론과 사회복지법제론은 총론 부문을 제외한 사회보장부문(사회보험, 공공부조, 사회서비스)은 동일한 내용이기 때문에 함께 공부하면 시너지 효과를 거둘 수 있습니다.

사회복지사 1급 시험은 어렵지도 쉽지도 않은 자격시험입니다. 스마트 사회복지사 1급 총정리 문제집은 최근 10년간의 기출문제를 총정리하여 쉽게 이해할 수 있도록 편집하였습니다. 여러분이 스마트 사회복지사 1급 시험대비 기본서와 총정리 기출문제집을 2회독 이상한다면 충분히 사회복지사 1급 합격이라는 영광을 안을 수 있을 것입니다. 합격의 영광은 수험생 본인의 마음자세에 달려 있습니다. '나는 반드시 합격한다' 는 신념으로 최선을 다한다면 단기간에 합격할 수 있습니다.

여러분의 합격을 진심으로 기원합니다!!

총정리 문제집의 특징 및 학습방법

문제집의 특징
1) 최근 10여년 간(2010~2019) 출제된 기출문제들을 분석하고 총정리하였다.
2) 기출문제를 단순히 회차별로 수록한 시중교재와는 달리 기본서 단원별로 최근 출제된 문제 우선 순으로 정리함으로써 최근의 출제경향과 흐름을 한눈에 파악할 수 있도록 하였다.
3) 해설은 초보수험자도 이해할 수 있도록 쉽게 설명하였으며, 오답노트와 보충노트를 통해 충분히 이해할 수 있도록 편집하였다.
4) 출제될 가능성이 높은 예상문제를 별표(★★★)로 표시하여 시험 직전에는 별표가 많은 문제만 정리하여도 합격할 수 있도록 고려하였다.

학습방법
1) 기본서를 빠르게 1회 숙독하여 전체적인 구성을 이해한다. 시간이 있으면 동영상 강의를 들으면서 공부하는 것을 추천한다.
2) 기본서 부문과 연계해서 기출문제를 2회 풀어본다. 자신이 어렵다고 생각하는 부문이나 어려운 문제를 이해하는데 시간을 허비하지 않도록 한다. 그 이유는 알고 있거나 보통 수준의 문제만 틀리지 않으면 충분히 합격할 수 있기 때문이다.
3) 자격고시는 과목별 과락(40점 미만) 없이 60점 이상이면 합격하기 때문에 전략적인 공부, 즉 선택과 집중이 중요하다. 본인이 자신 있는 과목을 3개정도 선택해서 고득점(80점)하도록 집중하고, 아주 어려운 과목은 과락만 되지 않도록 기출문제 중심으로 정리한다.

차 례

사회복지정책론

사회복지행정론

사회복지법제론

사회복지정책론

(17회 기출)

중요도 ★★★

01) 평등에 관한 설명으로 옳지 않은 것은?

① 보험료수준에 따라 급여를 차등하는 것은 비례적 평등으로 볼 수 있다.

② 드림스타트(Dream Start)사업은 기회의 평등을 반영하는 것으로 볼 수 있다.

③ 공공부조의 급여는 산술적 평등을, 열등처우의 원칙은 비례적 평등을 반영하는 것이다.

④ 모든 사람에게 동등한 의료서비스를 제공하는 영국의 국민보건서비스(NHS)는 결과의 평등을 반영하는 것으로 볼 수 있다.

⑤ 비례적 평등은 결과의 평등이다.

해설

평등의 개념 참조

• 비례적 평등(공평, 형평): 개인의 노력, 능력, 사회적 역할, 사회적 기여에 따라 사회적 자원을 다르게 분배한다.
   예) 사회보험(연금, 실업급여), 열등처우의 원칙, 근로조건부 수급자제도 등
• 결과의 평등(수량적 평등, 절대적 평등): 사람의 욕구나 능력의 차이에 상관없이 모든 사람에게 사회적 자원을 똑 같이 분배한다.
   예) 영국의 보건의료서비스(NHS), 사회수당(데모그란트), 공공부조 등

정답 ⑤

중요도 ★★★

(17회 기출)

02) 국가가 시장에 개입하는 근거로 옳은 것을 모두 고른 것은?

ㄱ. 긍정적 외부효과	ㄴ. 부정적 외부효과
ㄷ. 비대칭적 정보	ㄹ. 역선택

① ㄱ, ㄷ   ② ㄴ, ㄹ   ③ ㄱ, ㄷ, ㄹ

④ ㄴ, ㄷ, ㄹ   ⑤ ㄱ, ㄴ, ㄷ, ㄹ

해설

시장실패의 원인: 공공재공급의 실패, 외부효과, 불완전한 정보(정보의 비대칭성), 도덕적 해이, 역의 선택, 규모의 경제, 소득분배의 불공평성 등이다.

정답 ⑤

03) 사회복지정책이 추구하는 목표와 추진방법을 연견한 것으로 옳지 않은 것은?

① 형평 – 실업급여

② 적절성 – 최저임금

③ 기회의 평등 – 여성고용할당

④ 적극적 자유 – 최저생활보장

⑤ 결과의 평등 – 드림스타트(Dream Start)

해설

드림스타트(Dream Start): 취약계층의 아동과 그 가족을 대상으로 맞춤형 통합서비스를 제공하는 프로그램으로 아동의 건강한 성장과 발달을 도모하고 공평한 출발의 기회를 보장함으로써 건강하고 행복한 사회구성원으로 성장할 있도록 지원하는 사업으로 기회의 평등에 해당된다. 정답 ⑤

04) 사회복지정책의 특성에 관한 설명으로 옳지 않은 것은?

① 가치판단적 특성을 가진다.

② 국민의 최저생활을 보장한다.

③ 개인의 자립성을 증진시킨다.

④ 능력에 비례한 배분을 원칙으로 한다.

⑤ 경제의 자동안전장치(built-in-stabilizer)기능을 수행한다.

해설

사회복지정책은 개인의 능력에 상관없이 최저생활에 필요한 수준까지는 평등할 수 있도록 분배하는 것을 원칙으로 한다.

정답 ④

05) 소득재분배 유형과 관련된 제도를 연결한 것 중 옳은 것을 모두 고른 것은?

㉠ 수직적 재분배 – 공공부조	㉡ 세대내 재분배 – 개인연금
㉢ 수평적 재분배 – 아동수당	㉣ 세대간 재분배 – 장기요양보험

① ㉣

② ㉠, ㉢

③ ㉡, ㉣

④ ㉠, ㉡, ㉢

⑤ ㉠, ㉡, ㉢, ㉣

해설

소득재분배 유형 참조

• 수직적 재분배: 고소득층에서 저소득층으로의 소득 재분배 형태이다.
  예) 공공부조

• 세대내 재분배: 젊은 시절 소득을 적립했다가 노년기에 되찾는 것으로 한 세대 내 소득의 재분배 형태이다.

정답 ⑤

06) 사회복지정책과 경제정책의 관계에 관한 설명으로 옳은 것을 모두 고른 것은?

> ㄱ. 경제정책은 사회복지정책에 영향을 준다.
> ㄴ. 사회복지정책은 경제에 영향을 준다.
> ㄷ. 경제정책과 사회복지정책은 서로 상생적 역할을 한다.
> ㄹ. 자본주의 경제체제 유지를 위하여 사회복지정책이 필요하다고 설명하기도 한다.

① ㄱ ② ㄱ, ㄷ ③ ㄴ, ㄹ
④ ㄴ, ㄷ, ㄹ ⑤ ㄱ, ㄴ, ㄷ, ㄹ

해설

사회복지정책과 경제정책의 관계
• 사회복지정책은 경제정책에 영향을 많이 받는다.
• 경제정책도 각종 사회복지제도에 영향을 받는다.
• 사회복지정책과 경제정책은 목적인 국민의 삶의 질을 향상시키는데 상호역할을 한다.
• 사회복지정책은 자본주의의 문제점인 부의 불평등을 완화하는 매우 큰 역할을 한다.

정답 ⑤

07) 존 롤즈(J. Rawls)의 사회정의를 구성하는 요소가 아닌 것은?

① 무지의 베일 ② 원초적 상황
③ 차등의 원칙 ④ 획일적 평등사회
⑤ 최소극대화의 원칙

해설

롤즈(J. Rawls)의 정의의 원칙: 정의의 원칙들이 충돌할 때 제1원칙이 제2원칙에 우선하며, 제2원칙 내에서는 '기회균등의 원칙'이 '차등의 원칙'에 우선 적용되어야 한다.
• 제1의 원칙(평등한 자유의 원칙): 모든 사람들은 각기 기본적인 자유를 평등하게 최대한 누려야 한다.
• 제2의 원칙(차등의 원칙과 기회균등의 원칙)
 – 차등의 원칙(최소극대화 원칙): 사회경제적 불평등은 최소 수혜자에게 최대의 이익이 되는 경우에 한해 인정될 수 있다.
 – 기회균등의 원칙: 사회경제적 불평등을 결과할 수 있는 지위와 직책은 모든 사람에게 개방되어 접근의 기회가 평등하게 제공되어야 한다.

정답 ④

08) 사회복지정책 관련 원칙과 가치를 연결한 것으로 옳지 않은 것은?

① 보충성원칙 – 자력구제 우선　　　② 열등처우원칙 – 비례적 평등

③ 보험수리원칙 – 개인적 형평성　　④ 소득재분배원칙 – 능력에 따른 부담

⑤ 최소극대화(maximin)원칙 – 개인적 자유

해설

롤즈(J. Rawls)의 사회정의론 참조

오답노트

롤즈(J. Rawls)의 사회정의론에서 최소극대화원칙(maximin rule)을 통해 평등주의적 분배의 근거를 제공한다.

정답 ⑤

중요도 ★★★　　　　　　　　　　　　　　　　　　　　　　　　　　　(14회 기출)

09) 사회복지정책의 가치에 관한 설명으로 옳은 것을 모두 고른 것은?

> ㄱ. 사회적 적절성(adequacy)은 모든 사람에게 사회적 자원을 똑같이 분배하는 것을 말한다.
>
> ㄴ. 벌린(I. Berlin)이 말하는 적극적 자유(positive freedom)는 국가 개입이 감소할수록 보장이 용이하다.
>
> ㄷ. 사회적 자원 배분이 평등적이고 동시에 파레토 효율적(Pareto efficient)이라면 평등과 효율은 상충적일 수밖에 없다.
>
> ㄹ. 비례적 평등(proportional equality)은 형평 또는 공평(equity)이라고도 불린다.

① ㄱ, ㄴ, ㄷ　　　　　　② ㄱ, ㄷ　　　　　　　③ ㄴ, ㄹ

④ ㄹ　　　　　　　　　　⑤ ㄱ, ㄴ, ㄷ, ㄹ

해설

비례적 평등(proportional equality)은 형평 또는 공평(equity)이라고도 불린다.

오답노트

• 사회적 적절성(adequacy)은 사회복지급여는 개인이 살아가고 있는 사회적 수준에 적절한 수준(최저생계비, 최저임금, 빈곤선)이어야 하는 것을 말한다.

• 벌린(I. Berlin)이 말하는 적극적 자유(positive freedom)는 국가 개입이 감소할수록 보장이 어려울 수 있다.

• 사회적 자원 배분이 평등하고 동시에 파레토 효율적(Pareto efficient)이라면 더 이상 어떠한 개선이 불필요한 최적의 자원배분 상태로서 사회적 자원의 바람직한 배분이라고 할 수 있다.

정답 ④

10) 복지혼합경제(mixed economy of welfare)의 예가 아닌 것은?

① 시립사회복지관의 민간 위탁

② 사회복지기관에서 사회적 기업 운영

③ 바우처 방식을 이용한 보육서비스 제공

④ 국민기초생활보장제도의 통합급여에서 개별급여로의 전환

⑤ 노인장기요양보험을 활용한 노인요양병원 운영

해설

복지혼합경제(복지다원주의)

• 주체와 재정의 측면에서 공공과 민간을 나누지 않고 다양한 주체들이 개발되고 협력되어 함께해야 한다고 주장한다.

• 국가, 시장경제가 혼합되어 다양한 공급주체가 발생(자조집단, 자원봉사조직, 협동조직 등)

오답노트

국민기초생활보장제도는 공공부문에서 운영하고 있으므로 혼합복지에 해당하지 않는다.

정답 ④

11) 사회복지정책의 기능으로 옳지 않은 것은?

① 사회 통합   ② 최저생활 유지   ③ 능력에 따른 배분

④ 개인의 잠재 능력 향상   ⑤ 소득 재분배

해설

사회복지정책은 능력에 따른 배분으로 발생하는 불평등을 해소하고 평등을 증진하기 위하여 필요하다.

정답 ③

12) 우리나라 사회서비스의 확대에 따른 정책변화를 분석한 내용으로 옳은 것을 모두 고른 것은?

ㄱ. 서비스 할당의 기반 : 보편주의에서 선별주의로

ㄴ. 서비스의 성격 : 제한적 서비스에서 다양한 서비스로

ㄷ. 서비스 전달체계 : 공·사 혼합에서 공공기관 중심으로

ㄹ. 재정지원방식 : 서비스제공자 지원에서 서비스수요자 지원으로

① ㄱ, ㄴ, ㄷ   ② ㄱ, ㄷ   ③ ㄴ, ㄹ   ④ ㄹ   ⑤ ㄱ, ㄴ, ㄷ, ㄹ

ㄱ. 서비스 할당의 기반: 선별주의에서 보편주의로 변화되고 있다.
ㄷ. 서비스 전달체계: 공공기관 중심에서 공·사 혼합으로 변화되고 있다.

정답 ③

중요도 ★★★   (13회 기출)

13) 복지국가의 특징으로 옳은 것을 모두 고른 것은?

> ㄱ. 정책의 형성과 집행에서 국가의 역할이 중요하다.
> ㄴ. 정치적 민주주의를 복지국가 성립의 수반조건으로 한다.
> ㄷ. 복지정책의 일차적 목표를 전 국민의 최소한의 생활보장에 둔다.
> ㄹ. 복지국가는 궁극적으로 '기회의 평등'을 추구한다.

① ㄱ, ㄴ, ㄷ   ② ㄱ, ㄷ   ③ ㄴ, ㄹ
④ ㄹ   ⑤ ㄱ, ㄴ, ㄷ, ㄹ

해설

복지국가는 궁극적으로 '결과의 평등'을 추구한다.

정답 ①

중요도 ★★★   (13회 기출)

14) 사회복지정책의 가치에 관한 설명으로 옳은 것은?

① 결과의 평등 정책보다 기회의 평등 정책은 빈자(貧者)들의 적극적 자유를 증진하는 데 유리하다.
② 적극적 자유는 타인의 간섭이나 구속으로부터의 자유를 의미한다.
③ 결과의 평등 정책은 부자들의 소극적 자유는 침해하지 않는다.
④ 열등처우의 원칙은 형평의 가치를 반영한 것이다.
⑤ 긍정적 차별(positive discrimination)은 형평의 가치를 저해한다.

① 기회의 평등 정책보다 결과의 평등 정책은 빈자(貧者)들의 적극적 자유를 증진하는 데 유리하다.
② 소극적 자유는 타인의 간섭이나 구속으로부터의 자유를 의미한다.
③ 결과의 평등 정책은 부자들의 소극적 자유를 침해한다.
⑤ 긍정적 차별(positive discrimination)은 기회의 평등과 연결되는 것으로 개인의 능력부족을 사회적으로 보완해 주는 것을 의미하며 사회적 약자에게 호의적 조치를 취함으로써 실질적 평등을 이루려는 것이라고 할 수 있다.

정답 ④

중요도 ★★★

15) 롤즈(J. Rawls)의 사회정의론에 관한 설명으로 옳은 것을 모두 고른 것은?

> ㄱ. 개인의 기본적 자유 보장을 제1원칙으로 한다.
> ㄴ. 개인의 자유를 중시한다는 점에서 자유주의적 전통에 속한다.
> ㄷ. 최소극대화원칙(maximin rule)을 통해 평등주의적 분배의 근거를 제공한다.
> ㄹ. 원초적 상황(original position)에서 사회구성원간의 사회적 계약의 원칙을 도출하고자 하였다.

① ㄱ, ㄴ, ㄷ   ② ㄱ, ㄷ   ③ ㄴ, ㄹ
④ ㄹ   ⑤ ㄱ, ㄴ, ㄷ, ㄹ

해설

롤즈는 사회의 모든 가치, 즉 자유와 기회, 소득과 부, 인간적 존엄성 등은 기본적으로 평등하게 배분되어야 하며, 가치의 불평등한 배분은 그것이 사회의 최소 수혜자에게 유리한 경우에만 정의(正義)롭다고 보았다.   정답 ⑤

중요도 ★★

16) 소득재분배의 유형과 관계집단을 연결한 것으로 옳은 것을 모두 고른 것은?

> ㄱ. 수직적 재분배: 고소득층 대(對) 저소득층
> ㄴ. 수평적 재분배: 고위험집단 대(對) 저위험집단
> ㄷ. 세대 간 재분배: 현세대 대(對) 미래세대
> ㄹ. 세대 내 재분배: 노령세대 대(對) 근로세대

① ㄱ, ㄴ, ㄷ   ② ㄱ, ㄷ   ③ ㄴ, ㄹ   ④ ㄹ   ⑤ ㄱ, ㄴ, ㄷ, ㄹ

해설

소득재분배의 유형
- 수직적 재분배: 부자로부터 빈민으로의 소득이전으로, 긍정적 재분배(부자로부터 빈민으로의 소득이전)와 부정적 재분배(빈민으로부터 부자로의 소득이전)로 구분한다.
- 수평적 재분배: 유사한 총소득을 가진 세대 간의 소득이전, 욕구가 큰 사람들에게 자원이 이전되는 것(위험발생 집단으로 지원되는 재분배 등)이다.
- 세대 간 재분배: 한 세대에서 다음 세대로의 소득이전, 즉 청년집단에서 노인집단으로의 소득이전을 의미하며 부과방식의 연금이 해당된다.

오답노트

세대 내 재분배: 개인이 청년기에서 노년기로 소득을 재분배하는 것으로, 한 세대 안에서의 재분배를 의미하며 적립방식의 연금이 해당된다.   정답 ①

중요도 ★★

17) 평등 관련 개념의 내용으로 옳지 않은 것은?

① 수량적 평등 – 결과의 평등

② 비례적 평등 – 형평(equity)

③ 기회의 평등 – 빈곤대책의 교육프로그램

④ 형평(equity) – 열등처우의 원칙

⑤ 결과의 평등 – 보험방식의 사회보장

오답노트

보험방식의 사회보장은 비례적 평등(공평)에 해당한다.

구분	개념	정책사례
수량적 평등	사회적 자원 동일량 분배	아동수당, 노령수당
비례적 평등	능력, 기여 등에 비례한 자원배분	사회보험 급여(기여와 급여 연계)
기회의 평등	자원획득 기회 제공의 평등	농 · 어촌 학생 대학입학 특례

정답 ⑤

중요도 ★★

18) 의료서비스를 국가가 주도적으로 실시해야 한다고 주장하는 근거로 옳지 않은 것은?

① 의료서비스는 가치재(merit goods)의 성격을 갖는다.

② 수요자와 공급자간의 정보의 비대칭성이 존재한다.

③ 역선택(adverse selection) 문제가 발생할 수 있다.

④ 도덕적 해이 현상이 발생할 수 있다.

⑤ 위험발생이 상호 독립적이다.

해설

시장실패(market failure)

• 시장이 효율적 자원배분에 실패하는 것을 의미하며, 이는 사회복지에 대한 공공부문의 필요성에 대한 근거가 되기도 한다.

• 시장실패의 유형은 외부효과, 공공재 공급의 실패, 소득분배의 불공평, 정보의 비대칭성(불균형), 도덕적 해이, 역의 선택, 규모의 경제 발생 등이 있다.

정답 ⑤

중요도 ★★★

19) 사회복지정책의 가치에 관한 설명으로 옳은 것은?

① 형평(equity)은 결과의 평등을 강조하는 수량적 평등 개념이다.

② 긍정적 차별(positive discrimination)은 평등의 가치를 저해한다.

③ 기회의 평등은 결과의 평등보다 재분배에 적극적이다.

④ 결과의 평등 추구는 부자들의 소극적 자유를 침해할 가능성이 높다.

⑤ 기회의 평등 추구는 빈자들의 적극적 자유를 증진할 수 없다.

① 형평(equity)은 비례적 평등(공평)을 강조하는 개념이다.

② 긍정적 차별(positive discrimination)은 기회의 평등과 연결되는 것으로 사회적 약자에게 호의적 조치를 취함으로써 실질적 평등을 이루려는 것이라고 할 수 있다.

③ 기회의 평등은 결과의 평등보다 재분배에 소극적이다.

⑤ 기회의 평등 추구는 빈자들의 적극적 자유를 증진할 수 있다. 개인이 자아를 실현할 수 있도록 기회를 제공하는 것은 적극적 자유를 증진한다고 간주할 수 있다.

정답 ④

중요도 ★★★ (11회 기출)

20) 사회복지 재화나 서비스를 국가가 제공해야 하는 이유를 모두 고른 것은?

ㄱ. 긍정적인 외부효과	ㄴ. 정보의 비대칭성 문제 해결
ㄷ. 역선택(adverse selection)의 문제 해결	ㄹ. 근로 및 저축동기 강화

① ㄱ, ㄴ, ㄷ   ② ㄱ, ㄷ   ③ ㄴ, ㄹ   ④ ㄹ   ⑤ ㄱ, ㄴ, ㄷ, ㄹ

시장실패(market failure)

• 시장이 효율적 자원배분에 실패하는 것을 의미하며, 이는 사회복지에 대한 공공부문의 필요성에 대한 근거가 되기도 한다.

• 시장실패의 유형은 외부효과, 공공재 공급의 실패, 소득분배의 불공평, 정보의 비대칭성(불균형), 도덕적 해이, 역의 선택, 규모의 경제 발생 등이 있다.

정답 ①

중요도 ★★★ (10회 기출)

21) 사회복지에 대한 국가 개입 근거로서 옳지 않은 것은?

① 사회보험에 완전경쟁원리 도입   ② 사회복지의 공공재적 성격

③ 민간보험에서 나타나는 역선택 문제   ④ 사회적 안정 증진

⑤ 소득재분배를 통한 불평등 완화

시장실패로 인하여 사회복지에 국가가 개입하게 되었고 사회보험제도가 도입되었다.

• 사회보험은 질병 · 장애 · 노령 · 실업 · 사망 등의 사회적 위험에 대처하기 위해 위험분산과 소득재분배를 통하여 국민을 보호하고 빈곤을 해소하며 국민생활의 질을 향상시키기 위한 제도로써 완전경쟁원리의 도입은 바람직하지 않다.

정답 ①

중요도 ★★ (10회 기출)

22) 사회복지정책의 가치에 관한 설명으로 옳은 것은?

① 가치는 사회복지정책의 목표가 아니라 수단이다.

② 비례적 평등 가치를 실현하려면 자원배분 기준이 먼저 정해져야 한다.

③ 보험수리원칙은 결과의 평등 가치를 반영한다.

④ 열등처우원칙은 수량적 평등 가치를 반영한다.

⑤ 적극적 자유는 타인의 간섭이나 구속으로부터의 자유를 뜻한다.

중요도 ★★★　　　　　　　　　　　　　　　　　　　　　　　　　　　(10회 기출)

23) 사회적 적절성에 관한 설명으로 옳은 것은?

① 사회적 적절성은 '원하는 것(want)을 얼마나 얻을 수 있게 할 것인가'에 관한 것이다.

② 사회적 적절성에 기초하여 자원을 배분하는 데에는 시장이 국가보다 효과적이다.

③ 국민기초생활보장제도의 최저생계비는 사회적 적절성에 근거하여 정한 비용이다.

④ 사회적 적절성과 형평성은 상충하지 않는다.

⑤ 사회적 적절성은 욕구의 객관성보다 주관성을 더 중시한다.

해설

사회적 적절성은 사회복지급여가 개인이 살아가고 있는 사회에서 신체적·정신적 안녕을 위해 적절한 수준이 되어야 하며, 사회복지급여는 개인이 살아가고 있는 사회적 수준에 적절한 수준이어야 한다(최저생계비, 최저임금, 빈곤선 등).

중요도 ★★　　　　　　　　　　　　　　　　　　　　　　　　　　　(9회 기출)

24) 사회복지정책에 대한 설명으로 옳지 않은 것은?

① 국민 최저생활을 보장한다.　　　　　② 가치중립적이다.

③ 시장실패를 전제로 한다.　　　　　　④ 사회연대의식에 기초한다.

⑤ 개인의 자립성을 강조한다.

해설

사회복지정책은 클라이언트의 가치를 반영해야 하므로 가치지향적이라고 할 수 있다.　　　정답 ②

제2장 사회복지정책의 역사

중요도 ★★★

01) 서구 복지국가 위기이후 나타난 흐름에 관한 설명으로 옳지 않은 것은?

① 공공서비스의 시장화
② 노동시장의 유연화정책
③ 계층간 소득 불평등 완화
④ 복지의 투자·생산적 성격의 강조
⑤ 경제 활성화를 위한 법인세의 인하

해설

복지국가 위기이후 신자유주의의 정책들은 시장에 의한 분배에 중점을 둔 결과로 계층간 소득의 불평등은 오히려 증가되었다.　　정답 ③

중요도 ★★★

02) 복지국가의 형성과 발달에 관한 설명으로 옳은 것을 모두 고른 것은?

> ㉠ 독일의 재해보험법(1884)에서 재정은 노사가 반반씩 부담하였다.
> ㉡ 영국의 국민보험법(1911)은 건강보험과 실업보험으로 구성되었다.
> ㉢ 미국은 대공황을 경험하면서 총 공급관리에 초점을 둔 국가정책을 시도하였다.
> ㉣ 스웨덴은 노동계급과 농민간 적녹동맹(red-green alliance)을 통해 복지국가 발전의 기틀을 마련하였다.

① ㉠, ㉡　　　② ㉠, ㉣　　　③ ㉡, ㉢　　　④ ㉡, ㉣　　　⑤ ㉢, ㉣

오답노트

㉠ 독일의 재해보험법(1884)에서 재정은 사용자만의 보험료부담으로 운영되었다.
㉢ 미국은 대공황을 경험하면서 총 수요관리에 초점을 둔 케인즈이론에 기반을 둔 국가정책을 도입하였다.　　정답 ④

중요도 ★★★

03) 영국의 신빈민법(1834)과 우리나라의 국민기초생활보장제도에서 공통적으로 나타나는 원칙은?

① 비례급여의 원칙
② 원외구제의 원칙
③ 임금보조의 원칙
④ 열등처우의 원칙
⑤ 비부양의무의 원칙

해설

열등처우의 원칙(최하위 자격의 원칙): 국가에 의한 구제수준은 최하층 독립노동자들의 생활수준보다 낮게 유지되어야 한다는 원칙이다. 국민의 세금으로 지원되는 공공부조제도에서 일반적으로 적용되는 원칙으로 국민기초생활보장제도에서 보충성급여인 생

계급여 등에서 적용되고 있다. 정답 ④

04) 베버리지보고서(1942)에서 구상한 복지국가모형의 특징이 아닌 것은?

① 빈곤계층을 대상으로 하는 선별적 복지를 강조한다.

② 정액부담과 정액급여의 원리를 바탕으로 한다.

③ 베버리지는 결핍(궁핍), 질병, 무지, 불결, 나태를 5대악으로 규정한다.

④ 정액부담의 원칙은 보험료의 징수와 관련된 행정비용을 절감할 수 있다는 효과가 있다.

⑤ 노령, 장애, 실업, 질병 등과 같은 사회적 위험들을 하나의 국민보험에서 통합적으로 운영한다.

해설

베버리지보고서의 핵심이념 참조
① 보편주의: 모든 시민을 포함, 동일한 급여를 제공하며 빈민에 대한 자산조사의 낙인을 없애자는 것과 평등정신을 주장한다.
② 국민최저: 사회보험의 급여가 기본적 욕구만을 충족, 그 이상은 개인·가족의 책임, 국민최저의 원칙을 통해 시민의 자조관념
을 유지토록 한다. 정답 ①

05) 후기 산업사회의 특징이 않은 것은?

① 노인 부양비(dependency ratio)의 감소　　② 인간욕구의 다변화

③ 가족해체 현상의 증가　　④ 세계화에 따른 경쟁의 심화

⑤ 아동 및 노인에 대한 가정 내 돌봄 여력의 감소

해설

후기산업사회는 인구의 고령화에 따라 노인부양비는 계속 증가하고 있다. 정답 ①

06) 사회복지정책의 역사에 관한 설명으로 옳지 않은 것은?

① 1883년 독일의 질병(건강)보험은 최초의 사회보험이다.

② 우리나라의 건강보험과 국민연금 중 적용범위가 농어민으로까지 먼저 확대된 것은 국민연금이다.

③ 1980년대 미국에서는 의료부조(Medicaid), 요보호아동가족부조(AFDC) 등의 공공부조 급여수준이 삭감되었다.

④ 우리나라의 최저임금제도는 1986년에 최저임금법이 제정되어 1988년에 시행되었다.

⑤ 영국의 베버리지보고서(Beveridge Report)에서는 아동수당, 포괄적 보건의료서비스뿐만 아니라 완전고용도 강조하였다.

• 농어촌 지역의료보험 실시(1988. 01. 01.)
• 농어촌지역 국민연금 확대적용(1995. 07. 01.)   정답 ②

(13회 기출)

07) 복지국가 위기의 원인으로 옳지 않은 것은?

① 경기침체와 국가재정위기
② 관료 및 행정 기구의 팽창과 비효율성
③ 포디즘적 생산방식의 비효율성
④ 독점자본주의의 축적과 정당화 간의 모순
⑤ 복지혼합(welfare mix)을 통한 정부와 민간의 역할 조정

복지혼합(welfare mix)은 신자유주의자들이 복지국가의 위기를 극복하기 위해 주장한 개념이다.

혼합복지(복지다원주의)
• 기든스(A. Giddens)가 제3의 길에서 언급하였다. 중앙정부에서 담당해 왔던 복지제공의 업무를 기업, 시민단체, 지역사회, 지방정부 등으로 다원화하여 복지국가의 비효율성을 줄이자는 것으로 주체와 재정의 측면에서 공공과 민간을 나누지 않고 다 양한 주체들이 협력하여 함께 한다면 국가, 시장경제가 혼합되어 자조집단, 자원봉사조직, 협동조직 등 다양한 공급주체가 발생한다고 주장한다.   정답 ⑤

(12회 기출)

08) 영국 사회복지의 역사에 관한 설명으로 옳은 것을 모두 고른 것은?

> ㄱ. 스핀햄랜드법은 가족수당제도의 시초로 불린다.
> ㄴ. 공장법은 아동의 노동 여건을 개선하였다.
> ㄷ. 1834년 신구빈법은 전국적으로 구빈 행정 구조를 통일하였다.
> ㄹ. 1911년 국민보험법은 건강보험과 실업보험으로 구성되었다.

① ㄱ, ㄴ, ㄷ   ② ㄱ, ㄷ   ③ ㄴ, ㄹ   ④ ㄹ   ⑤ ㄱ, ㄴ, ㄷ, ㄹ

영국 사회복지의 역사
• 엘리자베스빈민법(Poor Law of 1601): 세계 최초의 공공부조/ 근대적 사회복지의 출발점이다.
• 정주법(The Settlement Act of 1662): 빈민의 자유로운 이동을 금지하고, 부랑자를 연고가 있는 곳으로 추방하기 위해 제정되었다.
• 작업장법(Workhouse Act of 1696): 근로능력이 있는 빈민의 노동력을 최대한 이용하면서 구빈재정 또한 축소시키고자 하는

목적으로 제정되었다.
- 길버트법(Gilbert Act of 1782): 인도주의적 구빈제도, 원외구호로 근로능력이 있는 빈민이라도 작업장에서 노동하지 않고 직업을 얻을 때까지 자신의 집에 거주하면서 구호를 받을 수 있도록 하였다.
- 스핀햄랜드법(Speenhamland Act of 1795): 임금보조 제도를 도입하여 빈민들에게 최저생계비를 보장, 최초로 생계비와 가족 수를 고려, 오늘날 가족수당이나 최저생활보장의 기반을 이루었다.
- 신빈민법(Poor Law Reform of 1834): 인도주의적 경향에서 엘리자베스빈민법 수준으로 복귀하는 억압적 제도. 열등처우의 원칙, 전국균일처우의 원칙, 작업장활용의 원칙 등이 있다.
- 국민보험법(1911년): 건강·실업보험의 재정을 고용주와 근로자로부터 조달 받은 영국 최초의 사회보험이다.
- 베버리지보고서(1942.11): 5대악으로 궁핍(want), 질병(disease), 무지(ignorance), 불결(squalor), 나태(idleness)를 규정하였으며, 사회보험의 성공을 위해 완전고용, 포괄적 보건서비스, 가족(아동)수당이 필요하다고 보았다.
- 국가부조법(1948)제정하고 빈민법을 폐지하였다.   정답 ⑤

(12회 기출)

중요도 ★★

09) 독일의 비스마르크 사회보험에 관한 설명으로 옳지 않은 것은?

① 세계 최초로 사회보험제도를 도입하였다.
② 상호부조 조직인 공제조합을 기원으로 하였다.
③ '자조'의 원칙을 강조한 자유주의자의 주도로 입법되었다.
④ 사회주의자는 노동자를 국가복지의 노예로 만드는 것으로 보아 산재보험 도입을 반대하였다.
⑤ 노동자의 충성심을 국가로 유도하기 위해 기획되었다.

해설

'자조'의 원칙을 강조한 자유주의자의 주도로 입법된 것은 영국의 사회보험이다.

오답노트

독일 비스마르크 사회보험(1880년대)
- 노동자계급을 체제내로 끌어들여 사회적 안정과 통합을 꾀할 목적으로 비스마르크가 사회보험 입법을 주도하였다.
- 민족의 내부적 통일, 즉 사회통합의 필요성을 통감하였다.
- 채찍정책: 노동운동을 선동하는 사회주의자들에 대한 직접적인 탄압정책이다.
- 당근정책: 노동자계급을 체제 내로 통합시키기 위한 사회복지정책이다.
정답 ③

(12회 기출)

중요도 ★★★

10) 1935년 미국의 사회보장법에 관한 설명으로 옳지 않은 것은?

① 빈곤의 사회구조적 원인에 관한 인식 증가
② 실업보험은 주정부가 운영
③ 노령연금은 연방정부가 재정과 운영을 담당
④ 사회주의 이념 확산에 따른 노동자 통제 목적
⑤ 공공부조에 대한 연방정부의 재정 지원

사회주의 이념 확산에 따른 노동자 통제 목적은 비스마르크의 사회보험 입법이다

사회보장법(1935): 미국 최초의 연방정부차원의 복지프로그램

- 사회보험: 노령 · 유족연금: 연방정부 직영/실업보험: 연방정부 지원, 주정부 운영
- 공공부조: 연방정부 지원, 주정부 운영 – 노령부조, 요보호맹인부조, 요보호아동부조
- 사회복지서비스: 연방지원, 주정부 운영 – 모자보건서비스, 지체장애아동, 아동복지서비스, 직업재활 및 공중보건서비스

정답 ④

(12회 기출)

11) 베버리지보고서에 나타난 사회보험체계의 내용으로 옳은 것을 모두 고른 것은?

> ㄱ. 일반적인 사회적 위험을 모두 포함해야 함
> ㄴ. 급여수준과 기간이 충분한 정도가 되어야 함
> ㄷ. 재정은 피보험자, 고용주, 국가 3자가 부담함
> ㄹ. 소득수준에 비례하여 보험료를 산정함

① ㄱ, ㄴ, ㄷ ② ㄱ, ㄷ ③ ㄴ, ㄹ ④ ㄹ ⑤ ㄱ, ㄴ, ㄷ, ㄹ

동일각출 원리: 사회보험에 대한 기여는 누구나 예외 없이 같아야 한다. 이에 보험료를 균등하게 각출한다.

정답 ①

(11회 기출)

12) 열등처우의 원칙이 적용된 최초의 법은?

① 엘리자베스구빈법(1601년) ② 정주법(1662년)
③ 길버트법(1782년) ④ 스핀햄랜드법(1795년)
⑤ 신빈민법(1834년)

신빈민법(Poor Law Reform of 1834)

- 구빈비용의 부담을 억제하기 위한 구제대상 기준강화, 인도주의적 경향에서 엘리자베스빈민법 수준으로 복귀하는 억압적 제도이다.
- 열등처우의 원칙: 국가의 도움을 받는 빈민의 처우는 스스로 벌어 생활하는 최하위 노동자의 생활보다 열등해야 한다.
- 전국균일처우의 원칙: 빈민들은 유형과 거주지에 상관없이 동등한 조건 아래 처우를 받아야 한다.
- 작업장활용의 원칙: 노약자, 질병자 등 예외적인 경우에만 원외구호를 허용하고 노동 가능한 빈민은 누구든지 일을 해야만 구제를 받을 수 있도록 한다.

정답 ⑤

13) 영국의 복지국가 발달과정에 관한 설명으로 옳지 않은 것은?

① 1930년대 경제공황으로 경제문제에 대한 국가개입의 필요성이 증대되었다.

② 베버리지는 강제적인 사회보험을 국민최저선 달성을 위해 가장 중요한 제도로 보았다.

③ 1950년대와 1960년대는 복지국가의 황금기에 해당된다.

④ 베버리지는 결핍(궁핍), 질병, 무지, 불결, 나태를 5대 악으로 규정하였다.

⑤ 영국의 구빈법이 공식적으로 폐지된 것은 1차 대전 이전의 일이다.

해설

영국의 구빈법이 공식적으로 폐지된 것은 국가부조법이 제정된 1948년이고, 1차 세계대전은 1914년 7월 28일에 시작되어 1918년 11월 11일에 끝났다.   정답 ⑤

14) 독일 비스마르크의 사회입법에 관한 설명으로 옳은 것은?

① 1883년 제정된 질병(건강)보험은 세계 최초의 사회보험이다.

② 1884년 산재보험의 재원은 노사가 반씩 부담하였다.

③ 1889년 노령폐질연금이 전 국민을 대상으로 시행되었다.

④ 사회민주당이 사회보험 입법을 주도하였다.

⑤ 질병(건강)보험은 전국적으로 일원화된 통합적 조직에 의하여 운영되었다.

오답노트

② 1884년 산재보험의 재원은 자본가들이 제국보험공단의 운영비를 제외한 모든 비용을 부담해야만 했다.

③ 1889년 노령폐질연금이 70세 이상 노인으로 보험가입기간이 30년 이상인 자를 대상으로 시행되었다.

④ 비스마르크가 사회보험 입법을 주도하였다.

⑤ 질병(건강)보험은 조합주의 방식으로 운영되었다.

정답 ①

15) 베버리지(Beveridge) 보고서에 관한 설명으로 옳지 않은 것은?

① 사회보장의 본질을 소득보장으로 보고, 포괄적 보건의료서비스는 사회보장 전제조건의 하나로 보았다.

② 국민최저선 보장을 위해 사회보장에서 공공부조가 가장 중요하다고 보았다.

③ 5대악 중 궁핍을 제거하기 위한 것이 사회보장이라고 보았다.

④ 완전고용을 사회보장 전제조건의 하나로 보았다.

⑤ 가족수당을 사회보장 전제조건의 하나로 보았다.

국민최저선 보장을 위해 사회보장에서 사회보험이 가장 중요하다고 보았다

정답 ②

중요도 ★★

(10회 기출)

16) 새로운 사회적 위험이 나타나게 된 배경으로 옳지 않은 것은?

① 출산율 감소

② 노인 부양비(dependency ratio) 증가

③ 여성 경제활동참여 증가로 인한 일 · 가정양립문제 대두

④ 임시 · 일용직 등 비정규직 증가

⑤ 탈산업화로 인한 서비스산업 고용 감소

탈산업화로 인한 서비스산업의 고용은 증가하고 있다.

정답 ⑤

중요도 ★★★

(10회 기출)

17) 영국 사회복지 역사에 관한 설명으로 옳지 않은 것은?

① 엘리자베스 구빈법은 빈민을 노동능력 있는 빈민, 노동능력 없는 빈민, 요보호아동으로 구분하였다.

② 정주법은 빈민의 자유로운 이동을 제한하였다.

③ 스핀햄랜드법은 노동가능 빈민에 대한 원외구호를 금지하였다.

④ 1834년 신구빈법은 열등처우원칙을 확립하였다.

⑤ 찰스 부스는 런던지역에서 빈곤에 관한 사회조사를 실시하였다.

스핀햄랜드법(Speenhamland Act of 1795)는 임금보조제도를 도입하여 빈민들에게 최저생계비 보장, 최초로 생계비와 가족수를 고려, 오늘날 가족수당이나 최저생활보장의 기반을 이루었다.

정답 ③

중요도 ★★

(10회 기출)

18) 1997년 외환위기 이후의 한국 사회복지제도 변화에 해당하지 않는 것은?

① 국민기초생활보장법 제정　　　② 노인장기요양보험제도 시행

③ 국민건강보험법 제정　　　　　④ 기초노령연금제도 시행

⑤ 고용보험법 제정

고용보험법 - 제정(1993.12. 27), 시행(1995.7. 1)

정답 ⑤

중요도 ★★

19) 1935년 미국사회보장법에 대한 설명으로 옳지 않는 것은?

① 케인즈 이론이 바탕이 되었다.

② 연방정부의 개입이 확대되었다.

③ 사회보장이라는 용어를 최초로 사용하였다.

④ 이 당시 도입된 사회보험에는 노령연금, 건강보험이 있다.

⑤ 뉴딜정책과 함께 시행되었다.

해설

건강보험은 의사집단과 보험회사들의 반대로 아직까지 실시되지 않고 있다.

정답 ④

중요도 ★★

20) 영국의 사회복지정책으로 옳지 않은 것은?

① 대처정부는 사회복지정책의 축소를 추진했다.

② 엘리자베스 빈민법은 빈민을 노동능력의 유무로 구분했다.

③ 베버리지보고서는 사회보장의 목표를 국민최저선 보장에 두었다.

④ 스핀햄랜드법은 빈민에 대한 임금보조제도이다.

⑤ 블레어 정부가 추진한 제3의 길은 인적자원에 대한 투자보다 소득보장을 강조했다.

해설

블레어 정부가 추진한 제3의 길은 인적자원에 대한 투자를 강조하는 사회투자국가로의 개편을 주장하였다.

정답 ⑤

중요도 ★★★
(16회 기출)

01) 에스핑 엔더슨(G, Esping-Andersen)의 복지국가 유형에 관한 설명으로 옳지 않은 것은?

① 자유주의 복지국가는 시장의 효율성을 중시한다.

② 자유주의 복지국가는 저소득층에 초점을 맞춘다.

③ 보수주의 복지국가는 개인의 책임과 자조의 원리를 강조한다.

④ 보수주의 복지국가는 사회적 지위에 따라 사회보험 혜택의 차이가 있다.

⑤ 사회민주주의 복지국가는 보편주의적 개입을 통해 가족과 시장을 대체하는 특성을 갖고 있다.

해설

에스핑 엔더슨(G, Esping-Andersen)의 복지국가 유형 참조

• 개인의 책임과 자조의 원리를 강조하는 것은 자유주의적 복지국가이다.

• 보수주의적(조합주의적) 복지국가는 사회보험이 강조되며 소득보장은 국민최저수준 이상이고, 고소득층은 높은 보험료를 내고, 높은 복지혜택을 받는 사회보험의 특징 때문에 탈상품화의 효과에는 한계가 있다.

정답 ③

중요도 ★★★★
(16회 기출)

02) 복지국가 유형화에 관한 설명으로 옳은 것은?

① 조지와 윌딩(V. George & P. Wilding)의 소극적 집합주의: 자본주의 시장체계의 약점을 보완하기 위해 국가개입 인정

② 윌렌스키와 르보(H. Wilensky & C. Lebeaux)의 제도적 모형: 가족이나 시장등 정상적인 통로가 적절히 기능하지 못할 때에만 보충적 임시적 기능 수행

③ 미쉬라(R. Mishra)의 분화적 복지국가: 경제 집단의 상호의존성을 인식하여 사회적 협력형태로 제도화 추구

④ 티트머스(R. Titmuss)의 산업성취모형: 시장 밖에서 욕구원칙에 입각하여 보편적 서비스 제공

⑤ 퍼니스와 틸톤(N. Furniss & T. Tilton)의 적극적 국가: 사회보험과 사회부조실시를 위해 국가 개입 인정

해설

소극적 집합주의는 자본주의의 문제점을 해결하기 위해 일정한 수준에서 국가개입이 필요하다고 보는 입장이다.

② 윌렌스키와 르보(H. Wilensky & C. Lebeaux)의 잔여적 모형은 가족이나 시장 등 정상적인 통로가 적절히 기능하지 못할 때에만 보충적 · 임시적 기능을 수행한다.

③ 미쉬라(R. Mishra)의 통합적 복지국가는 경제 집단의 상호의존성을 인식하여 사회적 협력형태로 제도화를 추구한다.

④ 티트머스(R. Titmuss)의 제도적 재분배모형은 시장 밖에서 욕구원칙에 입각하여 보편적 서비스를 제공한다.

⑤ 퍼니스와 틸톤(N. Furniss & T. Tilton)의 사회보장국가는 사회보험과 사회부조실시를 위해 국가의 개입을 인정한다.

정답 ①

중요도 ★★★★ (15회 기출)

03) 에스핑 엔더슨(G. Esping - Anderson)의 복지국가 유형 중 조합주의 복지국가모형의 특징이 아닌 것은?

① 사회보험가입자들의 직장 이동성을 활성화할 수 있다.

② 산업재해와 같은 동일한 위험에 대해서 다수의 운영주체가 존재한다.

③ 제도의 적용대상은 임금근로계층을 원칙으로 한다.

④ 사회복지제도들은 위험별로 구분하여 각각 독립적인 제도로 운영한다.

⑤ 조합단위의 제도로 인하여 위험분산의 효과가 상대적으로 낮게 발생한다.

해설

조합주의복지국가는 사회보험에 크게 의존하게 되는데 직종별 · 직장별 사회보험의 운영에 따른 차이 때문에 직장의 이동이 쉽지 않다.

정답 ①

중요도 ★★★★ (14회 기출)

04) 에스핑 엔더슨(G. Esping - Anderson)의 복지국가 유형 중 조합주의 복지국가에 관한 설명으로 옳지 않은 것은?

① 사회복지 급여는 계급과 사회적 지위에 밀접하게 관련되어 있다.

② 사회보험원리를 강조하는 복지정책을 주로 활용한다.

③ 여성의 노동시장 참여를 강조한다.

④ 가족의 중요성을 강조하는 종교와 문화적 신념의 영향력이 강하다.

⑤ 오스트리아, 프랑스, 독일 등이 이 유형에 속한다.

해설

보수주의 복지국가(조합주의 복지국가)

• 가족주의적 요소가 강하여 사회적 연대의 진원지는 가족이고, 국가는 가족의 특성을 지원하고 보완하는 역할을 하는 국가로서 프랑스, 독일, 이탈리아 등이 포함된다.

• 사회보험을 강조하고 사회복지의 제공은 사회적 지위의 차이를 유지하는 것을 목표로 하므로 국가복지의 재분배 효과는 거의

없으며, 탈상품화 효과는 일정한 한계가 있다.
• 여성의 노동시장 참여는 미온적이다.

정답 ③

(13회 기출)

중요도 ★★★★

05) 복지국가 유형화 연구의 연구자와 유형을 옳게 연결한 것은?

① 티트머스(R. Titmuss)는 '사회적 시장경제' 와 '사회주의적 시장경제' 로 구분하였다.

② 미쉬라(R. Mishra)는 '분화된 복지국가' 와 '통합된 복지국가' 로 구분하였다.

③ 퍼니스와 틸톤(N. Furniss & T. Tilton)은 '소극적 국가', '적극적 국가', '사회투자 국가' 로 구분하였다.

④ 조지와 윌딩(V. George & P. Wilding)은 '프로레타리아 복지국가' 와 '부르조아 복지국가' 로 구분하였다.

⑤ 윌렌스키와 르보(H. Wilensky & C. Lebeaux)는 '선발 복지국가' 와 '후발 복지국가' 로 구분하였다.

해설

복지국가의 학자별 유형화

오답노트

① 티트머스: 잔여적 유형, 산업상 업적과 수행능력 유형, 제도적 재분배 유형
③ 퍼니스와 틸톤: 적극적 국가, 사회보장국가, 사회복지국가
④ 조지와 윌딩: 반집합주의, 소극적 집합주의, 페이비언 사회주의, 마르크스주의
⑤ 윌렌스키와 르보: 잔여적 복지국가, 제도적 복지국가

정답 ②

(13회 기출)

중요도 ★★★★

06) 에스핑-앤더슨(G. Esping-Andersen)이 분류한 복지국가 유형에 관한 설명으로 옳지 않은 것은?

① 자유주의 복지국가는 시장의 효율성과 근로의욕 고취를 강조한다.

② 자유주의 복지국가는 시장 규제완화와 복지축소를 통해 복지국가 위기 타개를 모색하고 있다.

③ 조합주의 복지국가는 보편적 사회수당을 핵심 정책으로 하고 있다.

④ 사민주의 복지국가는 공공부문의 고용확대로 복지국가 위기 타개를 모색하고 있다.

⑤ 사민주의 복지국가는 시민권에 기초한 보편적이고 포괄적인 복지체계를 특징으로 한다.

해설

조합주의 복지국가(보수주의 복지국가)
• 가족주의적 요소가 강하여 사회적 연대의 진원지는 가족이고, 국가는 가족의 특성을 지원하고 보완하는 역할을 하는 국가로서

프랑스, 독일, 이탈리아 등이 포함된다.
- 사회보험을 강조하고 사회복지의 제공은 사회적 지위의 차이를 유지하는 것을 목표로 하므로 국가복지의 재분배 효과는 거의
없으며, 탈상품화 효과는 일정한 한계가 있다.

정답 ③

(12회 기출)

중요도 ★★★

07) 조지와 윌딩(V. George & P. Wilding)이 말한 '신우파'에 관한 설명으로 옳은 것을 모두 고른 것은?

> ㉠ 국가의 개입은 경제적 비효율 초래
> ㉡ 민영화를 통한 정부의 역할 축소
> ㉢ 전통적 가치와 국가 권위의 회복 강조
> ㉣ 노동 무능력자에 대한 국가의 책임 인정

① ㉠, ㉡, ㉢   ② ㉠. ㉢   ③ ㉡, ㉣

④ ㉣   ⑤ ㉠, ㉡, ㉢, ㉣

해설

'신우파' 참조
- 국가의 역할이 축소되는 대신 시장이 더 많은 역할을 수행할 것을 강조한다.
- 소극적 자유강조, 평등보다는 자유를 우선시 한다.
- 복지정책의 확대가 경제적 비효율성과 근로동기를 약화시킨다고 본다.
- 복지국가를 자유 시장경제의 걸림돌로 간주한다.
- 상이한 직업에 따른 상이한 평가를 없앤다면 근로의욕이 상실된다고 주장한다.
- 정부의 개입(복지국가)은 유해하다고 주장(정부의 개입→개인의 자유침해)한다.

정답 ⑤

(12회 기출)

중요도 ★★★★

08) 에스핑 엔더슨(Esping-Anderson)의 복지국가 유형 중 '자유주의적 복지국가'에 관한 설명으로 옳지 않은 것은?

① 민간복지를 보완하는 국가복지   ② 사회보험 프로그램의 강조

③ 다차원적인 사회계층체제 발생   ④ 시장의 효율성 강조

⑤ 상대적으로 낮은 탈상품화 효과

해설

에스핑 엔더슨(Esping-Anderson)의 복지국가 유형 중 사회보험 프로그램을 강조하는 유형은 보수주의 복지국가(조합주의 복지국가)이다.

정답 ②

09) 에스핑-안데르센(Esping-Anderson)이 분류한 사회민주주의 복지체제에 관한 설명으로 옳지 않은 것은?

① 대표적인 국가는 스웨덴, 덴마크, 노르웨이 등이다.

② 적극적 노동시장정책을 강조한다.

③ 중산층을 중요한 복지의 대상으로 포괄한다.

④ 주로 종교단체나 자원봉사조직과 같은 민간부문이 사회서비스를 전달한다.

⑤ 탈상품화 정도가 매우 높다.

해설

주로 종교단체나 자원봉사조직과 같은 민간부문이 사회서비스를 전달하는 것은 자유주의적 복지국가에 해당한다.

보충노트

사회민주의복지국가

• 보편주의적 원칙과 사회권을 통한 탈상품화 효과가 가장 크고, 복지의 재분배적 기능이 가장 강한 국가로서 스웨덴, 오스트리아, 벨기에, 덴마크, 노르웨이 등이 포함된다.

• 최대 수준의 평등을 추구하고, 적극적인 국가정책을 통해 소득 평등을 확대시키고, 모든 시민들이 평균적인 생활수준을 향유하며 복지급여는 보편주의적이고 높은 수준을 유지한다.　　　　　　　　　　　　　　　　　정답 ④

10) 조지(V. George)와 윌딩(P. Wilding)이 제시한 사회복지이념에 관한 설명으로 옳은 것을 모두 고른 것은?

> ㄱ. 반집합주의 – 빈곤은 경제적 비효율을 초래하므로 국가에 의해 제거되어야 함
>
> ㄴ. 마르크스주의 – 자본주의 사회에서 빈곤 문제는 필연적으로 발생함
>
> ㄷ. 페이비언 사회주의 – 빈곤은 민간의 자선에 의해 해결되어야 함
>
> ㄹ. 소극적 집합주의 – 시장체계의 약점을 보완하는 정부의 개입을 인정함

① ㄱ, ㄴ, ㄷ　　　　② ㄱ, ㄷ　　　　③ ㄴ, ㄹ　　　　④ ㄹ　　　　⑤ ㄱ, ㄴ, ㄷ, ㄹ

오답노트

• 반집합주의 – 복지국가, 즉 국민의 복지에 대한 국가의 개입을 자유시장경제를 왜곡하는 것으로 보고 근본적으로 반대하는 입장이다.

• 페이비언 사회주의 – 경제성장, 평등, 사회통합을 위하여 복지국가의 확대가 필요하다는 입장이다.　　　　　정답 ③

11) 에스핑 앤더슨(Esping-Andersen)의 복지국가 유형에 관한 설명으로 옳지 않은 것은?

① 탈상품화와 계층화 등을 기준으로 복지국가 유형을 분류하였다.

② 스웨덴은 사회민주주의, 미국은 자유주의, 독일은 보수주의 복지국가의 대표적인 예이다.

③ 자유주의 복지국가는 공공부조의 비중이 다른 유형의 복지국가에 비해 더 크다.

④ 사회민주주의 복지국가는 산업별로 분절된 사회보험제도를 가지고 있다.

⑤ 보수주의 복지국가는 전통적으로 가부장제가 강하여 전형적인 남성생계부양자 모형에 속한다.

해설

보수주의 복지국가(조합주의 복지국가)는 산업별로 분절된 사회보험제도를 가지고 있다. 　　　　　　정답 ④

중요도 ★★★　　　　　　　　　　　　　　　　　　　　　　　　　　　　　　　(10회 기출)

12) 조지와 윌딩(George&Wilding)이 말한 사회복지사상에 관한 설명으로 옳지 않은 것은?

① 중도노선은 빈곤과 불평등 완화를 위한 사회복지정책이 필요하다고 본다.

② 신우파는 사회복지정책 확대가 경제적 비효율성과 근로동기 약화를 가져왔다고 비판한다.

③ 사회민주주의는 사회통합과 평등 추구를 위한 사회복지정책 확대를 지지한다.

④ 마르크스주의는 사회복지 확대를 통해 자본주의의 근본적 모순을 극복할 수 있다고 본다.

⑤ 페미니즘은 가부장적 복지국가를 비판하지만 양성평등을 위한 사회복지정책의 역할도 인정한다.

해설

마르크스주의는 복지국가를 자본주의의 모순을 살리려고 하는 것, 즉 자본가의 이익을 위해 복지국가가 존재한다고 본다. 따라서 마르크스주의는 사회복지 확대를 통해 자본주의의 근본적 모순을 극복할 수 없다고 보았다. 　　　정답 ④

중요도 ★★★　　　　　　　　　　　　　　　　　　　　　　　　　　　　　　　(10회 기출)

13) 티트머스(Titmuss)가 제시한 복지의 사회적 분화유형과 그 예로 옳은 것을 모두 고른 것은?

> ⊙ 사회복지 – 국민에 의한 국민기초생활보장제도 운영
> ⓒ 직업복지 – 민간기업이 피고용인에게 지불하는 임금
> ⓒ 재정복지 – 가계의 의료비 지출에 대한 소득공제
> ② 민간복지 – 종교기관이 노숙인에게 제공하는 무료급식

① ⊙, ⓒ, ⓒ　　　② ⊙, ⓒ　　　③ ⓒ, ②　　　④ ②　　　⑤ ⊙, ⓒ, ⓒ, ②

티트머스(Titmuss)는 사회복지, 재정복지, 직업복지의 형태로 역할을 분담하고 있다고 주장하였다.
• 사회복지: 광의의 사회복지로 소득, 건강, 교육, 사회서비스 등 포함
• 재정복지: 조세정책에 의해 간접적으로 복지혜택을 부여하는 것으로 조세감면, 인적공제 등
• 직업복지: 기업에서 제공하는 임금 외 제공하는 부가급여로 기업연금, 기타 각종 혜택

ⓒ 기업이 피고용인에게 지불하는 임금은 노동의 대가로 지불하는 것으로 직업복지는 아니다.
ⓔ 민간복지는 해당사항이 아니다.

정답 ②

중요도 ★★★★   (8회 기출)

14) 윌렌스키와 르보(H. Wilensky & C. Lebeaux)의 잔여적 개념에 해당하는 제도는?

① 국민건강보험제도   ② 산업재해보상보험제도
③ 육아휴직제도   ④ 국민기초생활보장제도
⑤ 국민연금제도

잔여적(보충적, 선별적)개념의 사회복지제도는 공공부조프로그램으로 대표적인 것으로 국민기초생활보장제도, 의료급여제도, 긴급복지지원제도, 기초연금제도, 장애인연금제도 등이다.

정답 ④

제4장 사회복지관련 이론과 사상

01) 복지국가의 이론적 기초가 되는 케인즈(J. M Keyness) 경제이론에 관한 설명으로 옳지 않은 것은?

① 고용이 증가하면 소득이 증가하고, 소득이 증가하면 유효수요가 증가한다.

② 유효수요가 감소하면 경기불황을 가져오고, 소득이 감소한다.

③ 저축이 증가하면 투자가 감소하고, 고용의 감소로 이어진다.

④ 유효수요가 증가하면, 경기호황을 가져와 투자의 증가로 이어진다.

⑤ 소득이 증가하면 저축이 감소하고, 투자의 감소로 이어진다.

해설

케인즈이론의 주요 내용
- 고용이 증가하면 소득이 증가하고, 소득이 증가하면 유효수요가 증가한다.
- 유효수요가 감소하면 경기불황을 가져오고, 소득이 감소하며 실업은 증가한다.
- 저축이 증가하면 투자가 감소하고, 고용이 감소한다.
- 유효수요의 증대를 위해 사회복지정책이 필요하다.
- 사회적 불평등을 완화하기 위해 사회복지정책이 필요하다.
- 사회복지정책은 자본주의를 보호하기 위한 훌륭한 장치라고 본다.

정답 ⑤

02) 사회복지정책의 발달이론에 관한 설명으로 옳지 않은 것은?

① 확산이론: 한 국가의 제도나 기술혁신이 인근 국가에 영향을 준다.

② 음모이론: 사회복지정책에 대해 사회안정과 질서유지를 위한 하나의 수단으로 보았다.

③ 독점자본이론: 경제발전이 상당 수준에 이르면 사회복지 발전정도가 유사하게 나타난다.

④ 이익집단이론: 현대사회에서 귀속적 차이 등에 따른 집단들 간의 정치적 행위가 커지고 있다.

⑤ 사회양심이론: 인도주의에 입각한 사회적 의무감이 사회복지 정책을 확대할 수 있다.

해설

산업화이론: 경제가 상당한 수준으로 발전하게 되면 사회복지도 유사한 형태로 수렴된다는 이론으로 수렴이론이라고도 한다.

정답 ③

중요도 ★★★

03) 사회투자전략에 관한 설명으로 옳지 않은 것은?

① 아동세대에게 교육기회를 제공하여 미래의 근로능력을 향상시킨다.

② 사회정책과 경제정책을 통합적으로 실시하여 사회적 목표를 추구한다.

③ 사회투자모형에서 인적자원에 대한 투자는 결과의 평등을 지향한다.

④ 인적자본의 근본적 육성을 통해 사회참여 촉진을 목표로 한다.

⑤ 경제활동 참여를 활성화한다.

해설

사회투자모형에서는 기회의 평등에 보다 더 관심을 갖는다.
- 사례) 영국: Sure-start 프로그램, 한국: We-start 프로그램 등

정답 ③

중요도 ★★★

04) 사회투자국가의 특징으로 옳지 않은 것은?

① 경제활동 참여기회 확대

② 경제성장과 사회통합 동시 추구

③ 인적자본 및 사회적 자본에 대한 투자 강조

④ 불평등 해소보다 사회적 배제 감소에 더 큰 중요성 부여

⑤ 전통적 복지패러다임으로 회귀하는 성향이 강함

해설

사회투자국가: 기든스(A. Giddens)가 제3의 길에서 언급한 내용으로 시민권을 '권리'로 주장한 전통적 복지국가와 달리 시민의
의무와 균형을 강조한다. 근로연계복지(workfare)가 이를 뒷받침한다고 할 수 있다.

정답 ⑤

중요도 ★★★

05) 복지국가 발전이론에 관한 설명으로 옳은 것은?

① 산업화 이론: 산업화는 가족구조의 변화를 초래하여 복지에 대한 국가의 역할을 증
대시켰다.

② 독점자본 이론: 자본주의는 노동력을 상품화시켰고 질병, 노령, 산업재해 등으로 상
품화될 수 없는 노동력을 국가가 책임지게 되었다.

③ 사회민주주의 이론: 서로 다른 유형의 복지국가라도 시간이 지날수록 유사한 유형으
로 수렴한다.

④ 이익집단 이론: 계급갈등의 정치적 과정을 중요시하고, 갈등의 정치화 과정을 통해
복지국가가 발전한다.

⑤ 국가중심적 이론: 이익집단이나 노동자계급의 정치적인 힘이 국가차원에서 결합될 때 복지국가로 발전한다.

산업화이론: 산업화로 인한 가족구조의 변화는 새로운 사회문제가 되어 복지에 대한 국가의 역할을 더욱 증대시켰다.

② 독점자본 이론: 네오마르크스주의 계열의 이론으로 도구주의 관점(자본축적의 위기나 사회혼란이 있는 경우 자본가들이 자본 축적과 노동력 재생산 보장의 필요에 따라 국가에 영향을 미쳐 사회복지정책이 형성·발전되는 것으로 보는 이론)과 구조주의 관점(독점자본주의 경제의 구조 그 자체 때문에 국가의 기능은 자본가의 이익과 합치될 수밖에 없음)으로 구분한다.
③ 사회민주주의이론: 이익집단이나 노동자계급의 정치적인 힘이 국가차원에서 결합될 때 복지국가로 발전한다.
④ 이익집단 이론: 다양한 이해관계를 가진 이익집단들이 사회적 자원 배분을 둘러싼 치열한 경쟁에서 관련 이해집단들의 정치적인 힘을 국가가 중재하는 과정에서 사회복지정책이 발달한다.
⑤ 이익집단이론: 현대사회에서 귀속적 차이 등에 따른 집단들 간의 정치적 행위가 커지고 있다.

정답 ①

중요도 ★★★

06) 다음에서 설명하는 이념은?

> • 자본주의에 대해서는 긍정적이다.
> • 사회복지정책에 대해서는 부정적이다.
> • 시장개방, 노동의 유연성, 탈규제, 민영화 등의 정책을 선호한다.

① 신자유주의　　　　② 마르크스주의　　　　③ 사회민주주의
④ 국가개입주의　　　　⑤ 페이비언사회주의

신자유주의 참조
■ 특징
• 정부개입을 비판하고 효율적인 자원배분 기구이자 개인 자유를 극대화하는 장치로서 시장을 극단적으로 신뢰한다.
• 정부개입은 시장질서의 유지를 위한 최소 수준으로 제한, 자연적인 자원배분기구인 시장의 기능이 중시되어야 한다고 본다.
• 작은 정부이면서 강한 정부 지향: 정부지출 삭감, 재정의 균형 유지 및 치안유지비와 국방비 유지, 복지지출의 삭감은 불가피하다고 본다.
■ 사회복지에 대한 관점
• 복지국가에 비판적이다.
• 복지국가는 인간의 자유를 위협하며, 가족 유대감 등과 같은 전통적인 가치를 약화시키고, 개인과 가족의 복지증진 노력을 저해하여 인간의 위기대응능력을 감소시킨다고 주장한다.
• 복지지출 삭감, 복지서비스 제공에서 정부의 개입 최소화, 복지서비스의 민영화확대, 사적 기구가 더 많은 책임을 져야한다고 본다.
• 선별주의 강화: 수급자격 엄격, 급여범위 축소, 보험료율의 인상 등을 주장한다.

정답 ①

중요도 ★★★

07) 사회복지 이념에 관한 설명으로 옳지 않은 것은?

① 제3의 길 – 근로와 복지가 연계될 필요가 있다.

② 케인즈주의 – 시장실패에 대해 국가가 적절히 개입해야 한다.

③ 페이비언 사회주의 – 가족 등 비공식부문의 역할이 상대적으로 중요하다.

④ 마르크스주의 – 복지국가는 자본과 노동계급 간 갈등의 결과이다.

⑤ 반집합주의 – 사회복지는 개인의 자유와 선택을 제한한다.

해설

페이비언 사회주의는 사회복지에 있어서 공공부문이 절대적으로 강조되고 개인이나 가족 등의 민간부문의 역할은 극소화되어야 한다고 주장한다.

정답 ③

중요도 ★★★ (13회 기출)

08) 신자유주의가 지향하는 정책적 특성으로 옳은 것을 모두 고른 것은?

> ㄱ. 시장의 자율적 경쟁을 강조한다.
> ㄴ. '작은 정부'를 지향한다.
> ㄷ. 복지국가는 국민의 책임보다 권리를 강조한다고 비판한다.
> ㄹ. 복지제공에서 보편주의를 주장한다.

① ㄱ, ㄴ, ㄷ   ② ㄱ, ㄷ   ③ ㄴ, ㄹ
④ ㄹ   ⑤ ㄱ, ㄴ, ㄷ, ㄹ

해설

신자유주의는 복지서비스의 제공에서 선별주의를 강화하고자 한다. 사회복지의 대상자를 진정한 니즈(needs)를 가진 자로 한정하며, 자조와 가족책임의 원칙에 입각하여 자조할 수 없는 자와 가족이 책임질 수 없는 자만이 사회복지의 수급자라는 인식을 강화시키고자 하였다.

정답 ①

중요도 ★★ (13회 기출)

09) 신마르크스주의(Neo-Marxism) 이론에 관한 설명으로 옳지 않은 것은?

① 전통적 마르크스주의에 이론적 기초를 둔 갈등주의적 시각이다.

② 다양한 비계급적 집단들의 이해의 조정을 통해 복지국가가 발전하였다고 본다.

③ 복지국가 발전을 독점자본주의의 속성과 관련시켜 분석하였다.

④ 복지정책은 자본축적의 위기나 정치적 도전을 수정하기 위한 수단으로 본다.

⑤ 국가의 자율적 역할 정도에 따라 도구주의 관점과 구조주의 관점으로 대별된다.

이익집단 이론: 다양한 이해관계를 가진 이익집단들이 사회적 자원 배분을 둘러싼 치열한 경쟁에서 관련 이해집단들의 정치적인 힘을 국가가 중재하는 과정에서 사회복지정책이 발달한다.

보충노트

신마르크스주의(Neo-Marxism) 이론
- 도구주의 관점
  - 자본주의 사회는 자본가들이 경제조직을 독점한다.
  - 국가의 역할은 자본가들의 이익을 수행하는 도구에 불과하다.
  - 자본축적의 위기나 사회혼란이 있는 경우 자본가들이 자본축적과 노동력 재생산 보장의 필요에 따라 국가에 영향을 미쳐 사회복지정책이 형성·발전되는 것으로 보는 이론이다.
- 구조주의 관점
  - 독점자본주의 경제구조 그 자체 때문에 국가의 기능은 자본가의 이익과 합치될 수밖에 없다.
  - 노동자계급의 도전은 자본주의에 매우 위협적이기 때문에 노동자계급을 포섭하고, 노동자계급 정치를 무력화시키고, 노동자계급을 통제하고 분열시키기 위하여 사회복지정책을 확대한다.
- 기여한 점
  - 복지국가로 인해 이익을 보는 대상을 명확하게 표현하고 있다.
  - 복지국가의 성격을 거시적으로 확대할 수 있다.
- 한계점
  - 사회복지정책 발달을 지나치게 경제구조 결정론에 의지한다.
  - 민주주의에서 여러 행위자들의 역할을 무시한다.
  - 고도 산업자본주의에 적용하는데 한계가 있다.
  - 개념들이 너무 거시적, 경험적 조사에 사용하기 어렵다.

정답 ②

(13회 기출)

중요도 ★★★

10) 산업화이론에 관한 설명으로 옳지 않은 것은?

① 산업화이론의 대표적인 학자로는 윌렌스키(Wilensky) 가 있다.

② 산업화 정도와 복지국가의 다양한 제도 형태와의 연계성을 잘 설명해 준다.

③ 복지국가는 산업화로 발생된 사회적 욕구에 대한 대응이었다.

④ 복지국가의 발전은 산업화로 인한 경제성장과 함께 이루지는 것으로 본다.

⑤ 복지국가는 산업화의 발전으로 재정적 능력이 향상되어 가능해졌다.

해설

산업화이론은 산업화로 인해 발생한 새로운 욕구가 구체적인 사회복지제도로 형성되는 과정을 설명하지 못한다. 즉 산업화 정도와 복지국가의 다양한 제도, 형태와의 연계성을 잘 설명해 주지 못하는 한계점이 있다.

정답 ②

11) 산업화 이론에 관한 설명으로 옳지 않은 것은?

① 산업화 이론의 대표적인 학자로는 윌렌스키(H. Wilensky)가 있다.

② 산업화 정도와 복지국가의 다양한 제도 형태와의 연계성을 잘 설명해준다.

③ 복지국가는 산업화로 발생된 사회적 욕구에 대한 대응이었다.

④ 복지국가 발전은 산업화로 인한 경제성장과 함께 이루어지는 것으로 본다.

⑤ 복지국가는 산업화의 발전으로 재정적 능력이 향상되어 가능해졌다.

해설

산업화이론은 산업화 정도와 복지국가의 다양한 제도, 형태와의 연계성을 잘 설명해 주지 못하는 한계점이 있다.

보충노트

산업화이론(수렴이론) 참조
• 경제발전이 이루어짐에 따라 사회복지도 발전하게 된다는 이론이다.
• 대표학자: 윌렌스키와 르보(Wilensky & Lebeaux)
• 이데올로기적 갈등은 배제하고 경제·사회적인 면만을 강조하고 있는데, 서로 다른 정치이념과 문화를 가진 국가들도 일단 산업화가 비슷한 수준에 도달하면 사회복지정책의 구조나 내용은 유사해진다고 본다. **정답 ②**

12) 신자유주의가 지향하는 정책적 특성으로 옳은 것을 모두 고른 것은?

> ㉠ 시장의 자율적 경쟁을 강조한다.
> ㉡ '작은 정부'를 지향한다.
> ㉢ 복지국가는 국민의 책임보다 권리를 강조한다고 비판한다.
> ㉣ 복지제공에서 보편주의를 주장한다.

① ㉠, ㉡, ㉢   ② ㉠, ㉢   ③ ㉡, ㉣   ④ ㉣   ⑤ ㉠, ㉡, ㉢, ㉣

해설

신자유주의는 복지제공에서 선별주의를 강조하며, 최소한의 급여수준과 일시적·잔여적 복지모델을 추구한다. **정답 ①**

13) 사회복지정책의 발달 관련 이론에 관한 설명으로 옳지 않은 것은?

① 수렴이론은 산업화와 이로 인한 인구사회 구조변화에 주목한다.

② 확산이론은 한 나라의 사회복지정책이 다른 나라에 미치는 영향을 강조한다.

③ 시민권론은 정치권의 실현을 통해서 완전한 시민권의 실현이 가능하다고 본다.

④ 이익집단론은 노인복지의 확대를 설명하는 데 유용하다.

⑤ 사회양심이론은 인도주의에 입각한 사회적 의무감이 복지정책을 확대할 수 있다고 본다.

시민권론은 사회권의 실현을 통해서 완전한 시민권의 실현이 가능하다고 본다.

정답 ③

　　　　　　　　　　　　　　　　　　　　　　　　　　　　　　(11회 기출)

14) 확산이론에 관한 설명으로 옳은 것은?

① 산업화가 촉발시킨 사회문제에 대한 대응으로 사회복지제도가 확대되었다.
② 사회복지정책의 확대 과정은 국제적인 모방의 과정이다.
③ 사회복지정책의 확대 과정에서 정당정치의 역할을 우선시한다.
④ 20세기 사회권이 시민의 권리로 확장되면서 사회복지정책이 확대되었다.
⑤ 집단적 사회양심의 축적과 인도주의 가치의 구현에 의해 사회복지정책이 발달되었다.

사회복지정책이 다른 나라에 영향을 미치는 현상에 초점을 둔 이론이며, 사회복지정책이 국가 간의 의사소통이나 영향력, 교류 등에 의해 이루어진다고 보며, 사회복지정책의 도입을 모방과정의 결과로 인식한다.

보충노트

① 산업화이론 참조
③ 사회민주주의이론 참조
④ 이민권이론 참조
⑤ 사회양심이론 참조

정답 ②

　　　　　　　　　　　　　　　　　　　　　　　　　　　　　　(11회 기출)

15) 사회복지의 확대에 있어 좌파정당과 노동조합의 영향을 강조한 이론은?

① 이익집단이론(다원주의이론)　　　　② 권력자원이론(사회민주주의이론)
③ 음모이론　　　　　　　　　　　　④ 종속이론
⑤ 수렴이론(산업화이론)

사회민주주의이론
• 자본주의의 성립과 의회민주주의 제도의 정착을 배경으로 노동계급이 강하고 중앙집권화된 노동조합운동을 통해 조직화되고, 그들의 이익을 대변하는 정당을 지지하는 과정 속에서 사회권의 확대를 통해 복지국가 사회복지정책이 발달한다고 본다.
• 복지국가발전을 위한 충족요건
• 보통선거권 도입, 노동계급으로의 선거권 확대, 노동계급을 대변하는 사회민주당의 발전
• 강하고 중앙집권화된 노동조합운동, 우익정당의 약화, 지속적인 사회민주주의 집권
• 지속적인 경제성장, 노동자의 강한 계급의식과 종교, 언어, 인종적 분열의 약화

정답 ②

16) 사회복지제도에 대한 신자유주의자들의 비판 논리로 옳지 않은 것은?

① 복지지출의 확대는 생산부문의 투자를 위축시켜 경제성장을 저해한다.

② 복지급여수급은 개인의 저축 및 투자동기를 약화시킨다.

③ 복지급여수급으로 시간 당 임금이 변화되는 대체효과가 커져 근로동기가 줄어든다.

④ 재화나 서비스에 대한 수급자들의 선택을 왜곡시켜 비효율적 배분을 증대시킨다.

⑤ 조세 및 보험료의 부담을 피하기 위해 지하경제의 규모가 커질 가능성이 높다.

해설

복지급여수급으로 시간 당 임금이 변화되는 소득효과가 커져 근로동기가 줄어든다.

보충노트

• 소득효과: 임금률이 상승하면, 한 개인의 소득은 증가하고, 여타의 소비재를 더 구입하려고 한다. 여가를 소비하게 되면 노동시간이 줄어지게 되는데 이와 같이 소득 증가가 여가를 더 소비하게 하는 것을 소비효과라 한다.

• 대체효과: 임금률이 상승하면 여가가 상대적으로 비싸지기 때문에 여가에 대한 소비를 줄이려는 효과를 대체효과라 한다. 즉, 임금상승에 대한 대체효과는 여가를 줄이고 노동시간을 늘리려는 것을 말한다.

정답 ③

17) 사회복지 발달을 18세기 공민권, 19세기 정치권, 20세기 사회권 등 시민권의 확대과정으로 설명한 학자는?

① 마샬(T.H.Marshall) ② 케인즈(J.M.Keynes) ③ 스미스(A.Smith)
④ 티트머스(R.Titmuss) ⑤ 폴라니(K.Polanyi)

해설

마샬(Marshall)의 시민권론은 사회구성원은 누구든지 사회복지에 대한 권리를 갖고 있다는 이론이다.

• 공민권: 개인적 자유와 평등을 법적으로 보장받는 것으로, 개인의 자유, 언론 · 사상 · 신앙의 자유, 재산과 계약의 자유 및 정의에 대한 권리 등이 있다.

• 정치권: 정치적 참정권을 말한다.

• 사회권: 사회 속에서 시민화된 생활과 경제적 복지를 보장받는 것을 말한다.

정답 ①

18) 복지국가발달이론 중 수렴이론에 관한 설명으로 옳은 것을 모두 고른 것은?

ㄱ. 산업화로 인한 사회문제에 대응하여 사회복지제도 확대

ㄴ. 복지국가간 차이점보다 유사성 강조

ㄷ. 이데올로기나 정치적 변수의 역할은 중요하지 않음

ㄹ. 경제발전수준과 사회복지지출수준 간에 강한 상관관계 존재

① ㄱ, ㄴ, ㄷ   ② ㄱ, ㄷ   ③ ㄴ, ㄹ   ④ ㄹ   ⑤ ㄱ, ㄴ, ㄷ, ㄹ

해설

수렴이론은 경제발전이 이루어짐에 따라 사회복지도 발전하게 된다는 이론이다.

• 대표학자: 윌렌스키와 르보(Wilensky & Lebeaux)

• 이데올로기적 갈등은 배제하고 경제·사회적인 면만을 강조하고 있는데, 서로 다른 정치이념과 문화를 가진 국가들도 일단 산업화가 비슷한 수준에 도달하면 사회복지정책의 구조나 내용은 유사해진다.

• 선진산업사회에서 사회복지정책의 구조와 내용에 결정적 영향을 미치는 것은 산업화 요소이다.

• 비판

  – 기술 및 경제가 사회복지정책의 구조와 내용을 결정한다는 것은 지나치게 결정론적이다.

  – 사회복지정책이 가치에 따른 선택일 수 있는 가능성을 배제시킴: 정치 변수(가치와 이데올로기, 계급 간과 집단 간의 갈등 등)와 변수(문화 등)들의 역할을 무시한다.

  – 부유한 국가(富國)와 빈곤한 국가(貧國)의 차이는 설명하나 부유한 국가(富國)간의 사회복지 수준 차이는 설명하지 못한다.

정답 ⑤

중요도 ★★   (9회 기출)

19) 복지국가 발달이론 관한 설명으로 옳지 않은 것은?

① 국가중심주의이론은 국가 관료들의 자기이익 추구행위가 복지국가 발전을 가져온다.

② 사회양심이론은 사회복지정책을 국가의 자선활동으로 본다.

③ 확산이론은 사회복지의 발달이 국가의 지리적 위치와 관계가 있다고 본다.

④ 수렴이론은 산업화로 인해 발생한 사회문제의 해결을 위해 사회복지가 발달한다고 본다.

⑤ 시민권론은 불평등한 계층구조와 평등주의적 시민권이 양립할 수 없다고 본다.

해설

사회적 불평등과 시민권은 밀접한 관련이 있다고 보며, 사회적 불평등의 완화를 위해 사회복지정책이 필요하다고 본다.

정답 ⑤

제5장 사회복지정책의 형성과 결정

(17회 기출)

01) 사회복지정책 평가가 필요한 이유를 모두 고른 것은?

> ㉠ 문제해결을 위한 정책결정에 필요한 정보를 얻기 위함
> ㉡ 기존 정책의 개선에 필요한 정보를 얻기 위함
> ㉢ 정책의 정당성 근거를 확보하기 위함
> ㉣ 정책평가는 사회복지정책이론 형성에 기여함

① ㉠, ㉡, ㉢   ② ㉠, ㉡, ㉣   ③ ㉠, ㉢, ㉣   ④ ㉡, ㉢, ㉣   ⑤ ㉠, ㉡, ㉢, ㉣

해설

정책평가의 목적 및 필요성 참조
• 정책의 집행 및 감독에 있어 정보를 제공, 정책의 정당성 근거를 확보한다.
• 정책의 이론 형성, 자료나 연구의 기반 마련, 정책의 성과 홍보수단이 된다.
• 정책의 자원에 대한 합리성 파악, 기존 정책의 개선에 필요한 정보를 제공한다.
• 문제해결을 위한 정책결정에 필요한 정보제공, 의도대로 집행되었는지 파악할 수 있다.   정답 ⑤

(16회 기출)

02) 정책결정 이론모형에 관한 설명으로 옳지 않은 것은?

① 합리모형: 인간의 이성과 합리성을 전제로 최선의 정책대안을 찾을 수 있다고 가정한다.
② 혼합모형: 조직화된 무정부 상태 속에서 정책이 우연히 결정된다고 가정한다.
③ 최적모형: 체계론적 시각에서 정책성과를 최적화하려는 정책결정 모형이다.
④ 만족모형: 사람은 자신의 제한된 능력과 환경적 제약으로 모든 대안이 초래할 결과를 완전히 예측할 수는 없다.
⑤ 점증모형: 과거의 정책을 약간 수정한 정책결정이 이루어지고, 여론의 반응에 따라 정책수정을 반복한다.

해설

쓰레기통 모형: 코헨 · 올슨 · 킹돈 등 주창, 정책결정은 합리성이나 협상, 타협 등을 통해 반드시 이루어진다고 보지는 않으며, 조직화된 무정부상태(혼란상태)속에서 나타나는 몇 가지 흐름에 의해 우연히 이루어진다고 본다.

- 혼합모형: 에찌오니(A.Etzioni) 주창, 합리모형과 점증모형의 한계점을 보완하기 위한 방법으로 종합적 합리성을 바탕으로 큰 범위에서의 기본적인 결정은 합리적으로 결정하고, 세부적인 결정은 기본적 결정을 보완 수정하여 점증적으로 이루어진다고 주장한다.　　　　　　　　　　　　　　　　　　　　　　　　　　　　　　　　정답 ②

(15회 기출)

중요도 ★★

03) 사회복지정책의 대안을 개발할 때, 활용할 수 있는 방법을 모두 고른 것은?

> ㉠ 과거의 정책을 검토한다.　　　　　㉡ 해외 정책사례를 검토한다.
> ㉢ 사회과학적 지식을 활용한다.　　　㉣ 직관적 방법을 활용한다.

① ㉠　　　② ㉡, ㉢　　　③ ㉢, ㉣　　　④ ㉠, ㉡, ㉣　　　⑤ ㉠, ㉡, ㉢, ㉣

해설

직관적 방법은 정책대안에 관한 선례나 전문지식 및 상황에 대한 정보가 부족할 때 사용하는 방법이다.　　　　　정답 ⑤

(15회 기출)

중요도 ★★

04) 정책평가에 관한 설명으로 옳지 않은 것은?

① 정책평가는 정책효과성 제고에 기여할 수 있다.
② 평가지표 선택에서 정책목표보다 측정 용이성을 우선한다.
③ 정책평가는 정책활동의 책임성을 높인다.
④ 산출과 영향에 대한 평가방법은 양적 · 질적 평가를 병행할 수 있다.
⑤ 평가결과의 활용도를 높이는 기제를 마련하는 것이 바람직하다.

해설

평가기준 및 평가지표의 선택에서 측정의 용이성보다는 정책목표를 우선해야 한다.　　　　　정답 ②

(14회 기출)

중요도 ★★★

05) 정책결정 이론모형과 설명의 연결이 옳은 것을 모두 고른 것은?

> ㄱ. 합리모형 – 주어진 상황 속에서 주어진 목표를 해결하기 위해 최선의 정책대안을 찾을 수 있다고 가정한다.
> ㄴ. 만족모형 – 합리모형보다 혁신적이고 진보적인 정책결정이 이루어진다.
> ㄷ. 최적모형 – 체계론적 시각에서 정책성과를 최적화하려는 정책결정 모형이다.
> ㄹ. 점증모형 – 경제적 합리성과 초합리성을 바탕으로 하는 질적 모형이다.

① ㄱ, ㄴ, ㄷ　　　② ㄱ, ㄷ　　　③ ㄴ, ㄹ　　　④ ㄹ　　　⑤ ㄱ, ㄴ, ㄷ, ㄹ

• 만족모형: 제한된 합리성에 기반하여 만족스러운 수준에서 대안을 선택하는 모형이다.
• 점증모형: 기존 정책의 문제점을 수정하여 개선을 추구하는 모형이다.   정답 ②

중요도 ★★   (13회 기출)

06) 합리적 사회정책분석의 절차가 옳게 나열된 것은?

> ㄱ. 최적대안의 선택 제시   ㄴ. 사회문제의 분석과 정의
> ㄷ. 정책대안의 결과 예측   ㄹ. 정책대안의 비교와 평가

① ㄱ - ㄴ - ㄷ - ㄹ   ② ㄴ - ㄷ - ㄹ - ㄱ   ③ ㄴ - ㄹ - ㄷ - ㄱ
④ ㄷ - ㄱ - ㄴ - ㄹ   ⑤ ㄹ - ㄴ - ㄱ - ㄷ

해설

정책대안이란 문제의 해결방법에 관한 것이며, 정책대안의 형성과정은 주어진 목표 달성을 위해 어떤 문제에 대해 여러 가지 해결방안을 모색하고 개발하는 과정을 의미한다.
• 사회복지정책 대안 형성과정: 사회복지문제와 상황의 파악, 미래의 예측 및 목표의 설정, 대안의 탐색 및 개발, 대안의 비교 분석 순으로 이루어진다.   정답 ②

중요도 ★★★   (13회 기출)

07) 정책평가에 관한 설명으로 옳지 않은 것은?

① 효율성평가는 투입과 산출의 비율로 표현된다.
② 정책평가는 정책수단인 사업(program)평가와 연관되어 있다.
③ 정책효과성 평가는 정책목표의 달성여부를 판단하는 것을 의미한다.
④ 신공공관리론의 성과평가 강조는 신보수주의 득세로 인하여 약화되었다.
⑤ 정책의 효과성과 효율성 제고를 위해 정책평가의 중요성이 강조되고 있다.

해설

신보수주의자는 평등보다는 자유를 우선시(불평등 옹호)하며, 복지에 대한 입장도 정부의 개입은 유해하므로 국가의 역할이 축소되고 시장이 더 많은 역할을 수행하는 형태가 이상사회라고 주장한다. 따라서 신보수주의의 득세로 효율성·효과성을 평가하는 성과평가가 강화되었다.   정답 ④

중요도 ★★★   (13회 기출)

08) 다음에서 설명하는 정책결정이론은?

> • 정책결정과정에는 정책대안의 흐름, 문제의 흐름, 정치의 흐름이 존재한다.
> • 정책전문가들은 지속적으로 특정 사회문제에 대한 정책대안들을 연구하고 있으며, 정책대안들이 정치적 흐름과 문제 흐름에 의해 정책 아젠다(agenda)로 등장할 때까지 기다린다.

> • 이들 세 개의 흐름이 연결되면 정책의 창(policy window)이 열려 정책대안이 마련되고, 그렇지 않으면 각 흐름은 다시 제 각각 본래의 흐름으로 돌아간다.

① 쓰레기통 모형　　　② 수정 점증주의 모형　　　③ 엘리슨(Allison) 모형
④ 합리적 선택 모형　　⑤ 분할적 점증주의 모형

해설

킹돈(Kingdon)의 쓰레기통 이론은 정책에 필요한 몇 가지 흐름이 우연한 기회에 정책을 생산함을 강조하는 모형이다.

정답 ①

중요도 ★★★　　　　　　　　　　　　　　　　　　　　　　　　　(12회 기출)

09) 정책결정 이론모형에 관한 설명으로 옳은 것은?

① 합리모형 – 인간의 제한적 합리성을 전제로 하여 정책대안을 선택한다.
② 만족모형 – 주어진 상황에서 목표 달성을 극대화하는 최선의 정책대안을 찾아낼 수 있다.
③ 점증모형 – 과거의 정책을 약간 수정한 정책결정이 이루어지고, 여론의 반응에 따라 정책수정을 반복한다.
④ 최적모형 – '조직화된 무정부상태' 속에서 정책이 우연히 결정된다.
⑤ 쓰레기통 모형 – 합리적 요소와 초합리적 요소를 바탕으로 한 질적 모형이다.

오답노트

① 합리모형 – 주어진 상황에서 목표 달성을 극대화하는 최선의 정책대안을 찾아낼 수 있다.
② 만족모형 – 인간의 제한적 합리성을 전제로 하여 정책대안을 선택한다.
④ 최적모형 – 합리적 요소와 초합리적 요소를 바탕으로 한 질적 모형이다.
⑤ 쓰레기통 모형 – '조직화된 무정부상태' 속에서 정책이 우연히 결정된다.

정답 ③

중요도 ★★　　　　　　　　　　　　　　　　　　　　　　　　　(12회 기출)

10) 사회복지정책 평가에 관한 설명으로 옳은 것을 모두 고른 것은?

> ㄱ. 평가설계의 형태와 기법을 결정하기 위해 인과모형을 설정하여야 한다.
> ㄴ. 정책평가는 정책활동에 대한 책임성이나 근거를 확보하기 위해 필요하다.
> ㄷ. 통계기법 및 분석기법 등이 요구된다는 점에서 정책평가는 기술적(技術的) 성격을 띤다.
> ㄹ. 정책평가는 가치판단을 배제한다는 점에서 객관적이다.

① ㄱ, ㄴ, ㄷ　　　② ㄱ, ㄷ　　　③ ㄴ, ㄹ　　　④ ㄹ　　　⑤ ㄱ, ㄴ, ㄷ, ㄹ

가치지향적 성격: 정책을 평가한 결과는 본질적으로 무엇이 잘 되고 잘못되었는지 혹은 앞으로 어떻게 하는 것이 바람직한가를 포함한다.

보충노트

정책평가의 성격

• 기술적 성격: 정책을 평가하기 위해서는 다양한 분석기법이 요구된다.
• 실용적 성격: 정책을 평가한 결과는 정책의 실제에 유용한 자료로 사용될 수 있어야 한다.
• 개별 사례적 성격: 구체적인 정책 프로그램이나 그 프로그램이 적용된 개별 사례를 연구 대상으로 한다.
• 종합 학문적 성격: 정책을 평가하기 위해서는 다양한 분야의 전문지식과 기법들을 필요로 한다.
• 정치적 성격: 정책을 평가하는 과정에서 정책결정자, 집행자, 자금지원집단 등 이해집단 및 클라이언트의 영향을 받는다.

정답 ①

중요도 ★★★ (11회 기출)

11) 사회복지정책 평가유형에 관한 설명으로 옳은 것은?

① 과정평가는 최초의 정책목표 달성여부를 평가하는 것이다.

② 효율성 평가는 정책목표 달성을 위한 비용 대비 편익을 비교하는 것이다.

③ 효율성 평가는 정책집행과정의 문제점을 찾는데 효율적이다.

④ 효과성 평가는 정책목표의 달성여부를 비용측면에서 평가하는 것이다.

⑤ 효과성 평가는 정책성과를 화폐단위로 환산하기 쉬운 경우에 적절하다.

해설

효율성(능률성)평가는 '투입에 대한 산출' 의 비율, 경제적 가치로 환산하여 평가한다.

오답노트

• 과정평가: 정책집행과정에서 나타난 활동을 분석하여 평가하는 것이다.
• 효과성 평가: 정책목표의 달성여부를 평가하는 것으로 정책성과를 화폐단위로 측정하기 어려운 경우 사용하는 방법이다.
• 비용편익분석: 정책으로 인해 발생하는 모든 직 간접적인 비용과 편익(이익, 효용)을 현재 화폐가치로 계산하여 분석하는 방법
이다. 정답 ②

중요도 ★★★ (11회 기출)

12) 사회복지정책 평가에 관한 설명으로 옳은 것을 모두 고른 것은?

> ㄱ. 평가유형의 결정은 평가목표나 평가대상의 결정 이전에 선행되어야 한다.
>
> ㄴ. 평가목표는 정책평가자의 결정이나 평가의 기준 설정에 영향을 미친다.
>
> ㄷ. 일반적으로 과정평가는 양적평가방법에, 총괄평가는 질적평가방법에 주로 의 존한다.
>
> ㄹ. 평가는 정책담당자, 정책 대상자 및 지역주민 등 다양한 인적 요인에 영향을 받는다.

① ㄱ, ㄴ, ㄷ   ② ㄱ, ㄷ   ③ ㄴ, ㄹ   ④ ㄹ   ⑤ ㄱ, ㄴ, ㄷ, ㄹ

사회복지정책 평가는 본래의 정책목표를 달성했는가를 평가하는 것이다. 따라서 정책평가의 목적과 필요성에 따라 정책평가자의 결정이나 평가의 기준이 설정될 수 있다.
• 사회복지정책의 평가에 영향을 미치는 인적요인은 정책평가자, 정책담당자, 클라이언트 및 주민, 일반 국민 등이다.

• 평가유형은 평가목표나 평가대상에 따라 다르게 결정할 수 있다.
• 과정평가는 질적 평가 방법에, 총괄평가는 양적평가 방법에 주로 의존한다.   정답 ③

중요도 ★★   (11회 기출)
13) 사회복지정책 과정의 단계로 옳은 것은?
① 의제형성 – 정책입안 – 정책결정 – 정책평가 – 정책집행
② 의제형성 – 정책결정 – 정책입안 – 정책평가 – 정책집행
③ 정책입안 – 의제형성 – 정책결정 – 정책집행 – 정책평가
④ 정책입안 – 정책결정 – 정책집행 – 정책평가 – 의제형성
⑤ 의제형성 – 정책입안 – 정책결정 – 정책집행 – 정책평가

정답 ⑤

중요도 ★★★   (10회 기출)
14) 사회복지 정책평가에 관한 설명으로 옳은 것을 모두 고른 것은?

> ㄱ. 정책평가는 가치지향적 성격을 띠지 않는다.
> ㄴ. 정책평가란 정책활동의 가치를 가늠하기 위한 정보 수집 · 분석 · 해석 활동이다.
> ㄷ. 정책평가의 유용성은 정책담당자의 평가결과 사용의지 유무에 영향을 받지 않는다.
> ㄹ. 좁은 의미의 정책평가는 정책이 원래 해결하고자 했던 문제를 얼마나 해결했는지 평가하는 것이다.

① ㄱ, ㄴ, ㄷ   ② ㄱ, ㄷ   ③ ㄴ, ㄹ   ④ ㄹ   ⑤ ㄱ, ㄴ, ㄷ, ㄹ

정책평가란 정책활동에 관한 평가로 특정 정책과 프로그램이 그것의 목표를 달성했는지 알아보기 위해서 정보를 수집, 분석, 해석하는 활동이다.

ㄱ. 정책평가는 가치판단을 포함하므로 가치지향적 성격을 띠고 있다.
ㄷ. 정책의 결정자나 집행자가 정책평가에 대한 결과의 피드백을 통해 기존계획의 수정이나 새로운 계획의 수립에 반영함으로써 영향을 미치게 된다.

정답 ③

　　　　　　　　　　　　　　　　　　　　　　　　　(10회 기출)

15) 정책대안을 비교분석하는 기준에 관한 설명으로 옳은 것은?

① 사회적 효과성은 정책대안이 가진 사회통합 기능에 주안점을 둔다.

② 정치적 실현가능성은 정책대안이 사회계층 간 불평등을 얼마나 시정할 수 있는지와 관련된다.

③ 효율성은 정책대안이 가진 기술적 문제와 집행가능성 모두와 관련된다.

④ 사회적 형평성은 정책대안이 가진 정치적 수용 가능성을 중요시 한다.

⑤ 기술적 실현가능성은 정책대안이 문제해결을 위한 복지서비스를 최대한으로 창출해낼 수 있는지를 중요시한다.

사회적 효과성은 사회복지정책의 시행결과로 나타나는 사회적 유대감의 달성 등 사회복지의 사회적 통합 기능에 관한 것이다.

② 사회적 형평성에 관한 설명이다.
③ 기술적 실현가능성에 대한 설명이다.
④ 정치적 실현가능성에 대한 설명이다.
⑤ 능률성에 대한 설명이다.

정답 ①

　　　　　　　　　　　　　　　　　　　　　　　　(10회 기출)

16) 정책결정이론에 관한 설명으로 옳은 것을 모두 고른 것은?

> ㄱ. 최적모형 – 정책결정은 과거의 정책을 점증적으로 수정하는 방식으로 이루어진다.
> ㄴ. 합리모형 – 목표달성을 극대화할 수 있는 최선의 정책대안을 찾을 수 있다.
> ㄷ. 혼합모형 – 정책결정에 드는 비용보다 효과가 더 커야 한다.
> ㄹ. 만족모형 – 정책결정자가 완전한 합리성을 가지고 있지는 않다.

① ㄱ, ㄴ, ㄷ   ② ㄱ, ㄷ   ③ ㄴ, ㄹ   ④ ㄹ   ⑤ ㄱ, ㄴ, ㄷ, ㄹ

• 최적모형 – 정책결정에는 계량적 · 경제적 합리성과 함께 질적 · 초합리적 요소(직관, 판단력, 창의력 등)까지도 동시에 고려해야 한다는 이론으로 정책결정에 드는 비용보다 효과가 더 커야 한다는 전제가 있어야 한다.

• 혼합모형 – 합리모형과 점증모형의 절충적인 형태의 모형으로 중요한 문제이거나 위기적 상황인 경우 합리모형에서와 같이 포괄적 관찰을 통해 대안을 탐색하여 기본적 결정을 하고, 이후 점증모형에서와 같이 이를 수정 · 보완하면서 세부적(점증적) 결정을 한다는 모형이다.

정답 ③

(10회 기출)

17) 사회복지정책 아젠다 형성과정에 대한 설명으로 옳지 않은 것은?

① 정책아젠다 형성에 관한 동원모형은 선진국에서 주로 적용할 수 있다.

② 아젠다 형성과정은 정치적 성격이 강하다.

③ 이슈나 문제가 공공정책으로 전환되는 과정을 의미한다.

④ 클라이언트도 사회복지 아젠다 형성에 참여할 수 있다.

⑤ 사회복지문제가 이슈화되어도 모두 정책이 되는 것은 아니다.

동원모형은 정부내부에서 먼저 이슈를 생성, 정책의제(아젠다)로 설정한 다음, 국민들의 지지를 얻기 위해 공중의제로 확산시키는 모형으로 민간부문이 취약한 후진국 정치체제에서 많이 나타나고 있다.

정답 ①

(9회 기출)

18) 사회복지정책 아젠다 형성과정에 대한 설명으로 옳지 않은 것은?

① 정책아젠다 형성에 관한 동원모형은 선진국에서 주로 적용할 수 있다.

② 아젠다 형성과정은 정치적 성격이 강하다.

③ 이슈나 문제가 공공정책으로 전환되는 과정을 의미한다.

④ 클라이언트도 사회복지 아젠다 형성에 참여할 수 있다.

⑤ 사회복지문제가 이슈화되어도 모두 정책이 되는 것은 아니다.

정책아젠다 형성에 관한 동원모형은 주로 후진국에서 많이 적용되는 모형이다.

정답 ①

제6장 사회복지정책의 분석틀

01) 조세와 사회보험료 부과에 관한 설명으로 옳은 것은?

① 사회보험료는 소득세에 비해 역진적이다.

② 사회보험료에는 조세와 같은 인적공제가 없어 저소득층에게 유리하다.

③ 조세와 달리 소득상한선이 있는 사회보험료는 고소득층에게 불리하다.

④ 조세와 달리 사회보험료는 국가의 반대급부가 특정화되어 있지 않다.

⑤ 조세와 달리 사회보험료는 추정된 부담능력을 고려한다.

해설

공공재원(조세와 사회보험료) 참조

• 사회보험의 역진성: 사회보험료는 모든 근로소득에 동률로 부과하나 자산소득(이자, 임대료, 주식배당금 등)에는 추가로 보험료가 부과되지 않기 때문에 자산소득이 많은 고소득층이 저소득층에 비해 부담이 상대적으로 적다.

오답노트

② 사회보험료에는 조세와 같은 인적공제가 없어 저소득층에게 불리하다.

③ 조세와 달리 소득상한선이 있는 사회보험료는 고소득층에게 유리하다.

④ 조세와 달리 사회보험료는 국가의 반대급부가 특정화되어 있다.

⑤ 조세는 추정된 부담능력을 고려하지만 사회보험료는 추정된 부담능력을 고려하지 않는다.   정답 ①

02) 우리나라 중앙정부의 지방정부 재정지원방식에 관한 설명으로 옳은 것을 모두 고른 것은?

> ㉠ 일반보조금은 지역 간 재정격차를 해소하려는데 목적이 있다.
>
> ㉡ 범주적 보조금은 복지서비스의 전국적 통일성과 평등한 수준을 유지하는데 적합하다.
>
> ㉢ 범주적 보조금의 매칭펀드는 지방정부의 재정운영을 어렵게 만들 수 있다.

① ㉡   ② ㉠, ㉡   ③ ㉠, ㉢   ④ ㉡, ㉢   ⑤ ㉠, ㉡, ㉢

해설

• 일반보조금: 중앙정부가 재정자립도가 낮은 지방자치단체에 아무 조건 없이 제공하는 예산이다.

• 범주적 보조금: 재원이 사용될 용도를 지정하여 제공하는 예산이다. 따라서 복지서비스의 전국적 통일성과 평등한 수준을 유지하는데 적합하다.   정답 ⑤

03) 사회복지 급여의 하나인 증서(voucher)에 관한 설명으로 옳지 않은 것은?

① 현금급여에 비해 목표달성에 효과적이다.

② 현물급여에 비해 소비자의 선택권이 낮다.

③ 현물급여에 비해 공급자간 경쟁을 유도하는데 유리하다.

④ 공급자가 소비자를 자의적으로 선택하는 현상이 발생할 수 있다.

⑤ 현물급여에 비해 서비스에 대한 충분한 정보접근이 이루어져야 한다.

해설

증서(voucher) 참조   정답 ②

04) 현금급여와 현물급여에 관한 설명으로 옳지 않은 것은?

① 현금급여는 복지상품이나 서비스의 선택권을 보장할 수 있다.

② 현금급여는 사회복지기관 관리운영비의 절감과 행정적 편의를 가져다 줄 수 있다.

③ 현물급여는 현금급여에 비해 오남용의 위험이 크다.

④ 현물급여는 정책의 목표 효율성을 높일 수 있다.

⑤ 현물급여는 개인들의 복지욕구와 괴리가 나타날 수 있다.

해설

현물급여는 현금급여에 비해 오용이나 남용을 할 가능성이 낮아 목표효율성은 높다.   정답 ③

05) 사회서비스이용권(바우처)에 관한 설명으로 옳지 않은 것은?

① 사용범위가 제한된 선택 허용

② 현물과 비교하여 이용자의 높은 선택권 보징

③ 이용자에게 이용권 지원

④ 영리기관으로 서비스제공자 제한

⑤ 서비스제공자에 관한 정보 접근성 필요

해설

바우처(증서, voucher) 참조

정답 ④

중요도 ★★

06) 사회복지정책의 급여형태 중 기회(opportunity)에 관한 설명으로 옳은 것은?

① 수급자가 직접 급여에 대한 결정이나 그와 관련된 정책결정에 참여한다.

② 목표효율성(target efficiency)이 가장 높은 급여형태로 평가받는다.

③ 빈곤층 자녀의 대학입학정원 할당, 장애인 의무고용제 등이 해당된다.

④ 수급자가 일정한 용도 내에서 원하는 재화나 서비스를 선택할 수 있다.

⑤ 취약계층의 경제적 문제를 근본적으로 해결할 수 있다.

해설

기회는 현물이나 현금처럼 어떠한 상품가치가 있는 것이 아닌 무형의 급여 형태이고 매우 포괄적인 개념으로 명확한 정의를 내리기가 쉽지 않으며, 기회불평등을 제거하자는 의미로 받아들일 수 있다.
• 기회급여 형태의 정책적 목표는 어떤 집단이 접근하지 못했던 부분에 대해 접근 가능성을 높여줌으로써 불평등한 처우를 받고 있다는 인식에서 벗어날 수 있도록 하고, 기회를 통해 보다 나은 생활을 유지할 수 있도록 하는 것으로 장애인과 노인을 위한 고용촉진 및 의무고용과 관련한 제도. 농촌이나 사회소외계층 대학특별전형이 해당된다.

오답노트

• 권력: 수급자가 직접 급여에 대한 결정이나 그와 관련된 정책결정에 참여한다.
• 현물급여: 목표효율성(target efficiency)이 가장 높은 급여형태로 평가받는다.
• 바우처: 수급자가 일정한 용도 내에서 원하는 재화나 서비스를 선택할 수 있다.
• 현금급여: 취약계층의 경제적 문제를 근본적으로 해결할 수 있다.   정답 ③

중요도 ★★★

07) 정책분석의 3P (과정분석, 산물분석, 성과분석) 중 과정분석의 사례에 해당하는 것은?

① 근로장려세제(EITC)의 근로유인효과 분석

② 자활사업참여자의 공공부조 탈수급효과 분석

③ 노인장기요양보험법 제정에서 이익집단의 영향 분석

④ 노숙인에 대한 공공임대주택정책의 탈노숙효과 분석

⑤ 보육서비스 정책이 출산율 증가에 미치는 영향 분석

해설

과정분석은 사회복지정책의 형성과정을 분석하는 것으로 사회정치적 변수와 기술적 방법적 변수를 중심으로 하여 분석하는 접근을 말한다. 노인장기요양보험법 제정에서 이익집단이 끼친 영향을 분석하는 것이 여기에 해당된다.

오답노트

① 근로장려세제(EITC)의 근로유인효과 분석: 수행분석(정책 수행결과 평가분석)이다.
② 자활사업참여자의 공공부조 탈수급효과 분석: 수행분석(정책 수행결과 평가분석)이다.
④ 노숙인에 대한 공공임대주택정책의 탈노숙효과 분석: 수행분석(정책 수행결과 평가분석)
⑤ 보육서비스 정책이 출산율 증가에 미치는 영향 분석: 수행분석(정책 수행결과 평가분석)

정답 ③

중요도 ★★★

08) 다음 중 선별주의에 입각한 제도가 아닌 것은?

① 자활사업   ② 누리과정   ③ 기초연금

④ 의료급여   ⑤ 장애인연금

해설

- 자활사업: 국민기초생활보장법에 따른 수급권자
- 기초연금: 만 65세 이상으로 한국 국적을 가지고 계시고 국내에 거주하는 어르신 중 가구의 소득인정액이 선정기준액 이하인 자
- 의료급여: 의료급여법 제3조 및 동법 시행령 제3조에 해당하는 자
- 장애인연금: 만 18세 이상의 등록한 중증장애인 중 본인과 배우자의 소득과 재산을 합산한 금액(소득인정액)이 선정기준액 이하인 자

오답노트

누리과정: 우리나라 만3~5세 어린이라면 누구나 꿈과 희망을 마음껏 누릴 수 있도록 국가가 공정한 교육기회를 보장하기 위해 제공하는 수준 높은 교육과정으로, 유치원·어린이집의 구분 없이 동일한 내용을 배우는 것은 물론 부모의 소득 수준에 관계없이 모든 계층의 유아에게 유아학비와 보육료를 지원하는 보편주의적 제도이다.   정답 ②

중요도 ★★

09) 사회복지정책의 할당원칙(principles of allocation)에 관한 설명으로 옳지 않은 것은?

① 시장을 통해 충족되지 않는 어떤 욕구를 공통적으로 가진 집단에 속하는지 여부에 근거하는 원칙을 귀속욕구(attributed need)라고 한다.

② 보상(compensation)이란 사회 경제적으로 특별한 공헌을 했는지 또는 사회로부터 부당한 피해를 입었는지 여부에 근거하는 원칙이다.

③ 진단적 구분(diagnostic differentiation)이란 개별사례에 대해 전문가가 어떤 재화 또는 서비스를 특별히 필요로 하는지를 판단하는 것이다.

④ 역량(capability)은 보유하고 있거나 동원 가능한 자원의 종류와 양에 근거하여 대상 여부를 판단하는 것이다.

⑤ 자산조사 욕구(means-tested need)는 필요한 재화나 서비스를 구입할 능력이 없음을 나타내는 증거에 기초한다.

해설

사회복지급여 할당 원칙

- 귀속적 욕구: 현재의 사회경제제도 하에서 충족되지 않는 공통적 욕구를 가진 사람들의 집단에 속하는지에 따라, 규범적 기준에 의해 결정. 노령수당, 아동수당, 의무교육 등
- 보상: 사회적 경제적으로 공헌을 한 사람들의 집단(퇴역군인, 사회보험료 납부자 등), 사회로부터 부당한 피해를 입은 사람들의 집단(도시재개발, 고엽제 피해자 등) 등으로 구분
- 진단적 구분(등급분류): 각 사람들에 대해 전문가의 분류나 판단에 의한 급여대상 선정. 장애연금의 등급분류, 장기요양보험 수급자
- 자산조사에 대한 욕구: 한 개인이 필요한 재화나 서비스를 구입할 능력이 없음을 나타내는 증거에 기초하여 수급자격을 판정하는 것으로 가장 선별적인 자격조건. 국민기초생활보장제도, 의료급여제도

역량은 사회복지급여 할당 원칙에 해당하지 않는다.

정답 ④

(14회 기출)

10) 우리나라 사회복지재원에 관한 설명으로 옳은 것은?

① 사회보장의 주된 재원은 사회보장세이다.

② 국민연금기금은 특별회계에 해당하는 예산이다.

③ 공공부조 시행에 필요한 모든 비용은 중앙정부가 부담한다.

④ 국고보조금은 중앙정부 각 부처가 지방자치단체에 지원하는 재원이다.

⑤ 일반회계예산은 기금에 비해 운용의 신축성은 높으나 재원의 범위는 좁다.

국고보조금이란 국가가 정책의 추진을 위해 필요하다고 인정할 때에는 그 자치단체의 행정수행에 소요되는 경비의 일부 또는 전부에 대해 용도를 지정하여 교부하는 예산을 말한다.

• 사회보장의 주된 재원은 조세로 충당된 일반예산이다.
• 국민연금기금은 특별회계가 아니라 기금이다.
• 공공부조 시행에 필요한 비용은 중앙정부와 지방정부가 부담한다.
• 기금은 일반회계예산에 비해 운용의 신축성은 높으나 재원의 범위는 좁다.

정답 ④

(14회 기출)

11) 정부가 받아야 할 세금을 감면하는 방식을 통해 마련하는 사회복지재원은?

① 조세지출　　② 재정지출　　③ 의무지출　　④ 재량지출　　⑤ 법정지출

조세비용(조세감면, 조세지출)은 국가가 세금을 거둬들이는 대신에 감면하는 제도로 소득공제나 법인세 감면 등이 해당된다.

정답 ①

(13회 기출)

12) 현재의 우리나라 복지전달체계에 관한 설명으로 옳은 것을 모두 고른 것은?

> ㄱ. 사회보험의 관리·감독은 중앙집권적이다.
> ㄴ. 지방자치단체는 사회복지시설 위탁 및 지도·감독의 주체가 될 수 있다.
> ㄷ. 분권화 이후 지방자치단체의 역할이 과거에 비해 확대되고 있다.
> ㄹ. 사회보장정보시스템에는 보건복지부 외 타 부처 복지사업도 포함되어 있다.

① ㄱ, ㄴ, ㄷ　　　② ㄱ, ㄷ　　　③ ㄴ, ㄹ　　　④ ㄹ　　　⑤ ㄱ, ㄴ, ㄷ, ㄹ

- 사회보험 같은 특정한 재화는 객체가 되는 대상이 많을수록 기술적인 측면에서 유리하게 되는데 가입대상을 기준으로 할 때 지방정부보다 전 국민을 대상으로 포괄적 서비스를 제공관리하는 중앙정부가 절대적으로 유리하며 우리나라의 경우는 사회보험의 관리·감독이 중앙집권적으로 이루어지고 있다.
- 지방자치단체는 사회복지시설 위탁 및 지도·감독의 주체가 될 수 있다.
- 사회복지사업법 제51조 제1항: 보건복지부장관, 시·도지사 또는 시장·군수·구청장은 사회복지사업을 운영하는 자의 소관 업무에 관하여 지도·감독을 하며, 필요한 경우 그 업무에 관하여 보고 또는 관계 서류의 제출을 명하거나, 소속 공무원으로 하여금 사회복지법인의 사무소 또는 시설에 출입하여 검사 또는 질문을 하게 할 수 있다.
- 분권화 이후 지방자치단체의 역할이 과거에 비해 확대되고 있다.
   - 사회복지사업 지방이양(2005): 지방분권특별법(2004) 제정, 사회복지사업 67개 지방이양
- 사회보장정보시스템(행복e음)은 정부 각 부처에서 분산되어 운영되고 있는 복지사업 정보와 지원대상자의 자격 및 이력 정보를 개인별·가구별로 통합관리하여 복지 업무를 처리하고 적정 수급관리를 지원하는 시스템이다.

정답 ⑤

중요도 ★★★ (13회 기출)

13) 선별주의 정책과 보편주의 정책의 특징을 옳게 연결한 것은?

① 선별주의 – 모든 국민 대상
② 선별주의 – 간편한 행정업무
③ 보편주의 – 빈곤이 덫 유발
④ 보편주의 – 사회적 통합효과
⑤ 보편주의 – 사회적 낙인 유발

선별주의와 보편주의 참조
- 보편주의: 사회복지급여는 사회적 권리로서 모든 국민에게 주어져야 한다는 원리로 사회적 통합효과가 크다.
- 선별주의: 빈곤함정(빈곤의 덫) 및 낙인감(stigma)의 발생, 도덕적 해이 현상 초래, 사회적 효과성과 운영효율성이 낮다는 단점이 있다.

보편주의	구분	선별주의
• 전 국민을 사회복지의 대상자로 삼는 것임	의미	• 사회복지 대상자들을 기준에 따라 구분하여 서비스를 제공하는 것임
• 권리보장: 수입에 관계없이 모든 시민에게 복지권을 부여함 • 사회통합: 기여자와 수급자를 구분하지 않음	원칙	• 자산조사를 통한 대상자를 선정 • 드러난 욕구가 대상자 선정 기준
• 모든 시민	대상	• 자산조사에 의해 원조가 필요하다고 인정되는 사람
• 최저소득을 보장: 빈곤예방 • 수혜자에게 낙인을 가하지 않음 • 행정절차 용이 • 시혜의 균일성 유지 • 정치적 장점 중시	장점	• 필요한 사람에게 서비스 집중 • 자원 낭비를 줄임 • 비용이 적게 들어감
• 한정된 자원을 꼭 필요한 부분에 효과적으로 사용하는 데 한계	단점	• 수혜자에게 심리적사회적 낙인을 줄 수 있음

정답 ④

중요도 ★★

14) 국민기초생활보장제도에서 사회적 할당(social allocation)의 핵심 기준은?

① 귀속적 욕구   ② 진단적 차등   ③ 경제적 기여

④ 소득과 재산   ⑤ 보상적 욕구

해설

소득 및 자산조사는 급여자격의 소득수준을 최소한의 '기본적 요구'를 충족시킬 수 있는 수준과 사회구성원 대다수가 누리는 생활수준을 고려하여 상대적으로 결정한다.   정답 ④

중요도 ★★★

15) 정책분석을 과정분석, 산물분석, 성과분석으로 구분할 때, 이에 관한 설명으로 옳은 것은?

① 과정분석은 정책의 운영과 관련된다.

② 산물분석은 정책의 계획과 관련된다.

③ 성과분석은 정책의 행정과 관련된다.

④ 정책분석틀을 할당, 급여, 재정, 전달체계로 구분하는 것은 산물분석에 적합하다.

⑤ 세 가지 분석 중 조사방법론의 이론적 지식에 가장 밀접하게 연관된 것은 과정분석이다.

오답노트

• 과정분석은 정책의 기획과 관련된다.
• 산물분석은 정책의 운영과 관련된다.
• 성과분석은 정책의 조사연구과 관련된다.
• 세 가지 분석 중 조사방법론의 이론적 지식에 가장 밀접하게 연관된 것은 성과분석이다. 즉 조사방법론은 성과를 측정하는데 관련된 주요한 이론적 지식과 기법을 제공한다.   정답 ④

중요도 ★★★

16) 할당의 원리에 관한 설명으로 옳지 않은 것은?

① 귀속적 욕구의 원리에서 욕구는 규범적 기준에 의해 정해진다.

② 공헌 혹은 피해 집단에 속하는가에 따른 할당은 보상의 원리에 해당한다.

③ 진단적 구분은 재화 혹은 서비스의 필요성에 대한 전문가의 판단에 의존한다.

④ 귀속적 욕구의 원리는 보편주의보다는 선별주의 할당원리에 가깝다.

⑤ 자산조사 원리는 욕구에 대한 경제적 기준과 개인별 할당이라는 두 가지 조건에 근거한다.

해설

귀속적 욕구의 원리는 선별주의보다는 보편주의 할당원리에 가깝다.

• 귀속적 욕구에 기초한 급여자격은 현재의 사회경제제도 하에서 충족되지 않는 공통적 욕구를 가진 사람들의 집단에 속하는지에 따라, 규범적 기준에 의해 결정된다.
  예) 노령수당, 아동수당, 의무교육 등

정답 ④

(12회 기출)

17) 중앙정부와 지방정부간의 복지재정 이전체계에 있어 지방정부의 재량권이 작은 것에서 큰 순서로 나열한 것은?

① 범주적 보조금 – 포괄 보조금 – 일반교부세

② 일반교부세 – 범주적 보조금 – 포괄 보조금

③ 일반교부세 – 포괄 보조금 – 범주적 보조금

④ 범주적 보조금 – 일반교부세 – 포괄 보조금

⑤ 포괄 보조금 – 범주적 보조금 – 일반교부세

■ 범주적 보조금(조건부 보조금)
  • 재원이 사용될 세부적 항목을 중앙정부에서 지정하여 재정을 지원하는 방식이다.
  • 중앙정부의 재정 부담을 줄이고, 중앙정부가 바라는 목표를 이루는데 지방정부의 협조를 강력하게 유도하며, 중앙정부 지원을 통해 지방정부가 다양한 프로그램 개발과 과감한 실천을 하도록 동기를 유발한다.
  • 무제한 매칭, 제한적 매칭, 넌매칭(non-matching)의 형태를 사용한다.
■ 포괄적 지원(Block Grant)
  • 프로그램을 몇 개의 범주로 묶어서 일괄적으로 지원하는 방식이다.
  • 지방정부의 독립성을 높이고 지역의 특수한 욕구에 융통성 있게 대처할 수 있으며, 매칭 방식에 비하여 중앙정부의 재정 부담을 줄이는 방법으로 이용된다.
■ 일반교부세(중앙정부의 예산 가운데 일부를 아무 조건 없이 지방정부에 넘겨주는 방식)
  • 재정만 중앙정부에 의존하고 전달체계에 관한 전권을 지방정부가 가지게 됨으로써 지방정부의 독립성을 가장 높일 수 있을 뿐만 아니라 지방정부가 가지고 있는 장점을 극대화할 수 있는 방법이다.

정답 ①

(12회 기출)

18) 사회복지급여 형태에 관한 설명으로 옳은 것은?

① 현금급여는 선택권을 제한하는 단점이 있다.

② 현물급여는 대상효율성이 높다.

③ 현금급여는 인간의 존엄성을 유지하는데 취약하다.

④ 현물급여는 '규모의 경제' 효과에 취약하다.

⑤ 증서(voucher)는 현금급여에 비해 소비자 선택권이 높은 반면 현물급여에 비해서는 낮다.

- 현금급여는 선택의 폭을 넓혀주는 장점이 있다.
- 현금급여는 인간의 존엄성을 유지시키는데 현물급여보다 우월하다.
- 현물급여는 '규모의 경제' 효과가 커서 프로그램 비용을 줄일 수 있다.
- 증서(voucher)는 현물급여에 비해 소비자 선택권이 높은 반면 현금급여에 비해서는 낮다.   정답 ②

중요도 ★★   (11회 기출)

19) 사회복지급여 형태인 증서(voucher)에 관한 설명으로 옳은 것은?

① 현물급여에 비해 오·남용의 문제가 발생할 가능성이 낮다.

② 현물급여에 비해 서비스 제공자 간 서비스 질 경쟁 유도에 유리하다.

③ 서비스 제공자가 소비자를 선택 또는 회피하는 현상이 발생하지 않는다.

④ 현금급여에 비해 소비자의 선택권이 높다.

⑤ 현물급여에 비해 관리운영비가 많이 든다.

해설

바우처(증서, voucher)
- 현금급여와 현물급여의 장·단점을 보완할 수 있는 절충적 급여 형태로 일정한 용도 내에서 수급자로 하여금 원하는 재화나 서비스를 자유롭게 선택할 수 있게 하는 방법이다.
- 바우처의 장점
  - 현금급여와 현물급여의 장점을 살리면서 단점들은 줄일 수 있다.
  - 재화나 서비스 공급자들 사이의 경쟁을 유발시켜 재화나 서비스의 질을 높일 수 있다.
  - 현물급여의 장점인 정책의 목표효율성도 살릴 수 있고, 현물급여보다 수급자의 효용을 증가시킬 수 있으며, 운영비용도 적게 들어간다.   정답 ②

중요도 ★★   (11회 기출)

20) 사회복지제도의 재원에 관한 설명으로 옳은 것은?

① 간접세 인상은 물가상승의 요인이 된다.

② 직접세는 크게 소득세, 법인세와 소비세로 대별된다.

③ 간접세는 비례적이기 때문에 일반적으로 소득재분배에 중립적이다.

④ 조세감면은 일부 소득항목에 대한 소득공제로 인해 재분배 효과가 대체로 누진적 (progressive)이다.

⑤ 조세는 모두가 부담하기 때문에 도덕적 해이가 적게 발생한다.

해설

간접세는 세금을 납부하는 납세의무자와 실제로 부담하는 조세부담자가 다른 조세로 소득의 차 등이 없이 국민 모두 에게 똑같은 비율의 세금을 부과하므로 간접세의 인상은 물가상승의 요인이 된다.

• 직접세는 소득세, 법인세로 대별된다. 소비세는 간접세에 해당한다.
• 간접세는 저소득자일수록 소득 대비 세부담이 상대적으로 높아지는 약점이 있으므로 소득재분배에 효과가 역진적이다.
• 조세감면은 일부 소득항목에 대한 소득공제로 인해 납세액이 많은 고소득층에게 많은 이득을 주기 때문에 재분배 효과가 역진적이다.

정답 ①

중요도 ★★   (11회 기출)

21) 다음은 사회복지서비스 재정공급 방식 중 무엇을 설명하는 것인가?

• 서비스 이용자에게 재정을 지원
• 서비스 제공기관 간 경쟁을 통한 품질향상 강조
• 제3자 현금상환 방식

① 범주보조금(categorical grant)   ② 포괄보조금(block grant)
③ 바우처(voucher)   ④ 매칭보조금(matching grant)
⑤ 아웃소싱(outsourcing)

해설

바우처(증서, voucher) 참조   정답 ③

중요도 ★★   (11회 기출)

22) 우리나라 사회복지전달체계에 관한 설명으로 옳지 않은 것은?

① 중앙정부는 사회통합이나 평등과 같은 정책목표를 달성하는데 유리하다.
② 중앙정부는 지방정부에 비해서 다양한 욕구에 부합하는 사회복지서비스 제공에 유리하다.
③ 비영리 사회복지기관은 공공부문과 연계하여 서비스를 제공하기도 한다.
④ 영리기관은 이윤을 목적으로 하며, 효율성을 추구한다.
⑤ 최근 서비스 생산 및 전달에 있어 지방정부와 민간기관의 역할이 증대되고 있다.

해설

• 중앙정부 전달체계의 문제점
  중앙정부는 그 속성상 지방정부에 비해 대단히 관료적이어서 수급자의 욕구를 반영하지 못하며 각 지역의 지역성과 특수성을 고려하지 못하고 일률적으로 공급되는 관계로 지역의 욕구에 융통성이 떨어짐
• 지방정부 전달체계의 중요성
  지역의 작은 단위로 급여가 제공되므로 관료적인 중앙정부에 비해 창의적인 서비스, 실험적인 서비스를 개발하기 쉽고, 수급자들의 욕구변화에 능동적으로 대처할 수 있게 됨

정답 ②

23) 급여 할당의 원칙으로서 선별주의와 보편주의에 관한 설명으로 옳은 것을 모두 고른 것은?

> ㄱ. 선별주의는 목표효율성을 강조한다.
> ㄴ. 선별주의는 욕구를 스스로의 능력으로 해결할 수 없는 사람으로 정책대상을 제한한다.
> ㄷ. 일반적으로 선별주의 자격 기준에 비해 보편주의 자격 기준의 설정이 용이하다.
> ㄹ. 보편주의는 재분배 기능을 중요하게 고려하지만 효과성은 고려하지 않는다.

① ㄱ, ㄴ, ㄷ   ② ㄱ, ㄷ   ③ ㄴ, ㄹ   ④ ㄹ   ⑤ ㄱ, ㄴ, ㄷ, ㄹ

해설

보편주의는 인간존엄성의 보장이라는 사회적 효과성을 강조하고 있으나, 한정된 자원의 낭비 발생 등으로 목적 효율성이 낮게 나타나기도 한다.   정답 ①

24) 현행 우리나라 장애수당의 수급자격에 해당하는 것을 모두 고른 것은?

> ㄱ. 전문적 판단   ㄴ. 소득 · 자산 조사의 조건
> ㄷ. 연령 등의 인구학적 조건   ㄹ. 기여의 조건

① ㄱ, ㄴ, ㄷ   ② ㄱ, ㄷ   ③ ㄴ, ㄹ   ④ ㄹ   ⑤ ㄱ, ㄴ, ㄷ, ㄹ

해설

장애인복지법 제49조 및 동법시행령 제30조에 따른 장애수당을 지급받을 수 있는 자는 18세 이상으로서 장애인으로 등록한 자 중 「국민기초생활 보장법」에 따른 수급자 또는 차상위계층으로서 장애로 인한 추가적 비용 보전(補塡)이 필요한 자로 한다. 다만, 제2항에 따라 장애아동수당을 지급받는 자는 제외한다.

오답노트

기여는 사회보험프로그램에 보험료 납부하는 형태의 기여(사회보험료 납부자)와 사회에 대한 경제적 · 사회적 기여(국가 유공자, 철도 · 광업 등 국가 기간산업 종사자)로 구분되므로 장애 수당의 수급자격에는 해당하지 않음   정답 ①

25) 사회복지제도의 공공재원으로 옳은 것을 모두 고른 것은?

> ㄱ. 국민건강보험의 본인부담금   ㄴ. 국민건강보험의 보험료
> ㄷ. 사업주가 부담하는 퇴직급여   ㄹ. 국민건강보험에 지원하는 국민건강증진기금

① ㄱ, ㄴ, ㄷ   ② ㄱ, ㄷ   ③ ㄴ, ㄹ   ④ ㄹ   ⑤ ㄱ, ㄴ, ㄷ, ㄹ

해설

사회보험료는 강제성을 띠며, 사회보장을 위한 목적세의 특징을 가지고 있어 사회보장성 조세로 분류하기도 한다.

오답노트

보험료와 조세의 관계에 대한 2가지 견해

- 보험료를 조세의 일부라고 보는 입장: 임금에 부과되는 조세, 보험료와 조세는 본질적으로 같은 성질의 재원이다.
- 보험료를 임금의 일부로 보는 입장: 보험료는 재분배를 위해 사회보장기구에 지불되는 사회화된 임금
  - 따라서 이 문제의 보기 ㄱ, ㄷ은 보험료를 임금의 일부로 보는 입장에서는 공공재원으로 간주하지 않는다.   정답 ③

중요도 ★★★   (11회 기출)

26) 사회복지정책에 대한 분석적 접근방법 중 산물(product)분석에 관한 예로 옳은 것을 모두 고른 것은?

> ㄱ. 자활사업 참여자와 비참여자의 공공부조 탈수급률 비교 분석
> ㄴ. 국민기초생활보장제도의 형성과정 분석
> ㄷ. 근로장려세제(EITC)의 저소득층 근로유인효과 분석
> ㄹ. 기초노령연금과 국민연금의 대상자 선정기준 분석

① ㄱ, ㄴ, ㄷ   ② ㄱ, ㄷ   ③ ㄴ, ㄹ   ④ ㄹ   ⑤ ㄱ, ㄴ, ㄷ, ㄹ

해설

산출분석(산물분석): 정책선택과 관련된 여러 가지 쟁점을 분석하는 접근을 말한다.

오답노트

- 자활사업 참여자와 비참여자의 공공부조 탈수급률 비교 분석: 수행분석(정책 수행결과 평가분석)
- 국민기초생활보장제도의 형성과정 분석: 과정분석(정책형성 과정분석)
- 근로장려세제(EITC)의 저소득층 근로유인효과 분석: 수행분석(정책 수행결과 평가분석)   정답 ④

중요도 ★★   (10회 기출)

27) 사회복지 전달체계에 관한 설명으로 옳은 것을 모두 고른 것은?

> ㄱ. 경쟁은 사회복지기관을 클라이언트의 욕구에 민감하게 만들 수 있다.
> ㄴ. 사례관리는 클라이언트에게 맞는 재화와 서비스를 계획 · 전달하는 방법의 하나이다.
> ㄷ. 클라이언트의 적극적 의견 개진을 장려하는 것은 사회복지기관의 비책임성을 줄일 수 있다.
> ㄹ. 사회복지기관간 협력 강화는 전달체계의 단편성을 줄일 수 있다.

① ㄱ, ㄴ, ㄷ   ② ㄱ, ㄷ   ③ ㄴ, ㄹ   ④ ㄹ   ⑤ ㄱ, ㄴ, ㄷ, ㄹ

해설

- 전달체계의 경쟁은 사회복지 재화나 서비스가 독점적으로 제공되지 않고 여러 공급자가 경쟁적으로 제공하여 가격과 질에 있어 소비자에게 유리한 것을 의미한다.
- 전달체계의 포괄성은 대상자가 갖고 있는 복합적인 욕구와 문제를 해결하기 위한 다양한 서비스를 제공하는 것으로, 사례관리는 복합적으로 다양한 문제를 가진 개인의 문제를 해결하는 데 있어서 한 전문가가 책임을 지고 계속적으로 필요한 서비스와 전문가를 찾아 연결시켜 주고 적절한 서비스를 받을 수 있도록 관리해 주는 방법이다.
- 전달체계의 책임성은 전달체계의 모든 단계에서 신뢰성 있게 수행되어야 하며, 사회복지 서비스의 질, 결과는 사회복지 전문가의 책임성 충족 여부에 좌우되므로 클라이언트의 적극적 의견 개진을 장려하는 것은 책임성을 높이는 결과를 가져오게 한다.
- 사회복지기관간 협력 강화는 전달체계를 통해 통합성과 접근성을 강화시켜줌으로써 전달체계의 단편성을 줄일 수 있다.

정답 ⑤

중요도 ★★★   (10회 기출)

28) 길버트와 테렐(Gilbert & Terrell)이 말한, 사회복지정책에 대한 분석적 접근방법을 모두 고른 것은?

> ㄱ. 과정(process) 분석   ㄴ. 산물(product) 분석
> ㄷ. 성과(performance) 분석   ㄹ. 인식(perception) 분석

① ㄱ, ㄴ, ㄷ   ② ㄱ, ㄷ   ③ ㄴ, ㄹ   ④ ㄹ   ⑤ ㄱ, ㄴ, ㄷ, ㄹ

해설

길버트와 스펙트(Gilbert & Specht)의 분석 유형(3P)

- 과정(Process)분석: 정책 형성과정 분석, 사회복지정책의 전체 혹은 부분적인 과정과 연관된 다양한 변수들의 영향력과 관계를 분석하는 방법이다.
- 산출(Product)분석(산물분석): 정책 내용분석(핵심분석), 사회복지정책이 계획·수립되는 것은 일련의 정책적 선택과정을 거친다는 전제에서 이러한 일련의 정책선택과 연관된 다양한 쟁점에 대하여 분석하는 방법이다.
- 수행(Performance)분석(효과분석, 성과분석): 정책수행결과 평가분석, 정책선택의 프로그램상의 결과에 대한 설명과 평가를 분석하는 방법이다.

정답 ①

중요도 ★★   (10회 기출)

29) 사회복지정책의 대상선정 기준에 관한 설명으로 옳은 것은?

① 연령, 성별 등 인구학적 기준은 선별주의 원칙에 부합한다.

② 근로능력 유무는 국민기초생활보장제도의 조건부수급자 대상선정 기준에 포함되지 않는다.

③ 보육, 노화 등 생애주기별 욕구는 선별주의 원칙에 부합한다.

④ 부양의무자 유무는 기초연금의 대상선정 기준의 하나이다.

⑤ 자산조사는 선별주의 원칙에 부합한다.

- 연령, 성별 등 인구학적 기준은 보편주의 원칙에 부합한다.
- 근로능력 유무는 국민기초생활보장제도의 조건부수급자 대상선정 기준에 포함된다.
- 보육, 노화 등 생애주기별 욕구는 인구학적 조건으로 보편주의 원칙에 부합한다.
- 부양의무자 유무는 기초연금의 대상선정 기준이 아니다.

귀속적 욕구		보상	진단적 차별	자산조사에 의한 욕구
거주 여부	인구학적 속성	사회경제적 기여	전문적 판단	자산조사
보편주의 제도적 복지		←	→	선별주의 잔여적 복지

정답 ⑤

(10회 기출)

30) 사회복지 급여형태에 관한 설명으로 옳은 것을 모두 고른 것은?

> ㄱ. 가치재(merit goods)는 현물급여가 현금급여보다 선호되는 이유이다.
>
> ㄴ. 개인의 효용보다 사회전체의 효용을 우선시한다면 현금급여가 바우처보다 더 바람직한 형태의 급여이다.
>
> ㄷ. 긍정적(positive) 차별은 기회라는 형태의 급여를 통해 부정적(negative) 차별을 보상하는 방법이다.
>
> ㄹ. 저소득층을 위한 소득세 면세 혜택은 현금급여이다.

① ㄱ, ㄴ, ㄷ   ② ㄱ, ㄷ   ③ ㄴ, ㄹ   ④ ㄹ   ⑤ ㄱ, ㄴ, ㄷ, ㄹ

- 가치재(merit goods)는 적정수준까지는 소비를 해야 좋지만 개인의 소비수준이 적정수준에 미달하게 되는 재화나 서비스로써 정부가 시장에 개입하여 가치재의 생산과 소비를 장려하는 경우 현물급여가 현금급여보다 선호된다.
- 긍정적(positive) 차별은 기회의 평등과 연결되는 것으로 개인의 능력부족을 사회적으로 보완해 주는 것을 의미하며 사회적 약자에게 호의적 조치를 취함으로써 실질적 평등을 이루려는 것이라고 할 수 있다. 따라서 기회라는 형태의 급여를 통해 부정적(negative) 차별을 보상하는 방법이다.

정답 ②

(10회 기출)

31) 사회복지정책의 재원에 관한 설명으로 옳지 않은 것은?

① 조세지출은 사회복지 공공재원의 하나이다.

② 소득세의 누진성이 높을수록 재분배효과가 크다.

③ 우리나라 건강보험료는 조세가 아니다.

④ 목적세는 사회복지정책의 재원에 포함되지 않는다.

⑤ 사회복지 확대를 위해 조세수입을 늘리는 것은 조세부담을 높이는 결과를 가져온다.

목적세는 특정 경비에 충당하기 위하여 과징하는 조세로서 사회복지정책에 사용되는 목적을 가지게 되면 목적세도 사회복지 재원에 포함된다.

정답 ④

(9회 기출)

32) 낙인에 관한 설명으로 옳지 않은 것은?

① 현물보다 현금으로 급여를 제공하는 것이 낙인효과가 덜하다.

② 이용권은 현금보다 낙인효과가 줄어든다.

③ 자산조사는 인간의 존엄성을 침해하는 효과가 있다.

④ 권리로서 제공되는 서비스는 낙인감을 줄어들게 한다.

⑤ 자산조사보다는 소득조사가 낙인을 유발하는 효과가 낮다.

이용권은 현금보다 낙인효과가 더 크게 나타난다.

정답 ②

(8회 기출)

33) 급여형태에 관한 설명으로 옳지 않은 것은?

① 현금은 현물보다 관리비용이 더 적게 든다.

② 현금은 현물보다 목표효율성이 낮은 편이다.

③ 현금은 현물보다 인간의 존엄성을 존중한다.

④ 바우처(증서)의 예로 방과 후 아동에게 지급되는 카드를 들 수 있다.

⑤ 현물은 현금보다 수급자의 선택의 자유를 보장할 수 있다.

현금은 현물보다 수급자의 선택의 자유, 자기결정권을 확대해 준다.

정답 ⑤

(17회 기출)

01) 확정급여식 연금과 확정기여식 연금에 관한 설명으로 옳은 것을 모두 고른 것은?

> ㉠ 확정급여식 연금의 재정은 완전적립방식에서 부과방식까지 다양하게 운용될 수 있다.
> ㉡ 확정기여식 연금의 급여액은 기본적으로 적립한 기여금과 기여금의 투자수익에 의해 결정된다.
> ㉢ 확정급여식 연금제도에서는 투자위험에 대해서 개인이 전적으로 책임진다.
> ㉣ 확정기여식 연금제도에서는 물가상승, 경기침체 등의 위험을 사회 전체적으로 분산대응하는 장점이 있다.

① ㉠, ㉡   ② ㉠, ㉢   ③ ㉡, ㉣
④ ㉠, ㉡, ㉢   ⑤ ㉠, ㉡, ㉢, ㉣

오답노트

㉢ 확정급여식 연금제도에서는 투자운영의 결과와 관계없이 사전에 확정된 급여액이 보장되므로 투자위험에 대해서는 운영자(보험자)가 전적으로 책임진다.
㉣ 확정기여식 연금제도에서는 운영과정에서 나타날 수 있는 물가상승, 경기침체 등의 위험을 개인이 부담한다.

정답 ①

(17회 기출)

02) 사회보험과 민영보험에 관한 설명으로 옳은 것은?

① 사회보험급여는 철저한 보험수리원칙에 따라 납부한 보험료에 비례한다.
② 민영보험의 보험료는 평균적인 위험에 비례하여 결정된다.
③ 사회보험은 가입자의 개별 위험에 따라 보험료가 책정된다.
④ 사회보험의 보험료와 급여는 개인적인 공평성과 사회적 적절성을 반영한다.
⑤ 민영보험의 재정운영방식으로 적립방식과 부과방식이 있다.

① 민영보험급여는 철저한 보험수리원칙에 따라 납부한 보험료에 비례한다.
② 사회보험의 보험료는 평균적인 위험에 비례하여 결정된다.
③ 민영보험은 가입자의 개별 위험에 따라 보험료가 책정된다.
⑤ 사회보험인 연금의 재정운영방식으로 적립방식과 부과방식이 있다.

정답 ④

중요도 ★★   (17회 기출)

03) 국민연금의 가입기간 추가 산입에 관한 내용으로 옳지 않은 것은?

① 병역법에 따라 현역병으로 병역의무를 수행한 경우 가입기간을 추가 산입 한다.
② 가입기간의 추가산입에 따른 비용은 국가와 사용자가 2분의 1씩 부담한다.
③ 자녀가 2명인 경우 12개월을 추가 산입 한다.
④ 고용보험법에 따른 구직급여를 받는 경우 구직급여를 받는 기간을 가입기간에 추가 산입한다.
⑤ 사용자가 근로자의 임금에서 기여금을 공제하고 연금보험료를 내지 아니한 경우에는 그 내지 아니한 기간의 2분의 1에 해당하는 기간을 근로자의 가입 기간으로 산입하되, 1개월 미만의 기간은 1개월로 한다.

해설

출산 크레딧의 경우 추가인정기간의 재원은 국가가 전부 또는 일부를 부담하며, 군복무 크레딧의 경우 추가 인정기간의 재원은 국가가 전부 부담한다.

정답 ②

중요도 ★★   (16회 기출)

04) 우리나라 국민연금제도에 관한 설명으로 옳은 것은?

① 실업기간 중에는 가입기간을 추가로 산입할 수 없다.
② 출산크레딧은 3명 이상의 자녀가 있을 때부터 가능하다.
③ 농·어업인에 대해 연금보험료를 국가가 보조할 수 없다.
④ 노령연금 수급권자가 소득활동을 하면 최대 3년 동안 연금액이 감액된다.
⑤ 군복무자에게는 노령연금수급권 취득시 6개월을 가입기간에 추가로 산입한다.

해설

국민연금법 제18조(군 복무기간에 대한 가입기간 추가산입) 참조

① 실업기간 중에도 가입기간을 1년을 이내 추가로 산입할 수 있다.
② 출산크레딧은 2명 이상의 자녀가 있을 때부터 가능하다.
③ 농·어업인에 대해 연금보험료를 국가가 보조할 수 있다.
④ 노령연금 수급권자가 소득활동을 하면 최대 5년 동안 연금액이 감액된다.

정답 ⑤

중요도 ★★　　　　　　　　　　　　　　　　　　　　　　　　　　　　　(16회 기출)

05) 사회보험과 비교할 때 공공부조가 갖는 장점은?

① 높은 비용효과성　　　　　　　② 근로동기의 강화

③ 재정예측의 용이성　　　　　　④ 수평적 재분배의 효과

⑤ 높은 수급률(take-up rate)

해설

비용효과성 [費用效果性, Cost Effectiveness]
• 특정한 목적 달성을 위하여 소요되는 비용 전체에 비교하여 전체 효과의 크기를 비교하는 것을 의미한다.
• 보편주의 제도인 사회보험보다 선별주의 제도인 공공부조에서 비용효과성이 높다.
• 근로동기의 강화, 재정예측의 용이성, 수평적 재분배의 효과, 높은 수급률은 공공부조에 비해 사회보험이 갖는 장점에 해당된다.

정답 ①

중요도 ★★　　　　　　　　　　　　　　　　　　　　　　　　　　　　　(15회 기출)

06) 공적연금 재정관리 방식의 특징이 아닌 것은?

① 적립방식은 가입자들 각자가 보험료를 납부하여 축적한 적립기금으로 자신들의 노후를 보장하는 방식이다.
② 부과방식은 매년도 연금재정의 수입총액과 지출총액이 균형을 유지할 수 있도록 운영하는 방식이다.
③ 적립방식의 연금제도에서 수지상등의 원칙은 고려하지 않는다.
④ 부과방식의 연금제도는 도입 당시의 노인세대에게도 일정한 연금을 제공할 수 있다.
⑤ 적립방식의 연금제도는 저축기능을 토대로 운영된다.

해설

적립방식의 연금제도에서는 수지상등의 원칙을 부과방식의 연금제도에서는 수지균형의 원칙을 고려한다.
※ 수지상등(收支上等)의 원칙: 수입과 지출을 일치하도록 설계하는 것을 의미하며, 시중의 민간보험이든 사회보험에서든 수지상등의 원칙을 중요시 한다.

정답 ③

07) 사회안전망에 관한 설명으로 옳지 않은 것은?

① 이차적 사회안전망은 빈곤계층의 기본적 욕구를 충족시켜 주기 위한 목적으로 운영된다.

② 일차적 사회안전망과 이차적 사회안전망은 각자의 목표에 따라 엄격하게 구분하여 운영된다.

③ 일차적 사회안전망은 개인의 노력과 능력으로 확보하게 되는 안전망이다.

④ 이차적 사회안전망은 주로 공공부조제도로 구성되어 있다.

⑤ 일차적 사회안전망은 주로 사회보험제도로 구성되어 있다.

해설

이차적 사회안전망(공공부조)은 일차적 사회안전망(사회보험)으로부터 보호받지 못하는 저소득층을 위한 공공부조제도를 말하는데, 일차적 사회안전망과 이차적 사회안전망은 사회복지정책의 목적을 달성하기 위해 상호보완적으로 운영되어야 한다.

정답 ②

08) 중앙정부의 사회보험성기금으로 옳은 것을 모두 고른 것은?

ㄱ. 고용보험기금	ㄴ. 예금보험기금
ㄷ. 공무원연금기금	ㄹ. 국민건강보험기금

① ㄱ, ㄴ, ㄷ   ② ㄱ, ㄷ   ③ ㄴ, ㄹ   ④ ㄹ   ⑤ ㄱ, ㄴ, ㄷ, ㄹ

해설

정부관리기금: 우체국보험특별회계, 국민연금기금, 공무원연금기금, 사립학교교직원연금기금, 군인연금기금, 고용보험기금, 산업재해보상보험및예방기금, 임금채권보장기금, 방사성폐기물관리기금 등이 있다.

정답 ②

09) 공적연금 제도에 관한 설명으로 옳은 것을 모두 고른 것은?

ㄱ. 적립방식에 비해 부과방식(pay-as-you-go)이 인구 구성의 변동에 더 취약하다.

ㄴ. 확정급여식 연금은 주로 과거의 소득 및 소득활동 기간에 의해 결정된다.

ㄷ. 완전적립방식은 퇴직 후 생활보장을 위해 현재 소득의 일부를 저축하는 구조이다.

ㄹ. 부과방식에서는 현재의 근로세대가 은퇴세대의 연금급여에 필요한 재원을 부담한다.

① ㄱ, ㄴ, ㄷ   ② ㄱ, ㄷ   ③ ㄴ, ㄹ   ④ ㄹ   ⑤ ㄱ, ㄴ, ㄷ, ㄹ

해설

모두 옳은 내용이다.   정답 ⑤

중요도 ★★★   (13회 기출)

10) 우리나라 국민연금에 관한 설명으로 옳지 않은 것은?

① 강제가입을 통해 역선택을 방지하고자 한다.

② 저소득자에게는 보험료를 지원하기도 한다.

③ 급여수준의 실질적 가치를 유지하고자 한다.

④ 민간에 위탁 · 운영하는 것이 일반적이다.

⑤ 전 국민을 대상으로 가입대상자를 확대하는 경향이 있다.

해설

국민연금은 국가가 보험원리에 따라 운영하는 대표적인 사회보장제도로서 정책적인 결정은 보건복지부가, 운영은 국민연금공단이 책임지고 있다.   정답 ④

중요도 ★★   (12회 기출)

11) 공적연금과 사적연금간의 구성이 다음과 같은 공 · 사 연금체계는?

> 사적연금은 급여수준이나 가입대상 면에서 볼 때 노후소득보장에 주변적 역할만 수행한다.
> 공적연금은 직업에 따라 적용대상을 달리하는 여러 개의 연금제도로 분절된 형태를 취하며, 퇴직 전 생활수준을 유지하도록 보장한다.

① 잔여적 연금체계   ② 제도적 연금체계
③ 보편주의적 국가지배체계   ④ 조합주의적 국가우위의 연금체계
⑤ 선별적 연금체계

해설

국민의 노후문제에 대비하기 위해서 국가가 만든 공식적 노후보장제도에는 사회보장연금, 기업연금 및 개인저축연금 등 여러 가지의 연금제도로 분절된 조합주의적 형태를 취하고 있다.

- 사회보장연금: 대부분의 국가가 채택하고 있는 제도로서 피용자와 자영업자를 대상으로 하는 법정연금, 정부가 재정, 관리운영, 가입 등 거의 모든 일을 책임지며, 재정은 통상 고용주와 피용자가 공동 부담하는 보험료 또는 사회보장세로 충당한다.
- 기업연금: 기업이 노무관리 차원에서 제공하는 민간연금으로 일정한 정부규제가 있고 조세감면 혜택이 부여된다.
- 개인저축연금: 근로자 자력으로 노후에 대비하는 저축성 연금제도이다.

잔여적 연금체계와 선별적 연금체계, 제도적 연금체계와 보편주의적 국가지배체계는 동일한 의미이다.   정답 ④

12) 사회보장제도가 국민경제에 미치는 효과에 관한 설명으로 옳은 것을 모두 고른 것은?

> ㄱ. 자동안정장치의 기능을 통해 경기 불안정을 조정한다.
>
> ㄴ. 공적연금이 은퇴준비 필요성을 인식시켜 자발적 저축을 증가시키는 효과가 발생할 수 있다.
>
> ㄷ. 공적연금이 미래자산으로 인식되어 자발적 저축을 감소시키는 효과가 발생할 수 있다.
>
> ㄹ. 부과방식 공적연금의 경우 자본축적 효과를 발생시킨다.

① ㄱ, ㄴ, ㄷ   ② ㄱ, ㄷ   ③ ㄴ, ㄹ   ④ ㄹ   ⑤ ㄱ, ㄴ, ㄷ, ㄹ

부과방식은 한 해의 지출액 정도에 해당하는 미미한 보유 잔고만을 남겨두고 그 해 연금보험료 수입을 그 해 급여의 지출로 소모해 버리는 방식이므로 자본축적 효과를 기대할 수 없다.

    정답 ①

13) 사회보험의 특징으로 옳지 않은 것은?

① 강제가입을 원칙으로 한다.   ② 보험료율은 개인이 선택할 수 없다.

③ 급여수준은 소득에 정비례한다.   ④ 기금 또는 재정 관리에 정부가 개입한다.

⑤ 공공기관이 관리운영을 담당한다.

사회보험 중 국민연금의 경우 퇴직 전 일정 기간 동안의 평균소득 또는 생애 근로기간 동안의 평균소득에 비례하여 연금급여액을 지급하는 연금제도이지만 소득재분배기능이 있어 반드시 연금급여액이 소득에 정비례하지는 않는다.

사회보험의 특징

- 강제가입 방식: 소득이나 직업, 지역 간의 차이에 관계없이 일정한 자격요건을 정하여 강제적으로 적용한다.
- 정기적으로 가입자가 내는 기여금으로 재원이 조달되고, 기여 정도에 따라 급여가 제공되며, 보험급여 등 모든 시행이 법적으로 규정되어 있다.
- 사회정책상의 동기로 운영되기 때문에 국가가 운영비의 일부 또는 전부부담, 각출금의 일부 부담, 적자액의 보전 등을 담당하는 비영리적 국가사업이다.

    정답 ③

14) 우리나라 사회복지제도의 급여자격기준에 관한 설명으로 옳은 것은?

① 기초연금은 인구학적 기준과 자산조사를 모두 고려한다.

② 국민기초생활보장제도는 인구학적 기준과 부양의무자 기준을 모두 고려한다.

③ 장애인 연금은 자산조사를 하지 않고 진단적 구분을 기준으로 한다.

④ 노인장기요양보험은 인구학적 조건과 자산조사를 기준으로 한다.

⑤ 국민연금은 자산조사를 기준으로 한다.

오답노트

② 국민기초생활보장제도는 부양의무자 기준과 소득인정액 기준을 고려한다.

③ 장애인 연금은 자산조사와 진단적 구분을 기준으로 한다.

※ 만 18세 이상의 등록한 중증장애인 중 본인과 배우자의 소득과 재산을 합산한 금액(소득인정액)이 선정기준액 이하인 자에
   지급한다.

④ 노인장기요양보험은 인구학적 조건과 진단적 구분을 기준으로 한다.

⑤ 국민연금은 기여 정도를 기준으로 한다.   정답 ①

15) 공적연금에 관한 설명으로 옳은 것을 모두 고른 것은?

ㄱ. 기여여부에 따라 무기여연금과 기여연금으로 구분한다.

ㄴ. 급여의 소득비례여부에 따라 정액연금과 소득비례연금으로 구분한다.

ㄷ. 재정방식에 따라 적립방식과 부과방식으로 구분한다.

ㄹ. 기여와 급여 중 어느 것을 확정하는지에 따라 확정기여연금과 확정급여연금으
   로 구분한다.

① ㄱ, ㄴ, ㄷ   ② ㄱ, ㄷ   ③ ㄴ, ㄹ   ④ ㄹ   ⑤ ㄱ, ㄴ, ㄷ, ㄹ

보충노트

연금의 분류

■ 정액연금과 소득비례연금

• 정액연금: 과거 소득에 관계없이 모든 연금 수급자에게 동일한 금액을 지급한다.

• 소득비례 연금: 퇴직 전 일정 기간 동안의 평균소득 또는 생애 근로기간 동안의 평균소득에 비례하여 연금급여액을 지급한다.

■ 확정급여식 연금과 확정기여식 연금

• 확정급여연금: 급여액은 통상임금이나 소득의 일정비율 또는 일정한 금액으로 급여산정공식에 의해 미리 확정되어 있지만
  원칙적으로 기여금은 확정되어 있지 않다.

• 확정기여연금: 기여금만 확정될 뿐 급여액은 확정되지 않고, 적립한 기여금과 기여금의 투자수익에 의해서만 결정되기 때문
  에 사전에 급여액이 얼마가 될지 알 수 없다.

■ 적립방식과 부과방식
  • 적립방식: 장래에 지급하게 될 연금급여를 가입자가 보험료를 납부하는 기간 동안 보험료, 국고출연금, 누적기금 등을 재원으로 적립했다 지급하는 방식이다.
  • 부과방식: 한 해의 지출액 정도에 해당하는 미미한 보유 잔고만을 남겨두고 그 해 연금보험료 수입을 그 해 급여의 지출로 소모해 버리는 방식이다.
■ 무기여연금과 기여연금
  • 무기여 연금: 국가가 별도의 보험료를 거두지 않고 일반재정을 사용하여 급여를 지급한다.
  • 기여 연금: 급여지출에 필요한 재원을 가입자들이 별도로 기여하여 그 재정으로부터 연금을 수급한다.   정답 ⑤

16) 현행 사회보험제도의 급여와 급여형태에 관한 서술로 옳지 않은 것은?

① 국민연금의 장애연금은 현금급여이다.

② 산업재해보상보험의 휴업급여는 현물급여이다.

③ 고용보험의 구직급여는 현금급여이다.

④ 국민건강보험의 요양급여는 현물급여를 원칙으로 한다.

⑤ 국민연금의 유족연금은 현금급여이다.

해설

산업재해보상보험의 휴업급여는 업무상 사유에 의하여 부상을 당하거나 질병에 걸린 근로자에게 요양으로 인하여 취업하지 못한 기간에 대하여 지급하는 소득보상 성격의 현금급여이다.
  • 휴업급여는 업무상 사유로 부상을 당하거나 질병에 걸린 근로자에게 요양으로 취업하지 못한 기간에 대하여 지급하되, 1일당 지급액은 평균임금의 100분의 70에 상당하는 금액으로 정한다.
  • 취업하지 못한 기간이 3일 이내이면 지급하지 않는다.
                                                                                              정답 ②

17) 사회보험과 민간보험에 관한 설명으로 옳지 않은 것은?

① 사회보험은 강제가입을 원칙으로 한다.

② 민간보험은 재원을 보험료로 충당한다.

③ 사회보험의 급여는 법률로 정해지며 민간보험의 급여는 계약에 의해 정해진다.

④ 민간보험은 위험분산(risk pooling)을 하지 않는다.

⑤ 사회보험과 민간보험은 급여 제공시 자산조사에 근거하지 않는다.

해설

위험분산은 투자대상이 다양화될수록 투자리스크가 감소한다는 의미로 사회보험과 민간보험 모두 위험의 이전을 유도하고 있다.
                                                                                              정답 ④

18) 사회보험과 민간보험의 차이에 대한 설명으로 옳지 않은 것은?

① 사회보험은 강제적 성격/ 민간보험은 자발적 성격

② 사회보험은 사회적 위험의 분산/ 민간보험은 영리추구의 성격

③ 사회보험은 계약적 권리/ 민간보험은 사회권의 성격

④ 사회보험은 최저소득을 보장/ 민간보험은 개인의 의사와 지불능력에 따라 보장

⑤ 사회보험은 사회적 적절성을 강조/ 민간보험은 개인적 공평성을 강조

해설

사회보험은 법률의 규정에 의한 법적 권리(사회권)의 성격이 강하며, 민간보험은 사적 계약에 의한 개인적 권리의 성격이 강하다.

정답 ③

(16회 기출)

중요도 ★★★

01) 우리나라 국민건강보험제도에 관한 설명으로 옳지 않은 것은?

① 본인부담상한액은 가입자의 소득수준 등에 따라 정한다.

② 월별 보험료의 총 체납횟수가 6회 이상일 경우 급여가 제한될 수 있다.

③ 외래의 본인부담금은 의료기관 및 질병의 종류에 따라 달라진다.

④ 직종조합, 지역조합 등이 통합되어 운영되고 있다.

⑤ 진료비 비불방법 중 포괄수가제를 2012년 7개 질병군에 한해 시행하였다.

해설

외래진료의 본인부담금은 의료기관의 종류 및 지역, 총액에 따라 달라진다(시행령 별표2). 그러므로 질병의 종류에 따라 달라지는 것은 아니다.

보충노트

① 본인부담상한액은 가입자의 소득수준 등에 따라 정한다(법 제44조 제2항).

② 월별 보험료의 총 체납횟수가 6회 이상일 경우 급여가 제한될 수 있다(시행령 제26조).

④ 직종조합, 지역조합 등이 통합되어 운영되고 있다(2000년 통합실시).

⑤ 진료비 비불방법 중 포괄수가제를 2012년 7개 질병군에 한해 시행하였다.

정답 ③

(15회 기출)

중요도 ★★

02) 국민건강보험료 경감대상자를 모두 고른 것은?

> ㉠ 휴직자
>
> ㉡ 60세 이상인 자
>
> ㉢ 장애인복지법에 따라 등록된 장애인
>
> ㉣ 섬 · 벽지 · 농어촌 등 대통령령이 정하는 지역에 거주하는 자

① ㉠   ② ㉡, ㉢   ③ ㉢, ㉣   ④ ㉠, ㉢, ㉣   ⑤ ㉠, ㉡, ㉢, ㉣

해설

국민건강보험법 제75조(보험료의 경감 등): 65세 이상인자, 장애인복지법에 따라 등록한 장애인, 섬 · 벽지 · 농어촌 등 대통령령이 정하는 지역에 거주하는 자, 휴직자, 국가유공자 등

정답 ④

03) 국민건강보험제도에 관한 설명으로 옳은 것은?

① 적용대상은 국내 · 외에 거주하는 모든 국민이다.

② 보험자는 국민건강보험공단이다.

③ 현금급여로는 요양급여, 요양비 및 장제비가 있다.

④ 피부양자는 소득수준과 무관하게 직장가입자에 의해 생계를 유지하는 자이다.

⑤ 사립학교교직원의 경우 보험료는 가입자 30%, 사용자 30%, 국가 40%를 각각 부담한다.

해설

국민건강보험법 제13조(보험자): 건강보험의 보험자는 국민건강보험공단으로 한다.

오답노트

① 적용대상은 국내에 거주하는 전 국민이다.

③ 현금급여로는 요양비, 장애인보장구, 본인부담액 상한제 및 임신 출산 진료비가 있다.

④ 피부양자는 직장가입자에 의하여 주로 생계를 유지하는 자로서 보수 또는 소득이 없는 자를 의미하며, 직장가입자의 배우자, 직계존속(배우자의 직계존속 포함), 직계비속(배우자의 직계비속 포함) 및 그 배우자, 형제 · 자매를 포함한다.

⑤ 사립학교교직원의 경우 보험료는 가입자 50%, 사용자 30%, 국가 20%를 각각 부담한다.

　※ 직장가입자의 보수월액보험료는 가입자와 사업주 등이 각각 50%씩 부담한다. 　　　　　　 정답 ②

04) 우리나라 국민건강보험제도에 관한 설명으로 옳지 않은 것은?

① 진료비 지불방식은 행위별수가제를 기본으로 하고 있다.

② 질병으로 인해 상실된 근로소득을 보전해주는 현금급여가 있다.

③ 조합방식이 아닌 통합방식으로 운영되고 있다.

④ 직장가입자의 보험료 산정대상인 보수월액에는 상 · 하한선이 있다.

⑤ 국내에서 업무에 종사하는 직장가입자 보험료율은 1천분의 80 범위 안에서 정한다.

해설

질병으로 인해 상실된 근로소득을 보전해주는 현금급여인 상병수당에 대한 규정은 국민건강보험법 제50조(부가급여)에 규정(임의 규정)되어 있으나 실시되지는 않고 있다. 　　　　　　 정답 ②

05) 국민건강보험제도에 관한 설명으로 옳지 않은 것은?

① 타 법령에 의한 의료급여(보호) 대상을 제외한 전 국민을 적용대상으로 한다.

② 지역가입자와 직장가입자의 보험료 산정방식이 다르다.

③ 주된 진료비 지불방식은 행위별 수가제와 포괄수가제이다.

④ 본인 부담금과 비급여 항목이 있다.

⑤ 요양급여 비용은 보건복지부장관 정한다.

요양급여 비용은 보건복지부장관 소속 건강보험정책심의위원회에서 심의·의결한다(국민건강보험법 제4조).　　　　정답 ⑤

（10회 기출）

06) 우리나라 국민건강보험에 관한 설명으로 옳지 않은 것은?

① 진료비 지불방식으로 행위별수가제와 포괄수가제가 사용되고 있다.

② 가입자는 직장가입자와 지역가입자로 구분된다.

③ 공무원 등 특수직역종사자는 가입대상이 아니다.

④ 건강보험의 요양급여와 노인장기요양보험의 요양급여는 급여내용이 다르다.

⑤ 질병치료시 상실된 소득을 보장하는 상병수당은 지급되고 있지 않다.

국민건강보험법 제6조(가입자의 종류) 제2항: 모든 사업장의 근로자 및 사용자와 공무원 및 교직원은 직장가입자가 된다.

정답 ③

（10회 기출）

07) 건강보험제도에 관한 설명 중 옳은 것은?

① 개별 의료행위마다 가격을 지불하는 제도는 질병군 별로 미리 정해진 일정액의 진료비만을 부담하는 제도보다 필요 이상의 진료서비스를 제공할 가능성이 높다.

② 포괄수가제는 진찰, 수술, 주사, 투약 등 진료의 종류나 양에 따라 가격이 지불되는 방식이다.

③ 총액계약제는 행위별수가제보다 의료비 절감효과가 낮다.

④ 질병군별로 정해진 비용을 지불하는 것은 개별 행위마다 가격을 지불하는 것보다 환자의 비용부담을 높일 수 있다.

⑤ 포괄수가제는 과다한 진료와 진료비 상승을 초래할 가능성이 높다.

행위별 수가제의 단점
• 과잉진료 우려: 의료기관의 진료행위 하나하나가 의료기관의 수익에 직결된다.
• 진료비의 부당청구 가능성: 지불방식 중 비용절감 효과가 가장 낮다.

② 포괄수가제는 질병을 군별로 분류한 후 진료의 종류나 양에 관계없이 동일한 진료비를 지급하는 방법이다.
③ 총액계약제는 연간 진료비 총액을 정한 뒤 일괄지급하고 그 범위내에서 진료를 하도록 하는 방법이다. 행위별수가제보다 의료비 절감효과가 높다.
④ 포괄수가제에 의한 질병군별 진료비용을 지불하는 것은 개별 행위마다 가격을 지불하는 것보다 환자의 비용부담을 줄일 수 있다.
⑤ 포괄수가제는 과다한 진료와 의료서비스의 남용을 억제하기 위해 마련된 제도이므로 과다한 진료와 진료비 상승을 초래할 가능성이 낮다.

정답 ①

08) 건강보험가입자가 업무상 재해가 아닌 일반적인 부상으로 인하여 일시적으로 일을 하지 못하게 되었다. 일하지 못한 기간 동안의 소득을 현금으로 보상하는 것은?

① 상병수당 ② 본인부담액 상한제도 ③ 요양비

④ 반환일시금 ⑤ 휴업급여

해설

질병으로 인해 상실된 근로소득을 보전해주는 현금급여인 상병수당에 대한 규정은 국민건강보험법 제50조(부가급여)에 규정(임의규정)되어 있으나 실시되지는 않고 있다.

정답 ①

09) 노인장기요양보험의 급여를 제공하는 장기요양기관이 아닌 것은?

① 노인요양시설 ② 주·야간보호시설 ③ 노인요양병원

④ 단기보호시설 ⑤ 노인요양공동생활가정

해설

요양병원은 노인장기요양보험의 시설급여 제공기관에 해당하지 않는다.

정답 ③

10) 노인장기요양보험제도에 관한 설명으로 옳은 것은?

① 단기보호는 시설급여에 속한다.

② 가족에게 요양을 받을 때 지원되는 현금급여가 있다.

③ 보험료는 건강보험료와 분리하여 징수한다.

④ 장기요양인정의 유효기간은 3개월 이상으로 한다.

⑤ 보험료율은 보건복지부령으로 한다.

해설

장기요양급여의 종류 중 현금급여: 가족요양비, 특례요양비, 요양병원간병비 등

오답노트

① 단기보호는 재가급여에 속한다.

③ 보험료는 건강보험료와 통합하여 징수한다.

④ 장기요양인정의 유효기간은 최소 1년 이상으로 한다.

⑤ 보험료율은 장기요양심의위원회의 심의를 거쳐 대통령령으로 정한다.

정답 ②

11) 노인장기요양보험의 급여에 관한 설명으로 옳은 것을 모두 고른 것은?

> ㉠ 시설급여제공기관에는 노인의료복지시설인 노인전문요양병원이 포함된다.
> ㉡ 노인장기요양보험에서는 재가급여를 시설급여에 우선한다.
> ㉢ 재가급여에는 방문요양, 방문목욕 등이 있다.
> ㉣ 현금특별급여에는 가족요양비 등이 있다.

① ㉠, ㉣   ② ㉡, ㉣   ③ ㉠, ㉡, ㉢
④ ㉡, ㉢, ㉣   ⑤ ㉠, ㉡, ㉢, ㉣

해설

노인복지법상 노인의료복지시설에는 노인요양시설, 노인요양공동생활가정만 포함되며, 노인전문요양병원은 포함되지 않는다.

정답 ④

12) 노인장기요양보험제도에 관한 설명으로 옳지 않은 것은?

① 단기보호는 시설급여에 속한다.
② 장기요양인정의 유효기간은 최소 1년 이상으로 한다.
③ 노인요양공동생활가정도 시설급여를 제공할 수 있다.
④ 장기요양기관은 설치·운영하고자 하는 자는 시장·군수·구청장의 지정을 받아야 한다.
⑤ 65세 이상의 노인 또는 65세 미만으로 특정 노인성 질병을 가진 자로 6개월 이상 장기요양을 요하는 자가 대상이 된다.

해설

단기보호는 재가급여에 속한다.

보충노트

장기요양급여는 현물급여를 원칙으로 하고, 보완적으로 현금급여를 제공하는 것으로 재가급여, 시설급여, 특별현금급여가 있다.
• 재가급여(현물급여): 방문요양, 방문목욕, 방문간호, 주·야간보호, 단기보호, 기타 재가급여
• 시설급여(현물급여)
• 특별현금급여(현금급여): 가족요양비, 특례요양비, 요양병원간병비

정답 ①

〈산업재해보상보험제도〉

중요도 ★★★   (17회 기출)

01) 우리나라 산업재해보상보험제도에서 업무상 재해의 인정기준을 모두 고른 것은?

㉠ 출·퇴근 재해	㉡ 업무상 질병
㉢ 업무상 사고	㉣ 장애등급

① ㉡, ㉣   ② ㉠, ㉡, ㉢   ③ ㉠, ㉢, ㉣
④ ㉡, ㉢, ㉣   ⑤ ㉠, ㉡, ㉢, ㉣

해설

출·퇴근 재해, 업무상 질병, 업무상 사고 등 업무상 재해의 인정기준에 해당되나 장애등급은 해당하지 않는다.   정답 ②

중요도 ★★★   (16회 기출)

02) 산업재해보상보험제도의 도입에 관한 이론을 모두 고른 것은?

㉠ 책임배상이론	㉡ 사회적 타협이론
㉢ 산업위험이론	㉣ 사회비용최소화이론

① ㉠, ㉢, ㉣   ② ㉡, ㉣   ③ ㉠, ㉡, ㉣
④ ㉠, ㉢, ㉣   ⑤ ㉡, ㉢, ㉣

해설

산업재해보상보험이론 참조
• 직업위험이론: 산업재해는 필연적으로 발생하며 그 배상은 사업주의 과실여부와 관계없이 당연히 이루어셔야 하며, 산재비용은 생산비용의 일부라고 본다.
• 최소사회비용이론: 산재보험제도를 도입하는 것이 민사소송에 의해 과실 책임을 판결하는 것보다 비용 및 시간 등 경제적 손실을 최소화함으로써 효율적이라고 본다.
• 사회적 협약이론: 산업재해는 필연적으로 발생하며 산재보험의 도입은 사업주와 근로자 모두에게 이익이 되기 때문에 양측이 도입에 대한 사회적 협약을 체결하는 것으로 본다.
• 원인주의이론: 산업재해로 인정받기 위해서는 업무기인성과 업무수행성이라는 2가지 요건을 모두 충족시켜야 한다고 본다.

오답노트

배상책임이론이 아니라 무과실책임이론이다.
• 무과실 책임이론은 기업의 고의·과실을 묻지 않고 근로자가 입은 재해에 대해 기업에게 배상책임을 지우는 것이 공평과 정의

에 부합된다고 본다.

- 산업재해보상제도의 사용자 보상책임은 생존권보장의 이념에 입각하고 있다고 볼 수 있으며, 초기 민법에 근거한 과실책임주의
  에서 점차 무과실책임주의로 전환되었다.
  정답 ⑤

03) 우리나라 산업재해보상보험제도의 특징이 아닌 것은?

① 보험료는 업종별로 상이한 보험료율을 적용하고 있다.

② 보험료는 개별 사업장의 산재사고실적에 따라 보험료를 증감한다.

③ 당연적용사업장 중 미 가입 사업자에게 발생한 산재사고에 대해서는 보상받을 수 없다.

④ 보험료는 개산보험료와 확정보험료로 구성되어 있다.

⑤ 산업재해보상보험에서는 근로자의 과실여부에 상관없이 산재사고에 대한 보상이 이
루어진다.

해설

당연적용사업은 사업이 개시되거나 사업개시에 필요한 일정한 요건에 도달하게 되면 사업주의 의사와 상관없이 법률적으로 당연
히 보험관계가 성립한다. 즉, 사용자가 보험관계 성립신고를 하였는지 여부와 상관없이 사업이 개시되거나 사업개시에 필요한 일
정한 요건에 도달하게 된 날 이후에 재해를 당한 근로자는 산업재해보상보험법에 의해 보상을 받을 수 있다.
정답 ③

04) 산업재해보상보험제도에 관한 설명으로 옳은 것은?

① 보험료 부담은 사용자와 근로자가 각각 절반씩 부담한다.

② 5인 이상 근로자를 사용하는 모든 사업장을 대상으로 한다.

③ 급여의 종류로는 요양급여, 구직급여 및 간병급여 등이 있다.

④ 근로자의 고의 · 과실에 의해 발생한 부상 · 질병 · 장애도 업무상의 재해에 포함된다.

⑤ 60세 이상인 부모 또는 조부모는 유족보상연금의 수급자격자가 될 수 있다.

해설

유족보상연금 수급자격자 및 순위: 근로자의 사망 당시 그에 의하여 부양되고 있던 자 중 1. 배우자, 2. 부모 또는 조부모로서 각
각 60세 이상인 자, 3. 자녀 또는 손자녀로서 각각 19세 미만인자, 4. 형제자매로서 19세 미만이거나 60세 이상인자, 5. 위에 해
당하지 아니하는 자녀 · 부모 · 손 · 조부모 또는 형제자매로 장애인복지법 제2조에 따른 장애인 중 고용노동부령으로 정한 장애등
급 이상에 해당하는 자
※ 유족보상연금을 받을 권리의 순위: 배우자, 자녀, 부모, 손자녀, 조부모 및 형제자매 순이다.

오답노트

① 산재보험은 사업장 단위로만 가입이 이루어지고 개별근로자의 관리는 별도로 이루어지지 않는다.

② 1인 이상 근로자를 사용하는 모든 사업장을 대상으로 한다.

③ 산업재해보상보험급여의 종류(산업재해보상보험법 제36조제1항)는 요양급여, 휴업급여, 장해급여, 간병급여, 유족급여, 상병(傷
病)보상연금, 장의비(葬儀費), 직업재활급여 등이 있다.

④ 근로자의 고의·자해행위나 범죄행위 또는 그것이 원인이 되어 발생한 부상·질병·장해 또는 사망은 업무상의 재해로 보지 아니한다.

정답 ⑤

(11회 기출)

05) 현행 산업재해보상보험제도에 관한 설명으로 옳지 않은 것은?

① 산업재해보상보험법상 근로자란 근로기준법에 의한 근로자를 말한다.

② 특수형태근로종사자도 적용 대상이 될 수 있다.

③ 상병보상연금이 있다.

④ 직업재활급여와 사회재활급여가 있다.

⑤ 부분휴업급여가 있다.

해설

산업재해보상보험급여의 종류에 사회재활급여는 해당하지 않는다.

오답노트

산업재해보상보험급여의 종류(산업재해보상보험법 제36조제1항)
• 요양급여, 휴업급여, 장해급여, 간병급여, 유족급여, 상병(傷病)보상연금, 장의비(葬儀費), 직업재활급여

정답 ④

(10회 기출)

06) 산업재해보상보험에 관한 설명으로 옳지 않은 것을 모두 고른 것은?

> ㄱ. 산업재해 근로자는 사용자가 보험관계 성립을 신고한 후에 재해보상을 받을 수 있다.
> ㄴ. 보험료는 통상임금에 근거하여 산정한다.
> ㄷ. 요양중인 산업재해 근로자가 근로할 경우, 휴업급여를 지급하지 아니한다.
> ㄹ. 산재보험의 피보험자는 근로자이다.

① ㄱ, ㄴ, ㄷ   ② ㄱ, ㄷ   ③ ㄴ, ㄹ

④ ㄹ   ⑤ ㄱ, ㄴ, ㄷ, ㄹ

해설

• 산업재해를 입은 근로자는 그 사업이 시작된 날에 재해보상을 받을 수 있다.

• 보험료는 보수총액에 근거하여 산정한다.
• 요양중인 산업재해 근로자가 근로할 경우, 부분휴업급여를 지급할 수 있다.

• 산재보험은 사업장 단위로만 가입이 이루어지고 개별근로자의 관리는 별도로 이루어지지 않는다.

정답 ⑤

중요도 ★★★   (9회 기출)

07) 우리나라 산업재해보상보험에 관한 설명으로 옳지 않은 것은?

① 무과실책임주의 원칙에 입각한 제도이다.

② 평균임금을 기초로 하는 정률보상방식으로 보험급여를 제공한다.

③ 급여청구에 대한 공단의 결정에 불복하는 경우 산업재해보상보험심사위원회에 심사청구를 할 수 있다.

④ 제3자의 행위에 따른 재해로 보험급여를 지급한 경우에는 그 급여액의 한도 안에서 급여를 받은 자의 제3자에 대한 손해재상청구권을 대위(代位)가진다.

⑤ 국민연금의 장애연금 또는 유족연금을 받는 수급권자가 산재보험의 장애급여, 유족급여를 받게 되는 경우 일정기간 지급이 정지된다.

해설

제113조(연금의 중복급여의 조정): 장애연금 또는 유족연금의 수급권자가 이 법에 따른 장애연금 또는 유족연금의 지급 사유와 같은 사유로 다음 각 호의 어느 하나에 해당하는 급여를 받을 수 있는 경우에는 제68조에 따른 장애연금액이나 제74조에 따른 유족연금액은 그 2분의 1에 해당하는 금액을 지급한다.

1. 근로기준법 제80조에 따른 장해보상, 같은 법 제82조에 따른 유족보상 또는 같은 법 제84조에 따른 일시보상
2. 산업재해보상보험법 제57조에 따른 장해급여, 같은 법 제62조에 따른 유족급여, 같은 법 제91조의3에 따른 진폐보상연금 또는 같은 법 제91조의4에 따른 진폐유족연금
3. 선원법 제97조에 따른 장해보상, 같은 법 제98조에 따른 일시보상 또는 같은 법 제99조에 따른 유족보상
4. 어선원 및 어선 재해보상보험법 제25조에 따른 장해급여, 같은 법 제26조에 따른 일시보상급여 또는 같은 법 제27조에 따른 유족급여

정답 ⑤

〈고용보험제도〉

중요도 ★★

01) 우리나라 자영업자의 고용보험에 관한 설명으로 옳지 않은 것은?

① 본인의 희망에 따라 가입이 가능하다.

② 구직급여를 받기 위해서는 재취업을 위해 적극적으로 노력하여야 한다.

③ 자영업자도 직업능력개발훈련을 받을 수 있다.

④ 구직급여는 90~240일까지 받을 수 있다.

⑤ 보험료를 체납한 사람에게는 실업급여를 지급하지 아니할 수 있다.

해설

자영업자인 피보험자로서 폐업한 수급자격자에 대한 구직급여(소정급여일수)는 대기기간이 끝난 다음 날부터 계산하기 시작하여 피보험기간에 따라 "별표2"에서 정한 일수가 되는 날까지로 한다.

오답노트

자영업자의 구직급여의 소정급여일수(제69조의6 관련)

구분	피보험기간			
	1년 이상 3년 미만	3년 이상 5년 미만	5년 이상 10년 이상	10년 이상
소정급여일수	120일	150일	180일	210일

정답 ④

중요도 ★★

02) 우리나라 고용보험제도에 관한 설명으로 옳지 않은 것은?

① 고용안정 및 직업능력개발사업의 보험료는 근로자와 사업주가 절반씩 부담한다.

② 구직급여의 소정급여일수는 보험가입기간과 연령에 따라 90에서 240일까지이다.

③ 실업의 인정이란 근로의 의사와 능력을 가지고 적극적으로 구직노력을 했음을 인정 받는 것이다.

④ 구직급여를 받기 위해서는 이직일 이전 18개월 동안 180일 이상 근무하여야 한다.

⑤ 육아휴직급여의 육아휴직대상자는 남녀근로자 모두 해당된다.

해설

고용안정 및 직업능력개발사업의 보험료는 사업주가 전액 부담한다.

정답 ①

03) 우리나라 고용보험제도에 관한 설명으로 옳지 않은 것은?

① 고용안정 · 직업능력개발사업의 보험료는 근로자와 사업주가 절반씩 부담한다.

② 구직급여의 소정급여일수는 보험가입기간과 연령에 따라 90일에서 240일까지이다.

③ '실업의 인정'이란 근로의 의사와 능력을 가지고 적극적으로 구직노력을 했음을 인정받는 것이다.

④ 구직급여를 받기 위해서는 이직일 이전 18개월 동안 180일 이상 근무여야 한다.

⑤ 육아휴직급여의 육아휴직대상자는 남녀근로자 모두 해당된다.

해설

고용안정 · 직업능력개발사업의 보험료는 사업주가 전액 부담한다.

보충노트

고용보험의 보험료의 부담
• 실업급여: 근로자와 사업주가 5:5로 부담한다.
• 고용안정사업 및 직업능력개발사업: 사업주가 전액 부담(피고용자의 규모 따라)한다.

정답 ①

04) 노동시장 및 관련 사회복지정책에 관한 설명으로 옳지 않은 것은?

① 계약기간이 1년 미만인 근로자는 비정규직근로자이다.

② 고용보험 구직급여는 대기기간 중에는 지급되지 않는다.

③ 경제활동인구는 만 14세 이상의 취업자와 실업자를 모두 포함한다.

④ 현행 경제활동인구 조사에서 조사대상 기간 1주일 동안 수입을 목적으로 1시간 이상 일한 사람은 취업자이다.

⑤ 노동시장 신규진입 또는 전직(轉職)으로 인한 일시적 무직상태를 마찰적 실업이라 한다.

해설

경제활동인구: 만 15세 이상 인구 중 취업자와 실업자를 말한다.

정답 ③

〈빈곤과 불평등〉

중요도 ★★★★   (17회 기출)

01) 빈곤 또는 불평등의 측정에 관한 설명으로 옳지 않은 것은?

① 로렌츠곡선은 가로축에는 소득이 낮은 인구로부터 가장 높은 순으로 비율을 누적하여 표하고, 세로축에는 각 인구의 소득수준을 누적한 비율을 표시한 후 그 대응점을 나타내는 곡선이다.

② 지니계수가 1에 가까울수록 평등한 상태를 의미한다.

③ 10분위 분배율에서는 수치가 클수록 평등한 상태를 의미한다.

④ 5분위 분배율에서는 수치가 작을수록 평등한 상태를 의미한다.

⑤ 빈곤율은 빈곤인구가 전체 인구에서 차지하는 비율을 말한다.

해설

지니계수는 0~1 사이의 값을 가지는 데, 값이 0에 가까울수록 소득분배가 평등하고, 1에 가까울수록 소득분배가 불평등하다는 것을 의미한다.   정답 ②

중요도 ★★★★   (16회 기출)

02) 빈곤에 관한 설명으로 옳은 것을 모두 고른 것은?

> ㉠ 사회적 배제는 빈곤, 박탈과 관련된 사회문제를 나타내는 새로운 접근법이다.
> ㉡ 빈곤율(poverty)은 빈곤선이하의 사람들 간의 소득분포 상태를 파악할 수 있는 방법이다.
> ㉢ 국민기초생활보장제도에서 생계급여 선정기준은 기준 평균소득 30% 이하의 가구이다.
> ㉣ 상대적 빈곤은 박탈 지표방식과 소득, 지출을 이용한 상대적 추정방식으로 측정할 수 있다.

① ㉠, ㉢   ② ㉠, ㉣   ③ ㉡, ㉢   ④ ㉢, ㉣   ⑤ ㉡, ㉢, ㉣

해설

상대적 빈곤측정의 방법으로 상대적 박탈, 평균소득 또는 중위소득 비율, 소득분배상태 비율 등으로 측정할 수 있다.

ⓒ 빈곤율(poverty): 전체가구 중 빈곤가구가 차지하는 비율이며, 빈곤선이하의 사람들 간의 소득분포 상태를 파악할 수 있는 방법으로 빈곤갭(poverty gap)이 있다.

ⓒ 국민기초생활보장제도에서 생계급여 선정기준은 기준 중위소득 30% 이하의 가구이다.

정답 ②

03) 소득불평등에 관한 설명으로 옳은 것을 모두 고른 것은?

> ㉠ 10분위 분배율은 그 비율이 낮을수록 소득분배가 평등하다.
> ㉡ 지니계수가 0.3에서 0.4로 상승했다면 소득불평등이 완화된 것이다.
> ㉢ 5분위 분배율은 상위 20%의 소득을 하위 20%의 소득으로 나눈 비율이다.
> ㉣ 로렌츠 곡선이 45°선과 일치하면 소득분포가 완전히 균등하다.

① ㉠, ㉢   ② ㉠, ㉣   ③ ㉢, ㉣   ④ ㉡, ㉢   ⑤ ㉡, ㉢, ㉣

㉠ 10분위 분배율은 그 비율이 낮을수록 소득분배가 불평등하다.
㉡ 지니계수는 0과 1사이의 값으로 나타내며, 지니계수가 0.3에서 0.4로 상승했다면 소득불평등이 높아진 것이다.

정답 ③

04) 소득빈곤 및 소득불평등의 측정에 관한 설명으로 옳지 않은 것은?

① 지니계수는 그 값이 클수록 더 불평한 수준을 의미한다.
② 상대적 빈곤은 소득불평등과 관계가 있다.
③ 소득빈곤의 측정만으로 삶의 다양한 문제를 모두 포착하기는 어렵다.
④ 소득불평등 수준이 같은 국가라도 계층이동성의 수준이 상이할 수 있다.
⑤ 로렌츠곡선에서 수직선은 모든 개인이 동등한 수준의 소득을 가지고 있다는 것을 의미한다.

로렌츠(Lorenz)곡선 참조
• 로렌츠곡선에서 원점에서 대각선은 모든 개인이 동등한 수준의 소득을 가지고 있다는 것을 의미하는 균등분포선(완전평등선)이다.
• 로렌츠곡선에서 수직선은 완전불평등선으로 어떤 개인이 혼자서 국민소득 전부를 가지고 있고, 나머지 사람들은 소득이 전혀 없다는 것을 의미한다.

정답 ⑤

중요도 ★★★★

05) 소득불평등 정도의 측정에 관한 설명으로 옳은 것은?

① 지니계수는 상대적 빈곤선을 기초로 만들어진다.

② 한 개인이 모든 소득을 독점하고 나머지는 소득이 없는 상태의 지니계수는 '0'이다.

③ 10분위 분배율이 클수록 소득분배가 불평등하다.

④ 모든 개인이 동일한 수준의 소득을 가지고 있다면 로렌츠 곡선은 대각선의 형태가 된다.

⑤ 5분위 배율이 클수록 소득분배가 평등하다.

해설

모든 개인이 동일한 수준의 소득을 가지고 있다면 로렌츠 곡선은 대각선의 형태가 된다.

오답노트

① 지니계수는 완전 균등선을 기초로 만들어진다.
② 한 개인이 모든 소득을 독점하고 나머지는 소득이 없는 상태의 지니계수는 '1'이다.
③ 10분위 분배율이 클수록 소득분배가 평등하고, 반대로 적을수록 소득이 불평등하다.
⑤ 5분위 배율이 클수록 소득분배가 불평등하다.

정답 ④

중요도 ★★★★

06) 빈곤의 측정에 관한 설명으로 옳은 것을 모두 고른 것은?

> ㄱ. 절대적, 상대적, 주관적 측정 방식이 있다.
> ㄴ. 우리나라에서 국민기초생활보장 수급자 선정기준은 기준중위소득이다.
> ㄷ. 우리나라의 기초생활보장제도는 상대적 빈곤 개념을 사용하고 있다.
> ㄹ. OECD에서는 국가 간 비교를 위해 주로 상대적 빈곤 개념을 사용한다.

① ㄱ, ㄴ, ㄷ   ② ㄱ, ㄷ   ③ ㄴ, ㄹ

④ ㄹ   ⑤ ㄱ, ㄴ, ㄷ, ㄹ

해설

• 빈곤선 측정방식으로 절대적 빈곤측정(전물량 방식, 반물량 방식), 상대적 빈곤측정(평균 또는 중위소득 비율, 가계지출방식), 주관적 빈곤측정(여론, 라이덴방식)이 있다.
• 우리나라의 기초생활보장제도는 상대적 빈곤개념인 기준중위소득을 사용하고 있다.
• OECD에서는 국가 간 비교를 위해 주로 상대적 빈곤 개념인 중위소득을 사용한다.

정답 ⑤

중요도 ★★★★

07) 우리나라의 소득 불평등에 관한 설명으로 옳지 않은 것은?

① 소득 불평등을 측정하는 지니계수는 로렌츠(Lorenz) 곡선에서 도출된다.

② 소득 1분위와 10분위의 소득비율로 소득 불평등을 측정하기도 한다.

③ 1997년 외환위기 이전에 비해 소득 불평등이 심화되었다.

④ 공적 이전소득의 소득 불평등 완화효과는 OECD 평균 수준이다.

⑤ 비정규직 고용의 증가는 일반적으로 불평등을 심화시킨다.

오답노트

공적 이전소득은 연금과 사회보장 수혜 등 국가로부터 받는 소득을 의미하며, 우리나라의 공적 이전소득은 가구 월평균 소득의 약 5%로, OECD의 평균 22%보다 훨씬 낮은 수준이다.　　　　　　　　　　　　　　　　　　정답 ④

중요도 ★★★★

08) 빈곤 및 불평등에 관한 설명으로 옳은 것을 모두 고른 것은?

> ㄱ. 로렌츠(Lorenz) 곡선은 완전평등선에서 아래쪽으로 볼록할수록 평등함을 나타낸다.
>
> ㄴ. 시장소득 기준 지니계수와 가처분소득 기준 지니계수의 차이는 간접세의 재분배 효과를 의미한다.
>
> ㄷ. 빈곤갭(poverty gap)이란 빈곤층의 소득을 빈곤선까지 상향시키는 데 필요한 총비용을 말하는 것으로 빈곤한 사람의 규모를 나타낸다.
>
> ㄹ. 상대적 빈곤은 한 사회의 평균적인 생활수준과 비교하여 빈곤을 규정하는 것으로 그 사회의 불평등 정도와 관계가 깊다.

① ㄱ, ㄴ, ㄷ　　　② ㄱ, ㄷ　　　③ ㄴ, ㄹ　　　④ ㄹ　　　⑤ ㄱ, ㄴ, ㄷ, ㄹ

해설

상대적 빈곤이란 한 사회의 소득수준과 비교해서 상대적으로 낮은 계층을 빈곤층으로 정의하는데 각자의 이념과 기준에 따라서 소비자 물가, 평균임금수준 또는 중산층의 생활수준의 일정 비율 이하를 빈곤층으로 본다.

오답노트

- 로렌츠(Lorenz) 곡선은 완전평등선에서 아래쪽으로 볼록할수록 소득불평등을 나타낸다.
- 시장소득 기준 지니계수와 가처분소득 기준 지니계수의 차이는 직접세의 재분배효과를 의미한다.
  - 가처분소득은 시장소득에서 세금을 공제한 소득을 의미하며, 소득에서 징수한 세금, 즉 소득세는 직접세에 해당한다.
- ※ 지니계수: 소득분포의 불평등정도를 측정하기 위한 계수로 0에 가까울수록, 즉 지니계수의 값이 적을수록 소득분포가 평등하고, 1에 가까울수록, 즉 값이 클수록 불평등하다.

• 빈곤갭(poverty gap)이란 상대적 빈곤선에 해당하는 소득과 하위소득계층에 속하는 사람들의 소득 차이 정도를 나타낸 지표이다. 하위소득계층에 속하는 사람들이 얼마만큼의 소득을 벌어야 빈곤에서 벗어날 수 있는지 그 부족한 소득의 정도를 나타낸 값이므로, 하위소득계층의 평균소득이 낮을수록 빈곤갭의 값은 커진다. 정답 ④

(9회 기출)

중요도 ★★★★

09) 빈곤선과 빈곤지수에 관한 설명으로 옳지 않은 것은?

① 빈곤갭과 빈곤율이 동일한 두 사회는 빈곤층의 소득분포가 동일하다.
② 빈곤율은 빈곤층의 규모를 나타내고 빈곤갭은 빈곤의 심도를 나타낸다.
③ 우리나라는 상대빈곤선 개념을 사용한다.
④ 상대빈곤선은 소득 불평등을 영향을 직접적으로 받는다.
⑤ 일반적으로 중위소득 50% 기준 빈곤선은 평균소득 기준 빈곤선보다 낮다.

해설

빈곤갭과 빈곤율이 동일한 두 사회라 할지라도 빈곤층의 소득분포가 상이할 수 있다.

보충노트

• 빈곤율(Poverty rate): 빈곤한 사람들의 수가 전체인구에서 차지하는 비율이다.
  (빈곤선이하의 사람수 / 전체 인구수)
• 빈곤갭(Poverty gap): 빈곤선 이하 사람들의 소득을 모두 빈곤선 까지 끌어올리기 위해 어느 정도의 소득이 필요한가를 보여주는 지표이다.
  [(빈곤선– 빈곤가구 소득)을 계산하여 모두 합한 금액] 정답 ①

(8회 기출)

중요도 ★★★

10) 빈곤의 측정에 관한 설명으로 옳은 것은?

① 반물량 방식은 엥겔지수와 관련이 없다.
② 상대적 빈곤선은 전물량 방식을 기준으로 산출한다.
③ 우리나라 최저생계비 계측방식은 라이덴 방식을 사용한다.
④ 빈곤갭은 일반가구와 빈곤가구 사이의 소득수준 차이를 의미한다.
⑤ 라운트리는 마켓바스켓 방식으로 빈곤을 측정하였다.

해설

라운트리방식은 전물량방식(마켓바스켓 방식) 또는 예산기준방식이라고도 한다.

오답노트

① 반물량 방식은 엥겔계수로 생계비를 추정한다.
② 절대적 빈곤선은 전물량 방식을 기준으로 산출한다.
③ 우리나라 최저생계비 계측방식은 중위소득 방식을 사용한다.
④ 빈곤갭은 빈곤선 이하 사람들의 소득을 모두 빈곤선 까지 끌어올리기 위해 어느 정도의 소득이 필요한가를 보여주는 지표이다.
  정답 ⑤

〈공공부조〉

중요도 ★★★★

(17회 기출)

01) 국민기초생활보장제도에 관한 설명으로 옳은 것은?

① 차상위계층이란 소득인정액이 기준 중위소득의 100분의 50 이하이면서 국민기초생활보장제도의 수급자가 아닌 사람이다.

② 생계급여 수급권자의 선정기준은 기준 중위소득의 100분의 40 이상으로 한다.

③ 주거급여는 보건복지부가 주관한다.

④ 교육급여 수급권자의 선정기준은 기준 중위소득의 100분의 30 이상으로 한다.

⑤ 생계급여는 타인의 가정에 위탁하여 실시할 수 없다.

오답노트

② 생계급여 수급권자의 선정기준은 기준 중위소득의 100분의 30 이상으로 한다.

③ 주거급여는 국토교통부가 주관한다.

④ 교육급여 수급권자의 선정기준은 기준 중위소득의 100분의 50 이상으로 한다.

⑤ 생계급여는 수급자를 보장시설이나 타인의 가정에 위탁하여 급여를 실시할 수 있다.

정답 ①

중요도 ★★★

(16회 기출)

02) 우리나라의 국민기초생활보장제도에 관한 설명으로 옳은 것은?

① 의료급여는 국가가 진료비를 지원하는 공공부조제도로서 본인부담금이 없다.

② 희망키움통장과 내일키움통장은 자산형성지원사업이다.

③ 중위소득은 가구 경상소득 중간값에 전년도 대비 가구소득 증가율을 곱하여 산정한다.

④ 노숙인은 의료급여 2종과 수급권자의 대상에 포함한다.

⑤ 생계급여, 의료급여, 교육급여는 부양의무자 기준이 적용된다.

해설

희망키움통장과 내일키움통장은 자산형성지원사업으로 본인이 매월 저축한 금액에 정부와 지방자치단체가 지원금을 추가로 지원해 준다.

오답노트

① 의료급여는 국가가 진료비를 지원하는 공공부조제도이며 본인부담금도 있다.

③ 제6조의2(기준 중위소득의 산정) 제1항: 기준 중위소득은 「통계법」 제27조에 따라 통계청이 공표하는 통계자료의 가구 경상소득(근로소득, 사업소득, 재산소득, 이전소득을 합산한 소득을 말한다)의 중간값에 최근 가구소득 평균 증가율, 가구규모에 따른 소득수준의 차이 등을 반영하여 가구규모별로 산정한다.

④ 노숙인은 의료급여 1종 수급권자의 대상에 포함한다.

⑤ 생계급여, 의료급여는 부양의무자 기준이 적용되지만, 주거급여, 교육급여는 부양의무자 기준이 적용되지 않는다.

정답 ②

03) 우리나라의 근로장려세제에 관한 설명으로 옳은 것은?

① 조세환급제도의 일종에 해당된다.

② 급여신청접수는 행정복지센터에서 담당한다.

③ 자격기준으로 근로소득, 부모부양, 재산, 부채이다.

④ 근로기준법 개정을 근거로 2006년부터 시행되었다.

⑤ 신청방식은 신청주의와 직권주의가 혼용되고 있다.

해설

근로장려세제(EITC): 근로소득 빈곤층(Working Poor)의 소득이 일정액 이하인 가구에 대해 현금을 지급함으로써 근로의욕을 고취시켜 스스로 빈곤 에서 탈출하도록 지원하는 조세환급제도이다.

오답노트

② 급여신청접수는 납세지 관할 세무서에서 담당한다.

③ 자격기준으로 가구원요건, 총소득요건, 재산요건이 있다.

④ 조세특례제한법을 근거로 2009년부터 시행되었다.

⑤ 근로장려세제는 신청주의에 의한다.   정답 ①

04) 공공부조에 관한 설명으로 옳은 것을 모두 고른 것은?

> ㉠ 신청과정을 거치지 않는다.
>
> ㉡ 자산조사를 거쳐 대상을 선정한다.
>
> ㉢ 중앙정부가 단독으로 공공부조의 책임을 지는 것은 세계적 현상이다.
>
> ㉣ 사회보장제도 중 공공부조는 투입 재원 대비 소득재분배 효과가 가장 낮다.

① ㉠   ② ㉡   ③ ㉡, ㉢

④ ㉠, ㉢, ㉣   ⑤ ㉠, ㉡, ㉢, ㉣

오답노트

㉠ 공공부조 프로그램은 소득조사, 재산조사 등을 통해 대상자를 선발하며 신청을 원칙으로 한다.

㉢ 중앙정부와 지방정부가 분담하여 책임을 지는 것이 세계적 현상이다.

㉣ 사회보장제도 중 공공부조는 대상자의 기여 없이 국가의 예산으로 급여를 제공하기 때문에 투입 재원 대비 소득재분배 효과가 가장 높다.

                                                         정답 ②

중요도 ★★

05) 국민기초생활보장제도의 특징으로 옳은 것은?

① 대상 가구당 행정관리비용이 사회보험보다 저렴하다.

② 재원은 기금에 의한다.

③ 재원을 부담하는 자와 수급자가 동일하다.

④ 대상선정에서 부양의무자 존재 여부는 고려되지 않는다.

⑤ 선정기준으로 기준중위소득을 활용한다.

오답노트

① 대상 가구당 행정관리비용이 사회보험보다 많이 소요된다. 즉 운영효율성이 낮다.

② 재원은 국가(정부 및 지방자치단체)의 일반예산에서 부담한다.

③ 재원을 부담하는 자(국가 및 지방자치단체)와 수급자가 동일하지 않다.

④ 대상선정에서 소득인정액과 부양의무자 존재 여부를 고려한다.   정답 ⑤

중요도 ★★★

06) 우리나라 국민기초생활보장제도에 관한 설명으로 옳은 것을 모두 고른 것은?

> ㄱ. 교육급여는 교육부가 담당하고 자활급여는 고용노동부가 담당한다.
>
> ㄴ. 주거급여 지원대상은 중위소득 40% 이하이고 부양의무자 기준을 충족하는 가구이다.
>
> ㄷ. 2014년 12월 국민기초생활 보장법 개정 이후의 부양의무자 기준이 법 개정 이전보다 강화되었다.
>
> ㄹ. 생계급여와 의료급여의 소관부처는 보건복지부이다.

① ㄱ, ㄴ, ㄷ   ② ㄱ, ㄷ   ③ ㄴ, ㄹ   ④ ㄹ   ⑤ ㄱ, ㄴ, ㄷ, ㄹ

오답노트

• 교육급여는 교육부가 담당하고 자활급여는 보건복지부가 담당한다.

• 주거급여 지원대상은 중위소득 43% 이하이고, 부양의무자 기준은 충족하지 않아도 된다.

• 2014년 12월 국민기초생활보장법 개정 이후의 부양의무자 기준은 법 개정 이전보다 완화되었다(즉, 사망한 1촌의 직계혈족의 배우자는 제외되었음).   정답 ④

중요도 ★★★

07) 우리나라 자활사업에 관한 설명으로 옳은 것은?

① 한국자활복지개발원은 시 · 도별로 설치한다.

② 일반수급자는 자활근로사업에 참여할 수 없다.

③ 자활사업 참여자에게는 자활장려금이 지급된다.
④ 광역자활센터의 운영주체는 광역지방자치단체이다.
⑤ 희망키움통장(I)은 일하는 기초수급자를 위한 자산형성지원사업이다.

일하는 수급가구 및 비수급 근로빈곤층의 자활을 위한 목돈마련을 위한 자산형성지원제도로 희망키움통장(I, II)과 내일키움통장제도가 있다.

① 한국자활복지개발원은 국민기초생활보장법 제15조의 2를 근거로 설립된 법인이다.
② 일반수급자는 국민기초생활 보장법에 따라 근로능력의 유·무를 판정한 뒤 근로 능력자 중 조건부 수급자, 조건부 과제유예자 등이 참여하고 있다.
③ 자활사업 참여자에게는 자활장려금이 지급된다.
④ 광역자활센터의 운영주체는 사회복지법인, 사회적 협동조합 등 비영리법인과 단체를 법인 등의 신청을 받아 특별시·광역시·특별자치시·도·특별자치도 단위의 광역자활센터로 지정할 수 있다.

정답 ⑤

중요도 ★★　　　　　　　　　　　　　　　　　　　　　　　　　　　　　　　　　(14회 기출)

08) 우리나라 사회적 경제 주체에 관한 설명으로 옳은 것을 모두 고른 것은?

> ㄱ. 사회적 협동조합은 영리를 목적으로 하는 법인이다.
> ㄴ. 마을기업은 기획재정부장관의 허가를 받아 설립한다.
> ㄷ. 협동조합기본법에 근거한 협동조합의 설립은 고용노동부장관의 허가를 필요로 한다.
> ㄹ. 사회적 기업은 취약계층에게 사회서비스 또는 일자리를 제공하거나 지역사회에 공헌하는 기업이다.

① ㄱ, ㄴ, ㄷ　　　② ㄱ, ㄷ　　　③ ㄴ, ㄹ　　　④ ㄹ　　　⑤ ㄱ, ㄴ, ㄷ, ㄹ

사회적 기업은 영리기업과 비영리기업의 중간 형태로, 사회적 목적을 우선적으로 추구하면서 재화·서비스의 생산·판매 등 영업활동을 수행하는 조직으로, 취약계층에게 사회서비스 또는 일자리를 제공하거나 지역사회에 공헌하는 기업이다.

• 사회적 협동조합은 지역주민들의 권익·복리 증진과 관련된 사업을 수행하거나 취약계층에게 사회서비스 또는 일자리를 제공하는 등 영리를 목적으로 하지 아니하는 협동조합을 말한다.
• 마을기업은 행정자치부장관의 허가를 받아 설립한다.
• 협동조합기본법에 근거한 협동조합의 설립은 주된 사무소의 소재지를 관할하는 시·도지사에게 신고하여야 한다. 시·도지사는 협동조합의 설립신고를 받은 때에는 즉시 기획재정부장관에게 그 사실을 통보하여야 한다.

정답 ④

중요도 ★★★

09) 보건복지부 지역자율형 사회서비스투자사업에 해당하는 것을 모두 고른 것은?

ㄱ. 가사 · 간병방문지원	ㄴ. 치매환자가족 휴가지원
ㄷ. 산모 · 신생아건강관리지원	ㄹ. 장애인활동지원

① ㄱ, ㄴ, ㄷ   ② ㄱ, ㄷ   ③ ㄴ, ㄹ   ④ ㄹ   ⑤ ㄱ, ㄴ, ㄷ, ㄹ

해설

보건복지부 지역자율형 사회서비스 포괄보조사업
- 지역사회서비스 투자사업: 지자체가 지역 특성 및 주민 수요에 맞게 발굴 · 기획한 사회서비스 지원
- 산모신생아 건강관리 지원사업: 출산 가정에 산모 · 신생아건강관리사를 통한 가정방문 서비스 지원
- 가사간병 방문지원사업: 신체적 · 정신적 이유로 원활한 일상생활과 사회활동이 어려운 저소득 취약계층에게 재가 가사 · 간병

지원서비스 지원   정답 ②

중요도 ★★

10) 우리나라 사회서비스 전자바우처 제도에 관한 설명으로 옳지 않은 것은?

① 전자바우처 방식의 사회서비스는 2007년에 최초로 도입되었다.

② 사회서비스 전자바우처 도입으로 인해 공급자 지원방식에서 수요자 직접지원방식으로 전환이 가능해졌다.

③ 2012년 4개의 사회서비스 전자바우처 사업이 지정제에서 등록제로 전환되었다.

④ 임신출산 진료비지원사업은 전자바우처 사회서비스사업 중 하나이다.

⑤ 전자바우처 도입에 의한 지불 · 정산업무 전산화로 지방자치단체의 사회서비스 행정부담이 대폭 증가했다.

해설

사회서비스는 개인 또는 사회전체의 복지증진 및 삶의 질 향상을 위해 사회적으로 제공되는 서비스로 공공행정(일반 행정, 환경, 안전), 사회복지(보육, 아동, 장애인, 노인 보호), 보건의료(간병, 간호), 교육(방과 후 활동, 특수 교육), 문화(도서관, 박물관, 미술관 등 문화시설 운영)를 포괄하는 개념이다.
- 전자바우처: 바우처는 이용 가능한 서비스의 금액이나 수량이 기재된 증표(이용권)로서 전자바우처는 서비스 신청, 이용, 비용 지불/정산 등의 전 과정을 전산시스템으로 처리하는 전달수단이다.
- 사회서비스 전자바우처 도입배경
  - 기존 사회복지서비스는 공급자 지원방식으로 이루어져 수요자의 선택권이 제한되어 시장 창출에 한계가 있다.
  - 수요자 중심의 직접 지원방식으로 바우처(서비스 이용권) 제도를 도입했다.
  - 수요자 직접지원 방식으로 공급기관의 허위 · 부당 청구 등 도덕적 해이를 최소화할 수 있다.
  - 자금흐름의 투명성, 업무 효율성 확보, 정보 집적 관리를 통한 사회서비스 발전기반 마련을 위해 금융기관 시스템을 활용한 「전자식 바우처」 추진이 필요하다.

오답노트

전자바우처 도입에 의한 지불 · 정산업무 전산화로 지방자치단체의 사회서비스 행정부담이 대폭 경감됐다.   정답 ⑤

11) 국민기초생활보장제도에 관한 설명으로 옳은 것은?

① 자활급여 수급자는 생계급여 대상에서 제외된다.

② 현금급여 기준은 최저생계비보다 높게 책정된다.

③ 근로능력자는 수급대상에서 제외된다.

④ 수급자 선정 요건에 부양의무자 유 · 무가 고려된다.

⑤ 수급자의 생활보장은 시 · 군 · 구 생활보장위원회에서 행한다.

오답노트

① 자활급여 수급자는 소득인정액이 감소하는 경우 생계급여도 가능하다.

② 현금급여 기준은 최저생계비보다 낮게 책정된다.

③ 근로능력 있는 수급자에게 자활사업에 참여하는 조건으로 생계급여를 제공한다.

⑤ 수급자의 생활보장은 보장기관(시 · 도지사 및 특별자치시장 · 특별자치도지사 · 시장 · 군수 · 구청장과 시도교육감)이 실시한다.

정답 ④

12) 우리나라의 근로연계복지정책에 관한 설명으로 옳지 않은 것은?

① 복지급여에 대해 개인보다 국가책임을 강조한다.

② 수급자의 근로유인을 강화하는 것이 목적이다.

③ 취업 우선전략과 인적자원 투자전략이 활용된다.

④ 자활지원사업이 근로연계복지정책에 해당한다.

⑤ 취업을 위한 직업훈련을 강조한다.

해설

근로연계복지는 공공부조 수급자에게 생계급여를 지원하는 것을 조건으로 근로 활동에 참여할 것을 강제하는 정책으로 국가보다 개인의 책임을 강조한다.

• 우리나라의 대표적인 근로연계복지정책은 국민기초생활보장제도의 자활사업, 국세청에서 시행하는 근로장려금제도 등이 있다.

정답 ①

13) 우리나라의 근로장려세제에 관한 설명으로 옳지 않은 것은?

① 자녀수별로 급여액, 급여의 증가율, 급여의 감소율 등을 차등화하였다.

② 고용노동부가 주무 부처이다.

③ 저소득층의 소득증대와 근로유인을 목표로 한다.

④ 미국의 EITC 제도를 모델로 하였다.

⑤ 우리나라 근로장려세제의 모형은 점증구간 · 평탄구간 · 점감구간으로 되어 있다.

근로장려금 제도의 주무부처는 기획재정부(국세청)이다.

근로장려금 제도: 열심히 일은 하지만 소득이 적어 생활이 어려운 근로자 또는 사업자(전문직 제외)가구에 대하여 가구원 구성과 총급여액 등에 따라 산정된 근로장려금을 지급함으로써 근로를 장려하고 실질소득을 지원하는 근로연계형 소득지원 제도이다.

정답 ②

중요도 ★★★ (11회 기출)

14) 국민기초생활보장제도의 원칙에 관한 설명으로 옳지 않은 것은?

① 가족부양 우선의 원칙　　② 자립 조장의 원칙
③ 현물급여 우선의 원칙　　④ 생존권 보장의 원칙
⑤ 보충성의 원칙

국민기초생활보장제도의 급여는 현금급여를 우선으로 한다.

정답 ③

중요도 ★★★ (11회 기출)

15) 국민기초생활보장제도의 자활지원과 관련이 있는 것을 모두 고른 것은?

| ㄱ. 광역자활센터 | ㄴ. 수급자의 고용촉진 |
| ㄷ. 자활기관협의체 | ㄹ. 자산형성지원 |

① ㄱ, ㄴ, ㄷ　　② ㄱ, ㄷ　　③ ㄴ, ㄹ
④ ㄹ　　⑤ ㄱ, ㄴ, ㄷ, ㄹ

자활지원서비스의 체계적 지원을 통한 '생산적 복지' 구현
- 근로능력자에 대해서는 근로유인장치를 두어 근로의욕 감퇴 방지
- 생계급여를 위한 가구소득 산정 시 근로활동으로 발생하는 소득의 일부를 공제하는 방안 등 근로유인장치 강구
- 자활공동체사업, 직업훈련, 구직활동 등에 참여를 조건으로 생계비 지급(조건 불이행 시 그에 대한 생계급여 중지)
- 수급자의 근로능력, 가구여건, 자활욕구 등을 고려한 가구별 자활지원계획을 수립하여 체계적인 자활 지원
- 구직안내, 직업훈련, 자활공동체사업, 생업자, 금융자 등 자활지원서비스 제공
- 보육 간병 재가복지 등 지역사회의 복지자원을 연계 제공하여 근로능력자가 안심하고 근로활동에 종사할 수 있는 가구여건 조성

정답 ⑤

16) 우리나라 자활사업에 관한 설명으로 옳지 않은 것은?

① 우리나라의 대표적인 노동연계복지프로그램이다.

② 자활기업은 사회적 기업 창업을 전제로 한다.

③ 자활기업에는 차상위계층도 참여할 수 있다.

④ 지역자활센터는 자활사업 참여자들에 대한 관리, 교육, 사업의 운영주체이다.

⑤ 자활사업의 생산품은 시장영역 또는 공공영역에서 소비된다.

해설

자활기업의 인정요건에 사회적 기업 창업을 전제로 한다고는 내용은 없다.

• 2012년 7월 1일부터 자활공동체를 자활기업으로 명칭이 변경되었고, 설립요건도 2인 이상의 사업자에서 1인 이상의 사업자와 완화되었다.

정답 ②

17) 자산조사방식의 사회보장제도가 아닌 것은?

① 근로장려세제   ② 기초연금제도

③ 장애인연금제도   ④ 노인장기요양보험

⑤ 국민기초생활보장제도

해설

노인장기요양보험제도는 보험료를 납부하는 사회보험제도이기 때문에 자산조사는 하지 않는다.

정답 ④

사회복지행정론

(16회 기출)

중요도 ★★

01) 사회복지행정의 특성으로 옳지 않은 것은?

① 인적 · 물적 자원을 활용하여 조직 목적과 목표를 달성한다.

② 지역사회의 욕구를 충족시키기 위한 활동이다.

③ 사회복지행정가는 대안선택 시 가치중립적이어야 한다.

④ 사회복지조직이 제공하는 서비스는 전문적인 성격을 가지고 있다.

⑤ 사회복지행정가는 조직운영에서 지역사회 협력의 중요성을 인식해야 한다.

해설

사회복지행정가는 조직운영에서 사회복지가 추구하는 가치를 구현해야 할 책임이 있다. 　　　　정답 ③

(15회 기출)

중요도 ★★

02) 사회복지행정의 실천원칙에 관한 설명으로 옳지 않은 것은?

① 기관목적의 원칙: 기관의 사회적 목적을 명확하게 선정

② 기관 전체성의 원칙: 기관을 하나의 유기체로 인식

③ 조직화의 원칙: 직무에 대한 조직의 연대책임 강조

④ 변화의 원칙: 기관은 지속적 변화과정을 추구

⑤ 평가의 원칙: 기관 목표성취를 위한 지속적 평가

해설

조직화는 조직을 가장 잘 구조화시키고 능률적으로 관리하기 위한 방법으로서 기능적 접근을 강조하는 과학적 관리론자들에 의해 구체화된 이론이다. 　　　　정답 ③

(14회 기출)

중요도 ★★

03) 사회복지행정이 지향하는 바가 아닌 것은?

① 사회복지전문가를 행정업무로부터 면제해준다.

② 서비스의 효과성을 높인다.

③ 조직운영의 실패원인을 확인하고 실패를 줄인다.

④ 조직운영의 비일관성을 줄인다.

⑤ 조직운영에서 책임성을 향상시킨다.

사회복지전문가도 효과적이고 효율적인 직무수행을 위해 사회복지행정의 지식도 함께 갖추어야 한다.　　　　정답 ①

　　　　　　　　　　　　　　　　　　　　　　　　　　　　　　　(14회 기출)

04) 사회복지행정이 지향하는 바가 아닌 것은?

① 사회복지전문가를 행정업무로부터 면제해준다.

② 서비스의 효과성을 높인다.

③ 조직운영의 실패원인을 확인하고 실패를 줄인다.

④ 조직운영의 비일관성을 줄인다.

⑤ 조직운영에서 책임성을 향상시킨다.

사회복지행정의 성패는 전문사회복지사의 직무수행에 크게 의존하고 있다. 사회복지조직의 핵심 구성원인 사회복지사는 전문성과 자율성을 갖고 다양한 계층의 클라이언트 집단에 서비스를 제공하므로 그들의 업무수행능력과 자질이 조직의 성패를 좌우하기 때문에 전통적으로 사회복지행정은 사회복지사의 전문성을 인정하는 방향으로 민주적 행정의 성격을 보유한다.　　　　정답 ①

　　　　　　　　　　　　　　　　　　　　　　　　　　　　　　　(13회 기출)

05) 휴먼서비스 사회복지행정의 특성을 결정하는 요소가 아닌 것은?

① 환경에의 의존성　　　　　　　② 대립적 가치의 상존성

③ 조직 간 연계의 중요성　　　　　④ 성과평가의 용이성

⑤ 인본주의적 가치지향성

사회복지조직은 휴먼서비스를 제공하기 때문에 성과를 측정하기 위한 척도가 부족하여 평가가 용이하지 않다.　　　　정답 ④

　　　　　　　　　　　　　　　　　　　　　　　　　　　　　　　(12회 기출)

06) 일반 행정과 비교하여 사회복지행정의 특징이 아닌 것은?

① 클라이언트의 욕구충족을 기본으로 한다.

② 인간의 가치와 관계성을 기반으로 한다.

③ 자원의 외부의존도가 높다.

④ 전문인력인 사회복지사에 대한 의존도가 높다.

⑤ 실천표준기술의 확립으로 효과성 측정이 용이하다.

사회복지조직은 효과성을 측정할 수 있는 척도가 부족하다. 그 휴먼서비스를 제공하기 때문에 다양성과 모호성, 서비스기술의 불확실성 등이 존재한다.　　　　정답 ⑤

07) 사회복지행정의 특성에 따른 행정원리로 옳지 않은 것은?

① 가치중립적 행정기술을 적용해야 한다.

② 역동적 환경변화에 대응하는 조직관리를 실행해야 한다.

③ 대립적인 가치로 인한 갈등을 조정해야 한다.

④ 서비스 이용자와 제공자 간 공동생산(co-production)의 가치를 높여야 한다.

⑤ 조직 간 상호연계망을 구축해야 한다.

해설

사회복지조직의 원료는 가치중립적이지 않고 고유의 가치와 인간성, 도덕성, 정체성을 갖는 인간이기 때문에 그들이 조직의 서비스 산출과정에 참여하고 영향을 미친다는 것이다.

정답 ①

08) 사회복지에서 행정지식이 중요하게 된 이유가 아닌 것은?

① 사회문제 해결을 위한 일차집단(primary association)의 역할이 커졌다.

② 사회복지실천에서 조직적 과정의 중요성이 커졌다.

③ 사회복지조직이 세분화되면서 조직 간 통합과 조정의 필요성이 커졌다.

④ 사회복지조직에 대한 외부의 책임성 이행요구가 증가하였다.

⑤ 한정된 사회복지자원에 대한 효과적 관리의 필요성이 커졌다.

해설

사회복지행정은 사회복지조직이 당면한 인력, 재정, 프로그램 및 서비스의 전달상의 문제를 규명하고 대안을 모색하여 선택한 후 평가하는 일반적인 문제해결과정을 거친다. 이 때 사회복지조직은 가족, 친척 등 개인적인 접촉으로 이루어진 일차 집단이 아닌 특정한 목적 달성을 위하여 이루어진 이차 집단이 된다.

정답 ①

09) 사회복지행정에 관한 설명으로 옳지 않은 것은?

① 사회사업적 지식, 기술, 가치 등을 의도적으로 적용한다.

② 사회복지정책과 사회복지실천보다 상위의 개념이다.

③ 사회복지정책을 서비스로 전환시키는 과정이다.

④ 목표달성을 위한 내부적 조정과 협력과정이다.

⑤ 클라이언트와 조직에 대한 변화를 초래한다.

사회복지행정은 사회복지정책형성이 이루어진 후에 정책목표가 달성되도록 지원, 통제 그리고 조정 등의 관리를 동시에 수행해야 하기 때문에 상위개념으로 보는 것은 적절하지 않다.
- 사회복지실천(Social Work Practice)은 대상이 정상적인 기능을 수행하도록 지원하는 분야로서, 개인(개별사회사업), 집단(집단 사회사업), 지역사회(지역사회조직사업) 그리고 전체사회(사회복지행정)가 정상적인 기능을 수행하도록 지원하는 역할을 하는 것이다.

정답 ②

(10회 기출)

중요도 ★★

10) 사회복지행정의 특성에 관한 설명으로 옳은 것을 모두 고른 것은?

> ㄱ. 사회복지조직은 외부환경에 대한 의존성이 낮다.
> ㄴ. 일선 사회복지사는 클라이언트에게 재량권을 행사할 수 있다.
> ㄷ. 서비스 대상으로서 인간을 가치중립적 존재로 가정한다.
> ㄹ. 클라이언트가 서비스 생산과정에 참여하여 영향을 미친다.

① ㄱ, ㄴ, ㄷ   ② ㄱ, ㄷ   ③ ㄴ, ㄹ   ④ ㄹ   ⑤ ㄱ, ㄴ, ㄷ, ㄹ

사회복지조직은 클라이언트와 사회복지사와의 관계를 통해 욕구 파악, 서비스 전달, 협조도 확보될 수 있으므로 양자 간 관계의 질이 서비스와 조직의 효과성을 좌우할 수 있다.

ㄱ. 사회복지조직은 외부환경 및 내부환경 또는 일반환경 및 과업환경과 상호 작용을 하기 때문에 의존성이 높다고 할 수 있다.
ㄷ. 사회복지조직의 원료인 인간은 가치중립적이지 않고 고유의 가치와 인간성, 도덕성, 정체성을 갖기 때문에 그들이 조직의 서비스 산출과정에 참여하고 영향을 미친다.

정답 ③

(9회 기출)

중요도 ★★

11) 사회복지행정과 일반행정의 공통점으로 볼 수 없는 것은?

① 목표를 설정하고 목표달성을 위해서 인적 · 물적 자원을 동원한다.
② 관리자에 의해 수행되는 기획 및 의사결정과 평가과정을 거친다.
③ 대안을 모색하고 실행하고 평가하는 문제해결과정이다.
④ 일선 직원과 수혜자와의 관계가 조직의 효과성을 좌우한다.
⑤ 조직부서간 업무의 조정이 요구되고 직무평가가 이루어진다.

일선 직원과 수혜자와의 관계가 조직의 효과성을 좌우하는 것은 사회복지행정의 특성(차이점)에 해당된다.

정답 ④

12) 사회복지관의 직원을 평가할 때 클라이언트의 목표 달성정도에 얼마나 기여했는지를 평가하는 기준은 무엇인가?

① 공평성   ② 접근성   ③ 효과성

④ 생산성   ⑤ 객관성

해설

효과성(effectiveness)은 조직체의 목표 달성도, 서비스가 욕구의 충족 또는 해결에 어느 정도 유효한가의 의미이며, 선택된 서비스가 그 목적달성을 위해 어느 정도 적합한가의 관점에서 판단한다.

정답 ③

중요도 ★★★ (17회 기출)

01) 우리나라 사회복지행정의 변화에 관한 설명으로 옳지 않은 것은?

① 1987년부터 사회복지전문요원이 배치되기 시작하였다.

② 1995년 분권교부세를 도입, 재정분권이 본격화되었다.

③ 1997년 사회복지시설의 설치가 허가제에서 신고제로 변경되었다.

④ 2000년대 사회서비스이용권(바우처)사업이 등장하였다.

⑤ 2000년대 중반 이후 지역사회복지계획이 수립되었다.

해설

2005년부터는 지방재정운영의 자율성을 높이기 위해 지역분권 재정정책에 의하여 국고보조금이 분권교부세로 전환되었으며, 사회복지관은 지방자치단체의 일반재정에 의해 운영하게 되었다. **정답 ②**

중요도 ★★ (16회 기출)

02) 최근 한국 사회복지행정의 추세에 관한 설명으로 옳지 않은 것은?

① 민간부문과 공공부문의 협력이 강조되고 있다.

② 이용시설보다는 생활시설 중심의 보호가 강조되고 있다.

③ 공공성 강화방향으로 전달체계 개편이 이루어지고 있다.

④ 영리기관의 전달체계 참여가 증가하고 있다.

⑤ 지역사회 중심으로 서비스를 통합하고 있다.

해설

최근 우리나라 사회복지서비스는 생활시설보다 이용시설 중심의 보호가 강조되고 있다. 특히, 탈시설화와 더불어 지역사회의 중심의 사례관리, 돌봄서비스, 활동지원서비스 등 이용시설서비스 또는 재가서비스 중심으로 재편되고 있다. **정답 ②**

중요도 ★★ (16회 기출)

03) 최근 한국 사회복지행정의 추세에 관한 설명으로 옳지 않은 것은?

① 사회서비스 공급에서 영리부문의 참여가 감소되고 있다.

② 사회복지조직 관리에 기업경영기법이 도입되고 있다.

③ 품질관리를 통한 이용자중심 서비스가 요구되고 있다.

④ 사회서비스의 시장화 경향성이 뚜렷해지고 있다.

⑤ 서비스이용자의 권리가 강조되고 있다.

사회서비스 공급에서 영리부문의 참여가 증가되고 있다. 수요자 중심의 바우처제도의 도입으로 사회서비스공급기관에 영리기업 등 다양한 공급자가 참여하고 있다. 　　　　　　　　　　　　　　　　　　　　　　　　　　　　정답 ①

중요도 ★★　　　　　　　　　　　　　　　　　　　　　　　　　　　　　　　　　　(15회 기출)

04) 우리나라 사회복지행정의 변화과정과 주요 정책에 관한 설명으로 옳지 않은 것은?

① 사회복지시설평가제 도입은 자원의 효율적 운영에 대한 관심을 확대시키는 계기가 되었다.

② 주로 지방정부에서 운영되는 사회복지사업이 국고보조사업으로 이양되었다.

③ "읍·면·동 허브화" 전략은 맞춤형 통합서비스를 제공하기 위한 민관협력을 기반으로 한다.

④ 희망복지지원단은 공공영역에서의 사례관리 기능을 담당한다.

⑤ 국민기초생활보장제도는 복지가 국민의 권리로서 인정받기 시작했다는 의미를 갖는다.

국고보조사업으로 운영되던 사회복지사업이 지방분권화로 인해 지방자치단체로 이양되었으며, 지방교부세법 개정(2004)으로 2005년부터 분권교부세가 신설되어 지방자치단체의 일반재정으로 통합되어 자율적으로 운영할 수 있게 되었다. 　　　정답 ②

중요도 ★★★　　　　　　　　　　　　　　　　　　　　　　　　　　　　　　　　　(14회 기출)

05) 우리나라 사회복지행정의 변화에 관한 설명으로 옳지 않은 것은?

① 1987년부터 사회복지전문요원이 배치되기 시작

② 1995년 분권교부세를 도입, 재정분권이 본격화

③ 1997년 사회복지시설의 설치가 허가제에서 신고제로 변경 결정

④ 2000년대 사회서비스이용권(바우처) 사업이 등장

⑤ 2000년대 중반 이후 지역사회복지계획 수립

사회복지사업 지방이양(2005): 지방분권특별법(2004) 제정, 사회복지사업 67개 지방자치단체로 이양되었다. 　　　　정답 ②

중요도 ★★　　　　　　　　　　　　　　　　　　　　　　　　　　　　　　　　　　(13회 기출)

06) 우리나라에서 나타난 2000년대 이후의 사회복지행정 변화로 옳은 것은?

① 사회복지 전담공무원이 공공부문의 복지행정 업무를 맡기 시작하였다.

② 지역사회복지협의체를 설치하고 지역사회복지계획을 수립하기 시작하였다.

③ 사회복지시설의 설치가 허가제에서 신고제로 변경되었다.

④ 사회복지시설에 대한 평가제도가 법제화되었다.

⑤ 사회서비스 공급주체에서 사회복지법인이 차지하는 비중이 증가하였다.

지역사회복지협의체는 2003년 사회복지사업법의 개정을 통하여 2005년 7월부터 모든 시·군·구에 설치되었고, 관할지역의 사회복지사업에 관한 중요 사항과 「사회보장급여의 이용·제공 및 수급권자 발굴에 관한 법률」에 따른 지역사회보장계획을 심의하거나 건의하고, 사회복지·보건의료 관련 기관·단체가 제공하는 사회복지서비스 및 보건의료서비스의 연계·협력을 강화하는 기능을 수행하고 있으며, 명칭도 지역사회보장협의체로 변경되었다.

① 사회복지 전담공무원이 공공부문의 복지행정 업무를 맡기 시작하였다(1987년).
③ 사회복지시설의 설치가 허가제에서 신고제로 변경되었다(1997년).
④ 사회복지시설에 대한 평가제도가 법제화되었다(1997년).
⑤ 사회복지사업법의 개정으로 사회복지법인제도가 도입되었다(1970년).   정답 ②

07) 우리나라 사회복지행정에 관한 설명으로 옳은 것은?

① 시·군·구 단위로 지역사회복지협의체가 구성되어 있다.

② 기초연금은 광역시·도에 신청한다.

③ 사회복지전담공무원은 별정직이다.

④ 국민연금은 시·군·구에서 담당·전달한다.

⑤ 사회복지서비스는 공공조직에서 제공한다.

지역사회복지협의체는 사회복지사업법의 개정(2003)을 통하여 2005년 7월부터 모든 시·군·구에 설치되었다.

② 기초연금은 가까운 주민센터를 통해 신청한다.
③ 사회복지전담공무원은 별정직에서 2000년 1월에 사회복지직으로 전직되었다.
④ 국민연금은 국민연금공단에서 담당·전달한다.
⑤ 사회복지서비스는 공공조직 및 사회복지법인 등 민간조직도 제공한다.   정답 ①

08) 우리나라 사회복지행정의 역사적 사실을 빠른 시간 순으로 바르게 나열한 것은?

ㄱ. 주민생활지원국 설치	ㄴ. 사회복지시설평가제 도입
ㄷ. 사회복지전문요원제도 시행	ㄹ. 사회복지통합관리망 구축

① ㄴ – ㄷ – ㄱ – ㄹ   ② ㄴ – ㄷ – ㄹ – ㄱ
③ ㄱ – ㄹ – ㄴ – ㄷ   ④ ㄷ – ㄴ – ㄹ – ㄱ
⑤ ㄷ – ㄴ – ㄱ – ㄹ

1) 사회복지전문요원제도 시행(1987), 2) 사회복지시설평가제 도입(1997), 3) 주민생활지원국 설치(2006), 4) 사회복지통합관리망 구축(2010)

정답 ⑤

(12회 기출)

09) 미국 사회복지행정 역사에서 1990년대 이후 일어난 변화는?

① 사회복지행정 교육의 필요성이 주장되었다.

② 자선조직협회(COS)가 조직되었다.

③ 공공기관과 민간기관의 기능이 유사해졌다.

④ 지역사회정신건강센터(Community Mental Health Center)가 크게 늘었다.

⑤ 사회복지분야의 민영화가 시작되었다.

민영화 이후 사회복지전달체계가 다원화되면서 공공기관과 민간기관의 기능이 유사해졌다.

① 사회복지행정 교육의 필요성이 주장되었다.
- Milford Conference(1929): 사회복지행정이 개별사회사업, 집단사회사업, 지역사회조직과 더불어 기본적인 실천방법으로 인정되었다.
② 자선조직협회(COS)가 조직되었다
- COS등장(1877): 민간사회복지의 체계적인 시작, 부유한 지역실업가들에 의해 주도
④ 지역사회정신건강센터(Community Mental Health Center)가 크게 늘어났다.
- 지역사회 정신건강센터 법령(1963)이 제정되었다.
⑤ 사회복지분야의 민영화가 시작되었다.
- 1980년대: 사회복지예산이 축소되고 정부프로그램이 민영화되었다.

정답 ③

(11회 기출)

10) 1997년 「사회복지사업법」 개정에서 사회복지시설 평가제도와 함께 도입된 제도는?

① 사회복지전문요원 제도 ② 분권교부세

③ 전자바우처 방식의 사회서비스 ④ 사회복지시설 설치 신고제

⑤ 지역사회복지계획 수립

사회복지사업법 개정(1997): 사회복지시설 설치관련 신고제 도입 및 평가제도 시행(1998)

정답 ④

중요도 ★★

11) 우리나라 사회복지행정의 역사에 관한 설명으로 옳지 않은 것은?

① 1960년대: 이용시설보다는 생활시설이 주를 이루었다.

② 1970년대: 외원기관의 원조가 감소하면서 민간사회복지시설은 시설운영에 필요한 자원이 부족하였다.

③ 1980년대: 사회복지전담공무원제도가 도입되면서, 공적전달체계 내에 사회복지독립조직이 설치되었다.

④ 1990년대: 사회복지학과가 설치된 거의 모든 대학에서 사회복지행정을 필수과목으로 책정하였다.

⑤ 2000년대: 시·군·구에 배치된 사회복지통합서비스 전문요원의 사례관리 역할이 강조되었다.

해설

사회복지전문요원은 1987년부터 영세민 밀집지역의 동사무소에 배치되었으며, 사회복지독립조직은 1995년 7월부터 보건복지사무소가 전국에 5개소를 시범운영하였으나 보건과 복지서비스의 통합 제공이라는 목적에 비추어 볼 때 실패라는 결과를 낳았다.

정답 ③

중요도 ★★

12) 미국 사회복지행정의 발달과정에 관한 설명으로 옳은 것은?

① 개별사회사업의 지식과 실천의 발달은 사회복지행정의 기초 위에서 가능했다.

② 1930년대 초 경제 대공황 이후 사회복지행정에 대한 관심이 이전보다 감소되었다.

③ 빈곤과의 전쟁시기동안 사회복지행정의 발달이 가속화되었다.

④ 신보수주의의 등장으로 민간 사회복지기관들의 행정에 대한 관심이 증대되었다.

⑤ 민영화 이후 사회복지전달체계가 다원화되면서 공공과 민간조직의 구분이 명확해졌다.

오답노트

① 개별사회사업의 지식과 실천의 발달은 자선조직협회 COS의 기초 위에서 가능했다.

② 1930년대 초 경제 대공황 이후 사회보장법이 제정되는 등 사회복지행정에 대한 관심이 이전보다 증가하였다.

③ 1960년대 빈곤과의 전쟁시기동안 사회복지에서 연방정부의 역할이 증대되었으나 복지정책은 실패하였고, 결국 레이거노믹스 시대를 가져오게 되었다.

⑤ 민영화 이후 사회복지전달체계가 다원화되면서 공공과 민간조직의 구분이 유사해졌다.

정답 ④

(17회 기출)

중요도 ★★

01) 관료제의 주요 특성으로 옳은 것을 모두 고른 것은?

> ㉠ 조직 내 권위는 수평적으로 구조화된다.
> ㉡ 조직운영에서 구성원 개인의 사적 감정은 배제된다.
> ㉢ 직무배분과 인력배치는 공시적 규칙과 규정에 의해서 이루어진다.
> ㉣ 업무와 활동을 분업화함으로써 전문화를 추구한다.

① ㉠, ㉡   ② ㉢, ㉣   ③ ㉠, ㉡, ㉢
④ ㉡, ㉢, ㉣   ⑤ ㉠, ㉡, ㉢, ㉣

해설

관료제는 위계적인 수직구조를 특징으로 상급직위에 있는 사람은 하급직위에 있는 사람들을 지도하고 감독한다.

정답 ④

(17회 기출)

중요도 ★★

02) 과학적 관리론에 관한 설명으로 옳지 않은 것은?

> 조직구성원은 비공식 집단의 성원으로 행동하며, 이러한 비공식 집단이 개인의 생산성에 영향을 준다.

① 인간관계이론   ② 생산집단이론   ③ 과학적 관리론
④ 상황생태이론   ⑤ 개방구조이론

해설

인간관계이론에서는 조직에는 친밀감을 느끼는 사람들이 만나는 비공식적인 집단이 별도로 있으며, 이 비공식적 집단이 개인의 태도와 생산성에 강한 영향을 미친다고 본다.

정답 ①

(16회 기출)

중요도 ★★★

03) 다음의 내용으로 옳은 것은?

- 자원을 소유하고 있는 이해관계집단이 조직에 영향력을 발휘한다.
- 조직 환경에서 재원을 둘러싼 권력관계를 부각시킨다.
- 외부환경에 의존하는 사회복지조직의 현실을 설명할 수 있다.

① 정치경제이론　　　　② 신제도이론　　　　③ 과학적 관리이론
④ 의사결정이론　　　　⑤ 조직군 생태이론

해설

정치경제이론 참조
- 조직과 환경과의 상호작용을 중시하며, 그러한 상호작용이 조직의 내부 역학관계에 미치는 영향을 강조한 이론이다.
- 조직의 생존과 발전에는 2가지 기본적인 자원 즉, 정치적 자원(합법성, 권력)과 경제적 자원(물적 자원, 클라이언트, 인력 등)이 필수적이라고 본다.
- 자원을 소유하고 있는 이해관계집단이 조직에 영향력을 발휘하고, 조직환경에서 재원을 둘러싼 권력관계를 부각시킨다.

정답 ①

중요도 ★★　　　　　　　　　　　　　　　　　　　　　　　　　　(16회 기출)

04) 다음에서 설명하는 조직관리 기법은?

- 안전의 확보는 서비스의 질과 연결된다.
- 작업환경의 안전과 사고 예방책이다.
- 이용자의 권리옹호가 모든 대책에 포함된다.

① 목표관리기법(MBO)　　　② 무결점운동　　　　③ 위험관리
④ 품질관리　　　　　　　　⑤ 직무만족관리

해설

위험관리는 작업환경의 안전과 사고 예방, 서비스의 질 향상, 이용자의 선택과 결정의 중시, 이용자 만족의 추구, 이용자의 권리옹호, 조직의 유지발전, 전문성의 확보 등을 위해 필요하다.

정답 ③

중요도 ★★　　　　　　　　　　　　　　　　　　　　　　　　　　(16회 기출)

05) 베버(M. Weber)의 관료제이론에 관한 설명으로 옳은 것을 모두 고른 것은?

ㄱ. 조직 내 비공식집단의 중요성을 인식한다.
ㄴ. 조직이 수행해야할 과업이 일상적 일률적인 경우 효율적이다.
ㄷ. 조직외부의 정치적 상황에 주목한다.
ㄹ. 조직운영의 권한양식이 합법성, 합리성을 띠고 있다.

① ㉠, ㉡   ② ㉢, ㉣   ③ ㉡, ㉣

④ ㉡, ㉢, ㉣   ⑤ ㉠, ㉡, ㉢, ㉣

㉠ 조직 내 비공식집단의 중요성을 인식하는 것은 인간관계이론이다.

㉢ 조직외부의 정치적 상황에 주목하는 것은 개방체계이론들이다. 관료제는 폐쇄체계이론으로 조직외부의 정치적 상황에 주목하지 않는다.

정답 ③

중요도 ★★   (15회 기출)

06) 다음은 체계이론 중 어떤 하위체계에 관한 설명인가?

> • 주요 목적은 개인의 욕구를 통합하고 조직의 영속성을 확보하는 것이다.
> • 업무절차를 공식화하고 표준화한다.
> • 직원을 선발하여 훈련시키며 보상하는 제도를 확립한다.

① 관리 하위체계   ② 적응 하위체계   ③ 생산 하위체계

④ 경계 하위체계   ⑤ 유지 하위체계

해설

유지 하위체계 참조

• 주요 목적은 현재 상태대로 조직의 계속성을 확보한다는 것이며, 그 중요한 역동성은 조직 내 안정상태의 유지에 있다.

• 사용되는 매커니즘은 활동의 공식화, 보상체계의 확립, 새로운 구성원의 사회화, 직원의 선발과 훈련 등이 해당된다.

정답 ⑤

중요도 ★★★   (15회 기출)

07) 총체적 품질관리(TQM)에 관한 설명으로 옳지 않은 것은?

① 고객중심 관리를 강조한다.

② 지속적인 서비스 품질향상을 강조한다.

③ 서비스 품질은 마지막 단계에 고려한다.

④ 의사결정은 자료 분석에 기반을 둔다.

⑤ 품질 향상은 모든 조직 구성원들의 헌신을 필요로 한다.

해설

서비스 품질은 모든 단계에 걸쳐 품질향상의 노력이 총체적으로 이루어진다.

정답 ③

`중요도 ★★★`

08) 과학적 관리론에 관한 설명으로 옳지 않은 것은?

① 구성원들의 비인간화로 소외현상이 발생한다.

② 인간의 정서적 측면과 사회적 관계를 중시한다.

③ 주로 경제적 보상을 강조한다.

④ 폐쇄적 환경을 강조하여 환경적 요인이 조직의 목적과 구조에 미치는 영향을 등한시한다.

⑤ 비공식집단, 커뮤니케이션 등의 중요성을 간과하였다.

`해설`

인간의 정서적 측면과 사회적 관계를 중시하는 것은 인간관계이론이다. 　　　　　　　　　　　　정답 ②

`중요도 ★★★`

09) 총체적 품질관리(Total Quality Management)에 관한 설명으로 옳지 않은 것은?

① 서비스 이용자를 대상으로 욕구조사 실시

② 기획 단계부터 서비스 품질을 고려

③ 서비스의 변이(variation) 가능성을 예방하는 노력

④ 최고관리자를 품질의 최종 결정자로 간주

⑤ 투입과 과정에 대한 지속적 개선 노력

`해설`

총체적 품질관리(Total Quality Management)는 서비스의 우수성을 요구하는 고객의 기대에 부응하기 위해 업무수행능력을 통제하고 이를 지속적으로 개선하는 데 조직 내의 모든 구성원을 가담시키는 체제로서 전사적 품질관리라고도 한다.
• TQM에서 품질은 지속적인 개선을 통해 결함 없는 서비스를 제공하고, 서비스 전달과정에 대해서도 외부고객의 요구사항을 수용하여 충족시켜 주는 것을 의미하기 때문에 단순히 제품이나 서비스의 단점을 제거하는 것이 목적이 아니라 소비자가 궁극적으로 만족할 수 있도록 제품과 서비스를 지속적으로 향상시키려는 혁신적인 조직관리기법으로 정의할 수 있다.

정답 ④

`중요도 ★★`

10) 사회복지조직 이론과 그 특징의 연결이 옳은 것은?

① 상황이론: 모든 조직의 이상적 관리방법은 같다.

② 제도이론: 조직의 생존을 위한 적응기제를 주목한다.

③ 정치·경제이론: 외부 자원에 의존이 강한 사회복지조직에는 설명력이 약하다.

④ 행정적 관리이론: 조직 내 인간적 요소를 강조한다.

⑤ 동기·위생이론: 조직외부 환경의 영향을 중요하게 인식한다.

① 상황이론: 동일한 조직 내에서도 상이한 업무를 수행하기 위해서는 상이한 관리방법이 필요하며 환경에 따라 상이한 형태의 조직이 요구된다는 것이다.
③ 정치·경제이론: 조직과 환경 간의 상호작용을 중시하며, 상호작용이 조직 내부 역학관계에 미치는 영향들에 초점을 둔다.
④ 행정적 관리이론: 관리활동의 효율화와 행정권의 강화를 강조한다.
⑤ 동기·위생이론: 위생요인은 직무와 직접적으로 관련이 없고 밖에 있는 외부적 요인이고, 동기부여요인(내용요인)은 직무에 내재해 있으며 인간의 자기실현을 위한 욕구와 연관이 있는 것이다.

정답 ②

11) 인간관계이론에 기반한 관리자의 행동으로 볼 수 없는 것은?

① 사회기술(social skill)의 활용을 중시한다.
② 맥그리거(D. McGregor)의 Y이론에 가까운 인간관에 입각한다.
③ 하급직원들과 비공식적인 방식을 통한 관계유지에도 관심이 있다.
④ 관리행동의 목표를 생산성 향상에 둔다.
⑤ 과학적 업무분석과 이윤공유를 중요시한다.

해설

과학적 업무분석과 이윤공유를 중요시하는 것은 과학적 관리론이다.

정답 ⑤

12) 총체적 품질관리(TQM)에 관한 설명으로 옳지 않은 것은?

① 우리나라에서는 사회복지서비스의 전문직주의 강화로 인해 확산되었다.
② 구성원의 참여 활성화 전략을 중요시한다.
③ 조직의 문제점을 발견하고 시정함에 있어 지속적인 학습과정을 강조한다.
④ 초기 과정에서는 조직리더의 주도성이 중요하다.
⑤ 고객만족을 우선적 가치로 하며 서비스 질을 강조한다.

해설

총체적 품질관리(Total Quality Management: TQM)는 서비스의 우수성을 요구하는 고객의 기대에 부응하기 위해 업무수행능력을 통제하고 이를 지속적으로 개선하는 데 조직 내의 모든 구성원을 가담시키는 체제로서 전사적 품질관리라고도 한다.

• TQM에서 품질은 지속적인 개선을 통해 결함 없는 서비스를 제공하고, 서비스 전달과정에 대해서도 외부고객의 요구사항을 수용하여 충족시켜 주는 것을 의미하기 때문에 단순히 제품이나 서비스의 단점을 제거하는 것이 목적이 아니라 소비자가 궁극적으로 만족할 수 있도록 제품과 서비스를 지속적으로 향상시키려는 혁신적인 조직관리기법으로 정의할 수 있다.

정답 ①

13) 다음을 공통적으로 중요시하는 조직이론은?

> • 개방체계적 관점에서 조직에 대한 환경의 영향력을 설명한다.
>
> • 사회복지조직과 관련된 법적 규범이나 가치 체계를 주요 설명요인으로 다룬다.
>
> • 유사 조직 간의 동형화(isomorphism) 현상을 모범사례에 대한 모방과 전이 행동으로 설명한다.

① 제도이론   ② 관료제이론   ③ 정치경제이론

④ 자원의존이론   ⑤ 조직군생태학이론

해설

제도론은 개방체계적 관점에서 조직에 대한 환경의 영향력을 강조하는 이론으로서, 거시적인 제도적 환경으로부터 나오는 규칙 등이 조직의 특성과 행태를 좌우한다고 본다.

• 개별조직의 이해뿐만 아니라 특정영역에서 활동하는 조직들의 전반적인 특성을 잘 설명해 주는 장점이 있고, 제도화 과정 자체에 대해서는 명확하지 못할 뿐만 아니라 제도적 규칙을 적용한 결과에 대해서도 언급이 부재하다는 한계로 지적된다.

정답 ①

14) 조직이론이 조직관리에 미친 영향으로 옳지 않은 것은?

① 생태체계이론은 객관성의 원칙과 협동의 원칙에 대한 이해를 증진시켰다.

② 정치경제이론은 이해집단의 중요성에 대한 인식을 증진시켰다.

③ 관료이론은 권위에 대한 이해를 증진시켰다.

④ 체계이론은 주체들 간의 상호의존성에 대한 이해를 증진시켰다.

⑤ 인간관계이론은 비공식적 조직에 대한 이해를 증진시켰다.

해설

생태체계이론은 인간을 맥락 속에서 상호작용하는 체계로 이해하는 역동적 시각을 제시하며 인간과 체계의 상호작용을 강조한다.

정답 ①

15) 과학적 관리론에 관한 설명으로 옳은 것을 모두 고른 것은?

> ㄱ. 효율성과 생산의 극대화를 실현하기 위한 이론이다.
>
> ㄴ. 정부의 법과 정책, 여론이 조직의 구조와 속성에 영향을 준다.
>
> ㄷ. 조직의 목적은 상하의 일치성에 기반을 두고 있다.
>
> ㄹ. 조직관리는 조직이 처한 상황에 의해서 결정된다.

① ㄱ, ㄴ, ㄷ　　　② ㄱ, ㄷ　　　③ ㄴ, ㄹ　　　④ ㄹ　　　⑤ ㄱ, ㄴ, ㄷ, ㄹ

과학적 관리론

• 최소의 비용으로 최대의 생산효과를 산출한다는 원칙하에서 개개인의 기본동작에 대해 그 행태 및 소요시간을 표준화하고, 적절한 1일 작업량을 구성하여 과업의 기준을 정하는 관리의 과학화를 의미한다.
• 생산과정에 있어서 필요한 지식과 기술을 적절히 활용하고 작업수행에 있어서 낭비와 비능률을 제거하여 최소노동과 비용으로 최대의 생산효과를 확보할 수 있는 방법을 찾아내기 위한 이론이다.　　　　　　정답 ②

중요도 ★★　　　　　　　　　　　　　　　　　　　　　　　　　　　　　(11회 기출)

16) 구성원의 참여를 강조하면서, 명확한 목표설정과 책임 부여에 초점을 두어 생산성을 높이고자 하는 조직관리 접근은?

① 학습조직　　　　　　② Z이론　　　　　　③ 인간관계론
④ 과학적 관리론　　　　⑤ MBO

목표관리(Management By Objectives: MBO): 참여의 과정을 통해 조직단위와 구성원들이 맡아야 할 생산 활동의 단기적 목표를 명확하고 체계 있게 설정하고 그에 따라 생산 활동을 수행하도록 하며 활동의 결과를 평가·환류 하는 관리체계이다.　　　　　　정답 ⑤

중요도 ★★★　　　　　　　　　　　　　　　　　　　　　　　　　　(11회 기출)

17) 다음에 해당하는 조직관리의 기법은?

> • 서비스 질을 조직의 일차적 목적으로 한다.
> • 고객만족을 중시한다.
> • 팀워크를 통한 조직의 지속적 변화를 꾀한다.
> • 통계자료의 활용을 강조한다.

① TQM　　　　　　② 벤치마킹　　　　　　③ BSC
④ 애드호크라시(adhocracy)　　　⑤ SPSS

총체적 품질관리(Total Quality Management, TQM)는 서비스의 우수성을 요구하는 고객의 기대에 부응하기 위해 업무수행능력을 통제하고 이를 지속적으로 개선하는 데 조직 내의 모든 구성원을 가담시키는 체제로서 전사적 품질관리라고도 한다.　　　　　　정답 ①

중요도 ★★★　　　　　　　　　　　　　　　　　　　　　　　　　　(11회 기출)

18) 다음의 예에서 나타나는 사회복지조직 활동의 관료제적 병폐는?

장애인직업훈련 기관이 한정된 수의 클라이언트를 받아야 하고 클라이언트 선택의 재량권을 보유하고 있다면, 직업훈련의 효과가 낮은 중증장애인보다는 효과가 높을 것으로 예상되는 경증장애인을 서비스 대상자로 선별하려 할 것이다. 특히 기관에 대한 보조금지급 수준이 취업률 평가지표에 치중해서 결정되는 경우에, 이는 조직 생존의 차원에서도 피하기 어려운 선택이 된다. 전체 사회적 관점에서는 이것이 사회복지의 휴머니즘적 가치 실현을 저해한다.

① 매너리즘   ② 레드테이프(red tape)   ③ 크리밍(creaming)
④ 서비스 과활용   ⑤ 협상(negotiation)

해설

크리밍(creaming)은 일정한 개입 프로그램의 도움으로 가장 성공 가능성이 높은 사람들을 사회서비스와 프로그램을 이용하게 하는 것을 말한다.   정답 ③

중요도 ★★★   (10회 기출)

19) 총체적 품질관리(Total Quality Management)에 관한 설명으로 옳은 것을 모두 고른 것은?

ㄱ. 투입과 산출에 관한 전반적인 과정을 포함한다.
ㄴ. 위계적 직무수행의 절차와 방법을 엄격히 규정한다.
ㄷ. 전체 조직 구성원의 사명감이 투철해야 한다.
ㄹ. 사회복지조직의 생존과 소멸 현상을 설명한다.

① ㄱ, ㄴ, ㄷ   ② ㄱ, ㄷ   ③ ㄴ, ㄹ   ④ ㄹ   ⑤ ㄱ, ㄴ, ㄷ, ㄹ

해설

총체적 품질관리(Total Quality Management, TQM) 참조   정답 ②

중요도 ★★   (10회 기출)

20) 다음은 어떤 조직이론에 관한 설명인가?

- 사회복지조직의 과업환경에 대한 중요성을 부각시키며, 외부자원에 의존할 수밖에 없는 사회복지조직의 현실을 생생하게 설명해준다.
- 자원의존이론이라고도 하며, 조직을 이끄는 가치와 이념을 간과하는 한계성을 드러낸다.

① 정치경제이론   ② 상황적합이론   ③ 관료제이론
④ 조직군생태학이론   ⑤ 제도이론

해설

정치경제이론(자원의존이론)은 조직의 효과성을 증대시키기 위해서 환경에 대해 보다 적극적으로 대처하여 자원을 효율적으로 관리하는 이론으로, 조직과 다른 조직(환경)간의 관계에서 조직이 생존하기 위해서는 필요한 자원을 확보해야 하고, 이 자원은 환경이 요구하는 대로 순종함으로써 획득할 수 있으나 의존정도에 따라 생존능력이 좌우되기 때문에 의존성을 줄여 조직의 권력을 높이려는 것이다.

정답 ①

중요도 ★★   (10회 기출)

21) 조직이론에서 환경에 대하여 개방체계적 관점들을 묶은 것은?

① 관료제론, 상황적합론, 인간관계론
② 상황적합론, 과학적 관리론, 제도이론
③ 정치경제론, 인간관계론, 제도이론
④ 인간관계론, 조직군생태학론, 상황적합론
⑤ 정치경제론, 상황적합론, 조직군생태학론

해설

개방체제이론으로는 상황이론, 조직군생태학이론, 제도론, 자원의존이론(정치경제이론), 구조주의이론, 체계이론 등이 해당된다.

정답 ⑤

중요도 ★★★   (8회 기출)

22) 다음에 해당하는 조직관리의 기법은?

> • 조직의 유효성을 높이기 위해 구조적 변화보다는 인적자원의 변화를 증가시킨다.
> • 강점관점에 바탕을 둔 임파워먼트 모델과 맥락을 같이 한다.

① 과학적 관리론   ② 제도이론   ③ 학습조직이론
④ 조직군 생태이론   ⑤ 마르크스이론

해설

학습조직(LO: Learning Organization)이론은 조직구성원들이 지속적으로 역량을 확대시키고 학습방법을 공유하며 배우는 조직형태로 조직학습행위의 일상화·습관화로 환경변화에 신속히 적응할 수 있는 조직형태이다.

정답 ③

(17회 기출)

중요도 ★★

01) 행렬조직(Matrix Organization)에 관한 설명으로 옳은 것은?

① 직무배치가 위계와 부서별 구분에 따라 이루어지는 전형적 조직이다.

② 조직운영을 지원하는 비공식 조직을 의미한다.

③ 합리성을 강조하기 때문에 조직 유연성을 저하시킬 수 있다.

④ 직무별 분업을 인정하면서 동시에 사업별 협력을 강조한다.

⑤ 현실에서 작동하지 않는 가상의 사업조직을 일컫는다.

해설

행렬조직(Matrix Organization) 참조
• 전통적인 기능조직과 프로젝트조직이 결합된 행렬조직 형태이다.
• 직무별 분업을 강조하면서 동시에 사업별 협력을 강조하는 조직 형태이다.
• 수직적 구조와 수평적 구조를 합한 형태의 공식조직으로 전환된다.
• 전문성을 기초로 조직이 구성되며 민주적인 의사결정에 의해 운영된다.   정답 ④

(17회 기출)

중요도 ★★★

02) 한국의 민간 사회복지조직에 관한 설명으로 옳지 않은 것은?

① 사회적 기업은 사회서비스 공급에 참여할 수 없다.

② 사회서비스 공급에 영리기관도 참여하고 있다.

③ 사회복지법인 이외에도 사회복지시설을 운영할 수 있다.

④ 지방자치단체와의 위·수탁 계약을 통해서 서비스를 제공하는 경우가 있다.

⑤ 정부보조금, 후원금, 이용료 등 재원이 다양하다.

해설

사회적 기업, 협동조합, 마을기업 등도 사회서비스 공급에 참여할 수 있다.   정답 ①

(17회 기출)

중요도 ★★★

03) 조직의 구성요소에 관한 설명으로 옳지 않은 것은?

① 예산, 구성원 수 등으로 조직의 규모를 나타낼 수 있다.

② 직무표준화 정도가 지나치게 높으면 구성원의 재량권은 낮아진다.

③ 사업의 종류가 많을수록 조직의 복잡성이 증가한다.

④ 집권화는 구성원의 자발적 참여와 재량권을 확대시킨다.

⑤ 분권화는 책임과 권한을 조직 내에 분산하는 전략이다.

해설

집권화는 소수에 권한이 집중되어 있는 것을 의미한다. 이러한 조직구조에서는 구성원의 자발적 참여가 제한되고 재량권은 축소된다.   정답 ④

중요도 ★★   (17회 기출)

04) 사회복지조직의 특성으로 옳은 것은?

① 클라이언트와 직접 접촉을 피한다.

② 정부 이외의 지원을 받지 않는다.

③ 조직성과의 객관적 증명이 쉽지 않다.

④ 법률과 규칙에 의해 운영되므로 전문성은 중요하지 않다.

⑤ 기업조직과 비교할 때 대표적 차별성은 효율성을 중요하게 여긴다는 것이다.

해설

사회복지조직은 대상이 인간이기 때문에 도덕적 모호성과 목표의 애매성으로 인해 효과성·효율성을 측정하는 것이 쉽지 않은 것이 특징이다.   정답 ③

중요도 ★★   (17회 기출)

05) 다음에서 나타나지 않은 현상은?

A지역자활센터는 대상자의 취업 성공률을 높이기 위해 전담직원을 채용해서 맞춤형 프로그램 기획을 담당하도록 하였다. 또한 대상자를 개별적으로 사정, 상담하여 취업에 취업방해요인을 분석하였다. 몇몇 대상자들은 A센터의 취업성공률을 낮출 것이라고 보고 타 기관으로 보낼 방안을 검토하고 이를 요청하였다.

① 서비스 과 활용   ② 크리밍   ③ 의뢰

④ 사례관리   ⑤ 스태핑(staffing)

해설

서비스 과 활용(over-utilization): 욕구에 부합되지 않는 사람이 서비스를 이용하는 경우를 말한다.

보충노트

• 크리밍(creaming)현상: 서비스조직들이 보다 유순하고 성공 가능성이 높은 클라이언트를 선발하기 위해 비협조적이거나 어려울 것으로 예상되는 클라이언트를 배척(떠넘기기)하는 현상이다.

- 사례관리(care management): 복합적 욕구를 가진 개인이 기능을 회복하고 증진할 수 있도록 개인과 주변환경을 변화시키기 위해 지속적이고 통합적으로 개입하는 서비스모델이다.
- 의뢰: 비협조적이거나 어려울 것으로 예상되는 클라이언트를 타 기관에 보내는 것을 말한다.
- 스태핑(staffing): 고용관리를 말하며 현재 또는 미래의 결원에 대비하여 잠재력 있는 지원자들을 판단하고 시기 적적하게 합리적인 구성원의 선발과 배치를 결정짓기 위한 기업의 한 직능이다. 대상자의 취업 성공률을 높이기 위해 전담직원을 채용해서 맞춤형 프로그램 기획하고 담당하도록 하는 것도 한 사례에 해당된다. 정답 ①

중요도 ★★ (16회 기출)

06) 사회복지조직에 관한 설명으로 옳지 않은 것은?

① 에치오니(A. Etzioni)의 권력 형태에 따른 분류 중 사회복지조직은 규범적 조직에 속한다.
② 블라우와 스콧(P. Blau & W. Scott)이 제시한 호혜적 조직은 조직 구성원들이 주요 수혜자인 조직을 말한다.
③ 스미스(G Smith)는 업무통제에 따라 사회적 경제조직, 사업조직, 공공조직으로 분류하였다.
④ 비벨만(M. Gibelman)은 운영주체에 따라 공공조직, 준공공조직, 민간조직, 준 민간 조직으로 분류하였다.
⑤ 하센필드(Y. Hansenfeld)는 사회복지조직의 조직기술을 인간식별기술, 인간유지기술, 인간변화기술로 구분하였다.

해설

스미스(G Smith)는 업무통제에 따라 관료조직, 일선조직, 전면적 통제조직, 투과성 조직을 분류하였다. 정답 ③

중요도 ★★ (15회 기출)

07) 사회복지조직의 부문화에 관한 설명으로 옳은 것을 모두 고른 것은?

> ㉠ 서비스 기준: 서비스 제공, 사례관리, 지역사회조직 등으로 구분
> ㉡ 지리적 기준: 클라이언트의 거주지역에 따라 구분
> ㉢ 기능 기준: 개별사회사업, 집단사회사업, 지역사회조직사업 등으로 구분
> ㉣ 시간 기준: 업무시간에 따라 2교대 혹은 3교대로 구분

① ㉠, ㉡   ② ㉠, ㉢   ③ ㉡, ㉣   ④ ㉠, ㉡, ㉣   ⑤ ㉡, ㉢, ㉣

오답노트

㉠ 서비스 기준: 개별사회사업, 집단사회사업, 지역사회조직사업 등 서비스의 방법에 따라 부문화하는 방법이다.
㉢ 기능 기준: 모금, 홍보, 기획, 프로그램개발업무 등과 같은 중요한 기능에 따라 동질적 업무를 묶어서 조직화하는 방법이다. 정답 ③

123

중요도 ★★★

08) 조직구조에 관한 설명으로 옳지 않은 것은?

① 수평적 분화에서는 통제의 범위를, 수직적 분화에서는 조정과 의사소통의 수준을 고려하여 설계한다.

② 업무의 표준화는 조직운영의 경제성과 예측성을 높이기 위한 활동이다.

③ 정보가 과다하게 집중되어 있는 상황에서 의사결정의 집권화는 실패 가능성을 줄일 수 있다.

④ 공식적 권한의 집중·분산은 조직관리의 효과성·효율성과 연관되어 있다.

⑤ 공식화는 구성원들의 업무 편차를 줄이는 데 효과적이다.

해설

정보가 과다하게 집중되어 있는 상황에서 의사결정의 집권화는 실패 가능성을 높일 수 있다. 　　　정답 ③

중요도 ★★

09) 사회복지조직의 특징으로 옳은 것은?

① 도덕적 정당성에 민감하다.　② 이해관계 집단의 구성이 단순하다.

③ 성과에 대한 평가가 용이하다.　④ 일선전문가의 재량을 인정하지 않는다.

⑤ 주된 기술이 단순하고 확실하다.

해설

사회복지조직의 특징

• 사회복지조직은 지역사회와 밀접하게 연관되어 지역사회내의 욕구충족을 위해 존재하며 지역사회의 변화과정에 의해 많은 영향을 받는다.
• 사회복지조직은 인간의 도덕적 가치를 고려함으로써 목표달성의 효과성 및 효율성을 측정하는 데 어려움이 있다.
• 사회복지조직의 핵심활동은 직원과 클라이언트와 관계에서 이루어지는 활동이므로 이들 간 상호작용과 전달과정이 핵심이 된다.
• 사회복지조직에 의해 수행되는 서비스는 전문 사회사업적 성격을 가지며, 직원의 전문성에 크게 의존한다.
• 사회복지행정은 인간의 가치와 관계성을 기반으로 하며, 조직의 크기·범위·구조·프로그램의 형태는 광범위하고 다양하며, 지역사회내의 인지된 욕구를 충족시키기 위해 존재한다.

오답노트

② 사회복지조직의 구성은 조직의 목적을 달성하기 위하여 복잡하게 분화되어 있다.
③ 성과에 대한 평가는 프로그램이 진행되고 난 후에 이루어지며, 효율성 평가와 효과성 평가 등으로 구분할 수 있다.
④ 사회복지조직의 분권성이 높은 경우 하위 계층의 관리자에게도 의사결정의 재량권이 주어진다.
⑤ 주된 기술이 단순하고 확실하나, 업무의 수와 직위 수에 따라 업무의 세분화가 증가되어 조직 전체의 분업현상이 복잡하게 된다.
　　　정답 ①

중요도 ★★

10) 다음이 공통적으로 설명하는 것은?

- 사회복지조직이 혁신과 변화를 시도할 때 저항력으로 작용한다.
- 조직과 직원들이 기존 업무 분야에 대해 투자했던 시간과 노력, 헌신을 회수받지 못하는 문제이다.
- 이것이 클수록 조직 차원의 변화 시도에 대항하려는 힘이 커진다.

① 환원주의   ② 기준 행동   ③ 매몰 비용(sunk cost)
④ 레드테이프(red tape)   ⑤ 매너리즘(mannerism)

해설

매몰비용(sunk cost)은 현재 집행 중에 있는 정책이나 계획에 따라 이미 투입된 경비나 노력·시간 등을 말하며 매몰 경비는 합리적인 정책을 결정하는데 제약을 주는 요인[환경적 요인]이 된다.

- 매몰비용이 정책결정을 하는데 제약요인이 된다는 것은 행정조직이 기존의 정책 또는 계획에 따라 착수한 사업이 진행되어 그것에 이미 많은 자금이나 노력·시간을 들였을 경우, 이를 포기할 수 없으므로 새로운 정책이나 계획을 합리적으로 수립하는데 있어서 걸림돌이 된다는 뜻이다.

정답 ③

(12회 기출)

중요도 ★★★

11) ( )에 들어갈 조직구조 관련 개념과 그 설명의 연결이 옳은 것은?

- (ㄱ) – 수직적·수평적 분화의 수준을 의미한다.
- (ㄴ) – 의사결정의 공식적 권한이 분산되거나 이양된 것을 말한다.
- (ㄷ) – 조직 내 직무와 수행과정을 명문화하는 것이다.

	ㄱ	ㄴ	ㄷ
①	집권화	분권화	공식화
②	복잡성	공식화	집권화
③	복잡성	분권화	공식화
④	집권화	복잡성	분권화
⑤	복잡성	집권화	공식화

보충노트

- 복잡성: 조직목적을 달성하기 위한 활동이 분화되어 있는 정도로, 수직적·수평적 분화의 수준을 의미한다.
- 분권화: 조직 내에서 의사결정의 공식적인 권한이 분산되거나 이양되어 있는 정도를 말한다.
- 집권화: 조직 내에서 의사결정의 공식적인 권한이 집중되어 있는 정도를 말한다.
- 공식화: 조직 내의 직무와 수행과정이 표준화, 명문화되어 있는 정도를 말한다.

정답 ③

12) ( )에 들어갈 내용을 순서대로 연결한 것은?

> 사회복지조직은 (ㄱ)과 (ㄴ)의 관계로 구성될 수 있다. (ㄴ)의 책임자는
> (ㄱ)의 (ㄷ)이(가) 임명한다. (ㄱ)과 (ㄴ)은(ㄹ)된 책임과 권한을 가지
> 는 것이 바람직하다.

	(ㄱ)	(ㄴ)	(ㄷ)	(ㄹ)
①	법인	시설	이사회	분리
②	시설	법인	이사회	통일
③	법인	시설	사무국	통일
④	시설	법인	사무국	통일
⑤	시설	법인	운영위원회	분리

해설

사회복지조직은 (법인)과 (시설)의 관계로 구성될 수 있다. (시설)의 책임자는 (법인)의 (이사회)가 임명한다. (법인)과 (시설)은 (분리)된 책임과 권한을 가지는 것이 바람직하다.

정답 ①

13) 다음에 해당하는 서비스 통합의 방법은?

> • 조직들 간 구조적인 통합이 아닌, 느슨한 네트워크를 구성한다.
> • 조직들에 분산된 서비스를 클라이언트의 욕구에 맞추어 연결하고 관리한다.
> • 아동복지분야에서 실시하고 있는 '드림스타트 사업'이 대표적인 예이다.

① 아웃리치   ② 사례관리

③ 단일화된 인테이크   ④ 모듈화(module)

⑤ 스태핑(staffing)

해설

사례관리(case management)는 사정, 연결, 옹호 등을 주된 서비스 내용으로 하여 사례 관리자의 주된 책임 하에 개별 클라이언트의 복합적인 문제들을 다양하게 분화되어 있는 세분화된 서비스에 연결하고 그 결과를 묶어서 클라이언트의 문제를 해결하고자 하는 통합적인 접근이다.

정답 ②

중요도 ★★★

14) 조직구조의 선택에 관한 설명으로 옳은 것은?

① 환경이 단순할수록 분권식이 적합하다.

② 표준화된 기술일수록 분권식이 적합하다.

③ 일반적으로 사회복지조직은 표준화 정도가 높을수록 적합하다.

④ 사회복지조직의 경우 외부상황에 따른 선택이 적합하다.

⑤ 모든 사회복지조직은 분권식이 적합하다.

오답노트

① 환경이 단순할수록 집권화된 조직이 더 적합하다.

② 표준화된 기술일수록 집권화된 조직이 더 적합하다.

③ 사회복지조직은 휴먼서비스로 표준화하기 어려워 직원들에게 권한을 위임하는 분권화가 더 적합하다.

⑤ 모든 사회복지조직이 분권화하는 것이 적합한 것은 아니며, 조직의 상황을 고려하여 판단해야 할 것이다.

정답 ④

중요도 ★★

15) 업무세분화의 부정적 영향에 대한 대처방법으로 옳은 것은?

① 관리 · 감독을 철저히 한다.　　② 직무순환을 실시한다.

③ 업무와 기술을 단순화 한다.　　④ 전문기술 개발을 강화한다.

⑤ 업무의 효율성을 높인다.

해설

직무순환(job rotation)은 직원들을 종류가 다른 업무에 대해서도 순환적으로 배치시켜 업무 세분화의 문제점(조정의 어려움, 단조로움 등)을 개선하는 방법으로 사용한다.

정답 ②

중요도 ★★

16) 행렬구조(matrix organization)를 가진 조직의 단점으로 옳은 것은?

① 역동적인 외부환경 변화에 대응하기 힘들다.

② 집권화와 분권화를 동시에 얻기 힘들다.

③ 업무자가 역할긴장이나 갈등을 경험할 수 있다.

④ 조직의 안정성에 기여하나 비탄력적이다.

⑤ 합리적 분업과 부서간 통합을 허용하지 않는다.

해설

매트릭스조직의 단점으로 두 사람의 상사에게 보고하고 통제를 받는 이중적 구조라는 점에서 명령계통 간의 권한다툼 등으로 인해 갈등을 유발할 수 있고, 책임과 권한에 있어서 애매한 부분이 나타날 수 있으며, 조직구성원들이 정보 등을 공유하지 못하면

제기능을 발휘하기가 어려워 질수도 있다.

매트릭스조직의 장점으로 조직 내부의 자원을 효율적으로 사용할 수 있고, 사업역량과 자원을 효율적으로 이용하면서도 자율적이고 독립적으로 일할 수 있다.

정답 ③

(10회 기출)

17) 조직의 분화 정도를 의미하는 복잡성(complexity)에 관한 설명으로 옳은 것은?

① 통제범위가 넓으면 상대적으로 수직적 조직구조를 갖는다.

② 분권화와 대칭되는 개념이다.

③ 조직활동의 효율성과 예측성을 높여준다.

④ 수평적 분화가 증가하면 조정의 필요가 높아진다.

⑤ 사적인 요소의 영향력을 줄인다.

수평적 분화가 증가하면 권한과 책임의 소재가 불분명하여 부서간 갈등을 초래하게 되므로 이를 조정하고 통제해야 할 필요성이 높아진다.

① 통제범위가 넓으면 상대적으로 수평적 조직구조를 갖는다.
② 분권화와 대칭되는 개념은 집권화이다.
③ 조직활동의 복잡성은 조직활동의 효율성과 예측성을 저해한다.
⑤ 공식성이 높은 조직은 사적인 요소의 영향력을 줄이게 된다.

정답 ④

(8회 기출)

18) 지역사회차원의 공공기관과 민간기관들 간 협력과 연계에 유리한 조직방식은?

① 관려제 조직　　　　② 위계조직　　　　③ 행렬조직
④ 피라미드 조직　　　⑤ 네트워크 조직

네트워크(Network)조직은 환경변화에 보다 신속하고 적절하게 대응할 수 있도록 외부자원의 효과적 활용을 꾀하는 조직으로 지역복지에서 조직간 네트워크 조직화가 필요하다.
• 지역복지공동체를 지향하고 사회자본을 증대시키는 효과를 거둘 수 있고, 네트워크상의 참여자들 간의 호혜성과 상호의존성을 증진시킬 수 있으며 지역사회의 통합적 사회복지 수행체계 구축에도 유효하다.

정답 ⑤

제5장 사회복지서비스 전달체계

(17회 기출)

중요도 ★★

01) 독거노인을 위한 복지서비스 전달체계 구축의 원칙과 내용이 옳지 않은 것은?

① 충분성: 치매예방서비스 양을 증가시킴

② 연속성: 치매예방 및 관리서비스를 중단 없이 이용하게 함

③ 접근성: 치매예방서비스 비용을 낮춤

④ 책임성: 치매예방서비스 불만사항 파악절차를 마련함

⑤ 통합성: 치매예방서비스를 적극적으로 홍보함

해설

통합성은 클라이언트에게 복합적인 문제가 있을 경우 이러한 문제를 효율적으로 해결하기 위하여 관련된 부문들을 상호 연계되어야 한다는 원칙이다.

정답 ⑤

(16회 기출)

중요도 ★★

02) 전달체계의 원칙에 관한 설명으로 옳은 것을 모두 고른 것은?

> ㉠ 책임성: 충분한 양과 질 높은 서비스가 제공되어야 한다.
>
> ㉡ 접근성: 제약 없이 서비스를 쉽게 받을 수 있어야 한다.
>
> ㉢ 연속성: 필요한 서비스가 일정기간 동안 지속적으로 제공되어야 한다.
>
> ㉣ 전문성: 종합적으로 서비스가 제공되어야 한다.

① ㉠, ㉡   ② ㉡, ㉢   ③ ㉠, ㉡, ㉢

④ ㉠, ㉢, ㉣   ⑤ ㉡, ㉢, ㉣

오답노트

㉠ 책임성: 서비스 제공자로서의 책임을 말하는 것으로서 사회에 대한 책임, 복지대상자에 대한 책임 및 전문가에 대한 책임 등이 있다.

㉣ 전문성: 사회복지서비스의 핵심적 주요 업무는 반드시 전문가가 담당해야 한다.

보충노트

• 적절성(충분성): 충분한 양과 질 높은 서비스가 제공되어야 한다.

• 포괄성: 종합적으로 서비스가 제공되어야 한다.

정답 ②

중요도 ★★

03) 우리나라 사회복지전달체계에 관한 설명으로 옳지 않은 것은?

① 최근 민관 통합사례관리의 중요성이 높아지고 있다.

② 희망복지지원단을 시·군·구에 설치하였다.

③ 2016년에 맞춤형 통합서비스를 목적으로 읍·면·동에 복지허브화사업을 실시하였다.

④ 국민기초생활보장법상 생계급여이 집행체계는 읍·면·동이다.

⑤ 희망복지지원단설치 후 사회복지통합관리망(행복e음)을 구축하였다.

해설

2010년 1월부터 복지통합정보시스템으로 "사회복지통합관리망(행복e음)"이 개통되었으며, 2012년 5월부터 시·군·구에 "희망복지지원단"이 설치·운영되어 지역별 통합사례관리가 활발하게 전개되고 있다.   정답 ⑤

중요도 ★★

04) 다음 (   )안에 들어갈 사회복지서비스 전달체계구축 원칙의 연결이 옳은 것은?

> • (㉠): 클라이언트의 욕구와 문제해결을 위해 다양한 서비스를 제공해야 한다.
> • (㉡): 서비스의 양과 질이 욕구와 목표달성에 충분해야 한다.
> • (㉢): 핵심적인 업무는 반드시 객관적으로 자격이 인정된 사람이 담당해야 한다.
> • (㉣): 서비스를 필요로 하는 사람은 누구나 쉽게 받을 수 있어야 한다.

① ㉠: 전문성 ㉡: 접근성 ㉢: 포괄성 ㉣: 적절성

② ㉠: 포괄성 ㉡: 적절성 ㉢: 전문성 ㉣: 접근성

③ ㉠: 포괄성 ㉡: 전문성 ㉢: 적절성 ㉣: 접근성

④ ㉠: 전문성 ㉡: 포괄성 ㉢: 접근성 ㉣: 적절성

⑤ ㉠: 포괄성 ㉡: 접근성 ㉢: 적절성 ㉣: 전문성

해설

사회복지서비스 전달체계구축 원칙 참조   정답 ②

중요도 ★★

05) 사회복지서비스 전달체계에 관한 설명으로 옳지 않은 것은?

① 구조·기능적 차원에서는 행정체계와 집행체계로 구분된다.

② 서비스 종류에 따라 공적 전달체계와 사적 전달체계로 구분된다.

③ 행정체계에는 서비스를 기획, 지시, 지원, 관리하는 것을 말한다.

④ 집행체계에는 서비스 전달기능을 주로 수행하면서 행정기능도 수행한다.

⑤ 읍면동은 사회복지서비스와 급여를 제공하는 집행체계에 해당한다.

운영주체에 따라 공적 전달체계와 사적 전달체계로 구분한다.

• 공적 전달체계: 정부(중앙 및 지방자치단체)나 공공기관(각 공단 등)이 직접 관리 · 운영을 담당한다.

예) 보건복지부를 중심으로 중앙정부, 지방자치단체 등

• 사적 전달체계: 일반적으로 민간 사회복지기관이나 단체 및 개인이 직접 관리 · 운영을 담당한다.

예) 사회복지법인, 비영리 사단법인 및 재단법인, 종교단체, 기타 비영리 민간단체 등   정답 ②

---

06) 2000년 이후 공적 사회복지전달체계의 변화에 해당하는 것을 모두 고른 것은?

> ㉠ 사회복지통합관리망 구축   ㉡ 주민생활지원서비스로의 개편
>
> ㉢ 사회복지전문요원제 도입   ㉣ 사회정보시스템 구축

① ㉠, ㉡   ② ㉠, ㉣   ③ ㉠, ㉡, ㉣

④ ㉡, ㉢, ㉣   ⑤ ㉠, ㉡, ㉢, ㉣

㉠ 사회복지통합관리망(행복e음) 구축(2010.1)

㉡ 주민생활지원서비스로의 개편(2006.7)

㉣ 사회정보시스템 구축(2013.2)

㉢ 사회복지전문요원제 도입(1987)   정답 ③

---

07) 사회복지전달체계 주체로서 공공과 비교하여 민간의 강점으로 옳지 않은 것은?

① 정부제공 서비스의 비 해당자를 지원

② 서비스 선택의 기회 확대

③ 대상자 선정과정의 강한 엄격성과 책임성 보증

④ 특정영역에서 고도로 전문화된 서비스 제공

⑤ 환경 변화에 대응하여 서비스 선도

대상자 선정과정의 강한 엄격성과 책임성을 보증하는 것은 공공전달체계이다.

민간 사회복지전달체계의 장점
- 다양한 서비스 제공, 클라이언트에게 폭넓은 선택의 기회 제공, 사회복지서비스의 개발
- 민간의 사회복지 욕구 수렴, 정부의 사회복지정책에 대한 압력단체 역할
- 국가의 사회복지 비용 절감에 기여 　　　　　　　　　　　　　　　　　　　　　정답 ③

중요도 ★★ 　　　　　　　　　　　　　　　　　　　　　　　　　　　　　　　　(14회 기출)

08) 우리나라의 공공 사회복지전달체계 현황으로 옳은 것은?

① 공공부조의 전달체계에서 시·군·구/읍·면·동이 중요한 역할을 하고 있다.

② 사회보험제도 운영에서 지방자치단체의 책임성이 매우 크다.

③ 서비스 신청과 상담을 위해 시·도청을 방문해야 한다.

④ '사회보장정보시스템'을 활용하여 읍·면·동에서 국민연금의 징수·지급 업무를 수행하고 있다.

⑤ 사회복지청이 복지서비스의 전문적 전달을 지원하고 있다.

해설

공공부조의 전달체계로는 행정체계인 보건복지부(교육부, 국토교통부 등)와 광역자치단체, 집행체계인 시·군·구, 읍·면·동이 중요한 역할을 한다.

오답노트

② 사회보험제도 운영에서 중앙정부의 책임성이 매우 크다.
③ 서비스 신청과 상담을 위해서는 주로 읍·면·동을 방문해야 한다.
④ 국민연금공단에서 국민연금급여의 결정 및 지급업무를 담당하며, 보험료 징수업무는 건강보험공단에서 수행하고 있다.
⑤ 사회복지청은 없으며, 사회보장정보원에서 복지서비스의 전문적 전달을 지원하고 있다. 　　　정답 ①

중요도 ★★★ 　　　　　　　　　　　　　　　　　　　　　　　　　　　　　　　(14회 기출)

09) 사회복지전달체계의 주요 원칙들에 관한 설명으로 옳지 않은 것은?

① 전문성, 통합성과 같은 전달체계 구축의 원칙들은 상호 영향을 줄 수 있다.

② 거리뿐만 아니라 서비스 이용비용도 접근성에 영향을 준다.

③ 책임성을 높이는 전략이 접근성을 높이기도 한다.

④ 서비스 지속성을 높이려면 서비스 간 연계도 강화되어야 한다.

⑤ 비전문적 업무를 전문가가 담당하면 조직운영의 효율성을 높일 수 있다.

해설

비전문가는 비숙련업무 및 일반 행정업무를 담당하는 사람으로 자원봉사자 등이 해당되며, 비전문적 업무를 전문가가 담당하면 조직운영의 효율성은 저하된다. 　　　　　　　　　　　　정답 ⑤

10) 사회복지서비스 전달에서 공공과 민간의 상대적 장점을 고려할 때 바람직한 역할 분담으로 옳지 않은 것은?

① 공공재적 성격, 외부효과가 강한 서비스는 정부가 제공
② 개별화가 강한 서비스는 민간이 제공
③ 재원 안정성이 중요한 서비스는 정부가 제공
④ 표준화가 용이한 서비스는 민간이 제공
⑤ 기초적인 대규모 서비스는 정부가 제공

해설

표준화가 용이한 서비스는 공공전달체계를 통하여 제공하는 것이 효과적이다.

정답 ④

11) 사회복지서비스들 사이의 파편화(fragmentation)와 단절을 줄이는 방법에 해당하지 않는 것은?

① 사회복지 제공자 네트워크 구축　② 사례관리 강화
③ 서비스 분화　④ 욕구를 종합적으로 파악
⑤ 서비스 연계 기제 마련

해설

사회복지서비스의 파편화와 단절을 줄이는 방법으로는 통합화가 중요하다.

보충노트

- 전달체계의 파편화는 서비스 프로그램들이 전달체계 내에 존재하고는 있으나 이들 간의 연계를 어렵게 하는 조건들이나 불확실성이 존재함으로서 발생한다.
- 파편성의 결과로 지역사회 내에서 유사한 서비스 영역들 간에도 중복된 프로그램들이 서로 연결되지 않은 채로 전달체계에 존재할 수 있고, 특정 문제나 욕구들에 서비스들이 치우치게 하거나, 어떤 문제들에 대해서는 서비스가 존재하지 않는 경향을 만들어 내기도 한다.

정답 ③

12) 지역복지 조직 간 네트워크 조직화가 의도하는 바로 적절하지 않은 것은?

① 지역사회서비스의 통합성 증진　② 사회서비스 공급의 시장화
③ 참여 조직 간 호혜성 증진　④ 지역공동체 지향성의 강화
⑤ 사회자본의 증대

사회복지서비스는 서비스 수요자의 욕구를 중심으로 이루어져야 하며, 각 서비스별로 이루어진 네트워크 전달체계를 통해서만 그러한 욕구들이 적절히 충족되고 있는지를 확인할 수 있다.

• 사회서비스 공급의 시장화는 시장가격에 의거 서비스제공의 어려움을 가져올 수 있다.

정답 ②

 (13회 기출)

13) 사회복지서비스 전달체계의 주요 구성으로 옳은 것을 모두 고른 것은?

> ㄱ. 노인장기요양서비스: 보건복지부 – 국민연금공단 – 서비스 기관 – 이용자
>
> ㄴ. 장애인활동지원서비스: 보건복지부 – 근로복지공단 – 서비스 기관 – 이용자
>
> ㄷ. 보육서비스(어린이집): 여성가족부 – 지방자치단체 – 서비스 기관 – 이용자
>
> ㄹ. 자활급여: 보건복지부 – 지방자치단체 – 서비스 기관 – 수급자

① ㄱ, ㄴ, ㄷ   ② ㄱ, ㄷ   ③ ㄴ, ㄹ

④ ㄹ   ⑤ ㄱ, ㄴ, ㄷ, ㄹ

ㄱ. 노인장기요양서비스: 보건복지부 – 국민건강보험공단 – 서비스제공 기관 – 이용자
ㄴ. 장애인활동지원서비스: 보건복지부 – 국민연금공단 – 서비스제공 기관 – 이용자
ㄷ. 보육서비스(어린이집): 보건복지부 – 지방자치단체 – 서비스제공 기관 – 이용자

정답 ④

 (13회 기출)

14) 사회복지서비스 전달체계의 구축 원칙에 관한 설명으로 옳지 않은 것은?

① 통합성 원칙 구현을 위해서는 조직 간 유기적 연계가 중요하다.

② 서비스 편중이나 누락이 없도록 하는 것은 비파편성 원칙에서 강조된다.

③ 충분성의 원칙은 서비스의 양과 기간을 설정하는 것과 관련된다.

④ 서비스 공급이 연속적으로 이루어지기 위해서는 개별성 원칙을 견지하여야 한다.

⑤ 책임성 원칙은 전달체계 자체의 효과성이나 효율성과 관련된다.

서비스 공급이 연속적으로 이루어지기 위해서는 지속성 원칙을 견지하여야 한다.

정답 ④

 (13회 기출)

15) 다음은 무엇에 대한 설명인가?

- 현재 대부분의 시·군·구에 설치되어 있다.
- 민·관협력을 통한 맞춤형 사례관리를 지향한다.
- 지역단위 복지서비스 통합제공의 컨트롤 타워 역할을 의도한다.
- 사회보장정보시스템을 활용한다.

① 사회복지사무소　　　② 사회복지협의회　　　③ 희망복지지원단
④ 보건복지콜센터　　　⑤ 지역사회복지협의체

해설

희망복지지원단은 복지·보건·고용 등 다양한 문제를 가진 저소득 주민에게 필요한 서비스를 최대한 통합·연계 제공하기 위하여 2012년 4월에 출범하였으며, 복합적 욕구를 가진 대상자에게 통합사례관리를 제공하고, 지역 내 자원 및 방문형서비스 사업 등을 총괄·관리함으로써 지역단위 통합서비스 제공의 중추적 역할을 수행하는 전담조직이다. 　　정답 ③

중요도 ★★　　　　　　　　　　　　　　　　　　　　　　　　(12회 기출)
16) 지역의 복지 네트워크를 강화하는 방법으로 옳지 않은 것은?

① 참여자들 사이의 갈등을 대비하여 미리 협상규칙을 세워둔다.
② 네트워크 환경과 목적에 대한 참여자들의 공동 인식을 강화한다.
③ 참여하는 조직의 수를 최대한 늘린다.
④ 자원배분과 교환에서 균등도를 높인다.
⑤ 참여자들 사이의 개인적인 유대를 강화한다.

해설

지역네트워크에 참여하는 기관의 수가 늘어나면 자원의 활용가능성은 높아지겠지만 일정 수준 이상이 되면 오히려 상호교류 효용성이 떨어질 수 있기 때문에 수를 최대한 늘리는 것은 정답이 아니다. 　　정답 ③

중요도 ★★★　　　　　　　　　　　　　　　　　　　　　　　(12회 기출)
17) 사회복지서비스에 대한 접근성을 높이는 방법으로 옳은 것을 모두 고른 것은?

ㄱ. 서비스가 필요한 인구의 수와 특성을 고려하여 서비스 조직을 배치한다.
ㄴ. 낙인 위험을 줄이는 환경을 조성한다.
ㄷ. 서비스 정보를 알기 쉽게 홍보한다.
ㄹ. 서비스 이용 비용을 저렴하게 한다.

① ㄱ, ㄴ, ㄷ　　　② ㄱ, ㄷ　　　③ ㄴ, ㄹ　　　④ ㄹ　　　⑤ ㄱ, ㄴ, ㄷ, ㄹ

접근성의 원칙은 클라이언트가 사회복지시설 등을 얼마만큼 편리하게 이용할 수 있는지를 나타내는 것으로서, 정보적 장애(서비스에 관한 낮은 수준의 정보제공), 지리적 장애(원거리 또는 교통불편), 심리적 장애(자신의 문제노출에 대한 두려움·수치감 등), 선정절차상의 장애(클라이언트로 선정되는데 엄격한 절차), 자원적 장애(상담자의 부족 등) 등이 있다.

정답 ⑤

(12회 기출)

18) 사회복지서비스 전달체계의 원칙에 관한 설명으로 옳지 않은 것은?

① 통합성 – 상호연관된 서비스를 종합적으로 고려한다.

② 책임성 – 핵심업무는 반드시 전문가가 담당한다.

③ 지속성 – 필요한 여러 서비스를 중단없이 제공한다.

④ 적절성 – 서비스의 양과 질이 욕구충족을 위한 수준이어야 한다.

⑤ 평등성 – 소득이나 지위에 관계없이 평등하게 서비스를 제공한다.

책임성의 원칙은 사회복지조직 자체가 국가 및 사회로부터 사회복지서비스를 전달하도록 위임받은 조직이라는 점에서 이들 조직은 사회복지서비스의 전달에 대하여 책임을 져야 한다는 원칙이다.

• 전문성: 핵심 업무는 반드시 전문가가 담당gi야 한다는 원칙이다.

정답 ②

(12회 기출)

19) 사회복지서비스 전달에서 민간조직의 강점이 아닌 것은?

① 다양한 서비스 제공이 가능하다.

② 기본적이고 보편적인 욕구충족에 유리하다.

③ 서비스 이용자의 선택 기회를 넓힌다.

④ 선도적인 서비스 개발과 보급에 유리하다.

⑤ 민간의 사회복지 참여욕구를 수렴할 수 있다.

민간 사회복지전달체계의 장점

• 다양한 서비스 제공
• 클라이언트에게 폭넓은 선택의 기회 제공
• 사회복지서비스의 개발
• 민간의 사회복지 욕구 수렴
• 정부의 사회복지정책에 대한 압력단체 역할
• 국가의 사회복지 비용 절감에 기여

정답 ②

20) (　　)에 들어갈 주요 행정조직과 사회서비스 제도의 연결이 옳은 것은?

> - (ㄱ) – 장애인활동지원
> - (ㄴ) – 노인장기요양보험
> - (ㄷ) – 지역사회서비스투자사업

	(ㄱ)	(ㄴ)	(ㄷ)
①	시 · 군 · 구	국민연금공단	시 · 군 · 구
②	국민연금공단	국민건강보험공단	시 · 군 · 구
③	근로복지공단	시 · 군 · 구	국민연금공단
④	국민연금공단	국민건강보험공단	근로복지공단
⑤	근로복지공단	국민건강보험공단	시 · 군 · 구

해설

- 국민연금공단 – 장애인활동지원
- 국민건강보험공단 – 노인장기요양보험
- 시 · 군 · 구 – 지역사회서비스투자사업

정답 ②

21) 사회복지 급여의 공급에 관한 설명으로 옳은 것은?

① 대부분의 사회보험과 공공부조 급여는 지방자치단체를 통해 제공된다.

② 사회복지서비스 급여는 민간부문이 재정과 서비스 제공을 전담한다.

③ 복지혼합은 전달체계의 복잡성을 증가시키고 있다.

④ 급여형태는 전달체계의 구축방식과 무관하다.

⑤ 2000년대 이후 사회서비스 공급에서 영리부문의 참여가 감소되고 있다.

해설

① 대부분의 사회보험은 중앙정부가 공단을 통해 직접 제공된다.
② 사회복지서비스 제공에서 재정은 공공부문이 주로 담당하고 있다.
④ 급여형태는 전달체계의 구축방식과 밀접한 관련성을 갖고 있다.
⑤ 2000년대 이후 사회서비스 공급에서 영리부문의 참여가 증가하고 있다.

정답 ③

22) 사회복지전달체계 구축의 주요 원칙에 관한 설명으로 옳은 것을 모두 고른 것은?

ㄱ. 정보 부족으로 인해 서비스를 이용할 수 없다면 '통합성'이 결여된 것이다.

ㄴ. 이용자 불만을 표시할 수 있는 장치가 없다면 '책임성'이 결여된 것이다.

ㄷ. 특정 프로그램 종료 후 필요한 후속 프로그램이 없다면 '평등성'이 결여된 것이다.

ㄹ. 필요한 서비스의 양과 질이 부족하다면 '적절성'이 결여된 것이다.

① ㄱ, ㄴ, ㄷ   ② ㄱ, ㄷ   ③ ㄴ, ㄹ   ④ ㄹ   ⑤ ㄱ, ㄴ, ㄷ, ㄹ

오답노트

ㄱ. 정보 부족으로 인해 서비스를 이용할 수 없다면 '접근성'이 결여된 것이다.
ㄷ. 특정 프로그램 종료 후 필요한 후속 프로그램이 없다면 '지속성'이 결여된 것이다.

정답 ③

23) 사회복지서비스 전달체계 구축에 관한 설명으로 옳은 것을 모두 고른 것은?

ㄱ. 서비스의 적절성은 서비스의 양과 질, 기간이 클라이언트의 문제해결에 충분한 것을 의미한다.

ㄴ. 서비스의 평등성은 각종 서비스가 질서정연하고 체계적으로 제공되어 욕구충족을 효과적으로 달성하는 것을 의미한다.

ㄷ. 서비스의 포괄성은 다양한 욕구해결을 위해 필요한 서비스를 종합적으로 제공하는 것을 의미한다.

ㄹ. 서비스의 접근성은 수급자격의 요건을 강화하여 자원을 효율적으로 활용하는 것을 의미한다.

① ㄱ, ㄴ, ㄷ   ② ㄱ, ㄷ   ③ ㄴ, ㄹ   ④ ㄹ   ⑤ ㄱ, ㄴ, ㄷ, ㄹ

오답노트

ㄴ. 서비스의 평등성은 특별한 경우를 제외하고는 모든 국민에게 사회복지서비스를 제공하여야 한다는 것으로 보편주의에 입각한 원칙이다.
ㄹ. 서비스의 접근성은 클라이언트가 사회복지시설 등을 얼마만큼 편리하게 이용할 수 있는지를 나타내는 것을 의미한다.

정답 ②

24) 지역사회에서 사회복지서비스의 분절화 현상을 방지하기 위한 설명으로 옳은 것을 모두 고른 것은?

> ㄱ. 관료제적 명령방식을 도입해야 한다.
>
> ㄴ. 다양한 복지주체의 참여를 꾀해야 한다.
>
> ㄷ. 공급자 욕구 중심으로 이루어져야 한다.
>
> ㄹ. 사회적 비용 절감을 고려해야 한다.

① ㄱ, ㄴ, ㄷ   ② ㄱ, ㄷ   ③ ㄴ, ㄹ

④ ㄹ   ⑤ ㄱ, ㄴ, ㄷ, ㄹ

해설

사회복지서비스의 분절화 현상을 방지하기 위하여 서비스의 통합을 강화하여야 한다. 서비스 통합은 클라이언트의 욕구를 보다 종합적으로 다루기 위해서 둘 이상의 서비스 공급자들을 함께 묶는 것을 의미하며, 엄격한 중앙집중식 전달체계 보다는 복수의 서비스 제공자들로 이루어진 다원적 전달체계가 보다 효과적일 것이다. 또한 중복 예산의 삭감 등을 통한 사회적 비용 절감도 고려하여야 할 것이다.

오답노트

ㄱ. 관료제적 명령방식을 도입 보다는 통합성을 증진하는 방향의 관리체계가 필요하다.
ㄷ. 공급자 욕구 중심보다는 수요자 욕구중심의 맞춤형 서비스가 필요하다.

정답 ③

25) 서비스 통합을 증진시키기 위한 전달체계 개선전략으로 옳지 않은 것은?

① 종합적인 서비스를 제공하는 별도의 기관을 설치한다.

② 지역사회 수준에서 사례관리체계를 도입한다.

③ 클라이언트의 서비스 이력 정보를 공유한다.

④ 서비스별로 인테이크 창구를 마련한다.

⑤ 통합정보망을 구축하여 서비스 연계를 강화한다.

해설

서비스별로 인테이크 창구를 마련하면 서비스의 통합성을 저해하기 때문에 전달체계내 조직들이 인테이크 창구의 단일화(공동 접수창구)통해 서비스 제공의 효율성을 증대시키는 것이 필요하다.

정답 ④

중요도 ★★

26) 다음 중 사회복지 전달체계를 통합하는 방법이 아닌 것은?

① 사례관리 실시   ② 아웃리치 시행

③ 거점조직 창설   ④ 기관 간 네트워크 구축

⑤ 인테이크 창구의 단일화

해설

아웃리치(outreach)는 기관이나 담당자들이 적극적으로 클라이언트를 찾아 서비스를 제공하는 것을 말한다. 전달체계의 통합방법은 아니다.

정답 ②

〈사회복지조직의 기획〉

중요도 ★★　　　　　　　　　　　　　　　　　　　　　　　　　　　　　　　　　(17회 기출)

01) 사회복지기획과 관리기법에 관한 설명으로 옳은 것은?

① PERT는 최초로 시도되는 프로그램 관리에는 유용치 않다.

② 칸트 차트는 임계통로에 대한 정확한 정보파악에 유용하다.

③ 책임행렬표는 목표, 활동, 책임유형을 구성원별로 제시한다.

④ 사례모델링이란 클라이언트의 서비스 이용경로를 제시하는 것이다.

⑤ 마일스톤은 월별 활동내용을 파악하는 주된 기법이다.

해설

책임행렬표
• 프로젝트 내 활동별로 각 구성원에게 부여된 역할, 책임, 권한을 나타낸 것이다.
• 표에는 프로젝트의 목표, 활동, 책임유형을 구성원별로 제시하고 있다.
• 책임유형에는 업무수행자, 업무책임자, 조언제공자, 보고대상자로 나눈다.

오답노트

① PERT는 최초로 시도되는 장기적인 프로그램 관리에 유용한 기법이다.
② 임계통로에 대한 정확한 정보파악에 유용한 것은 PERT이다.
④ 클라이언트의 서비스 이용경로를 제시하는 것은 PERT이다.
⑤ 월별 활동내용을 파악하는 주된 기법은 칸트차트이다.　　　　　　　　　정답 ③

중요도 ★★　　　　　　　　　　　　　　　　　　　　　　　　　　　　　　　　　(16회 기출)

02) 스키드모어(Skidmore)의 7단계 기획과정에 관한 설명으로 옳은 것을 모두 고른 것은?

> ㉠ 구체적 프로그램수립 단계는 도표 삭성 등의 업무를 포함한다.
>
> ㉡ 결과예측 단계는 발생 가능한 일을 다각도에서 예측해 보는 것이다.
>
> ㉢ 자원고려 단계는 기획과정 중 첫 번째 과정으로 기관의 자원을 고려하는 것이다.
>
> ㉣ 개방성유지 단계에서 보다 나은 절차가 없는 경우 기존 계획이 유지된다.

① ㉠, ㉣　　　　　　　　　② ㉡, ㉢　　　　　　　　　③ ㉢, ㉣

④ ㉠, ㉡, ㉣　　　　　　　⑤ ㉠, ㉡, ㉢, ㉣

스키드모어(Skidmore)의 7단계 기획과정(장인협외, 2000 참조)
1) 구체적인 목표의 설정, 2) 관련정보 수립 및 가용자원 검토(자원고려), 3) 목표달성을 위한 대안적 방법 모색(대안의 모색), 4) 대안의 실시조건 및 기대효과 평가(결과예측), 5) 최종대안의 선택(계획결정), 6) 구체적인 실행계획 수립(구체적 프로그램수립), 7) 개방성 유지 순이다.

ⓒ 기획의 첫 번째 과정은 구체적인 목표의 설정단계이다. 두 번째 단계는 기관의 자원을 고려하는 것이다.　　　　정답 ④

　　　　　　　　　　　　　　　　　　　　　　　　　　　　　　　　　(16회 기출)

03) 기획에 관한 설명으로 옳지 않은 것은?

① 연속적이며 동태적인 과업이다.

② 효율성 및 효과성 모두 관련이 있다.

③ 타당한 사업추진을 위함이다.

④ 미래의 환경변화에 대응하기 위한 의사결정과정이다.

⑤ 목표지향 적이거나 과정지향 적이지는 않다.

기획은 미래지향적인 과정이며, 미래 활동에 대한 계속적인 준비과정으로 다양한 아이디어의 창출과 수용과정에서 유연성을 가지며 개방성을 띠고 있다.　　　　정답 ⑤

　　　　　　　　　　　　　　　　　　　　　　　　　　　　　　　　　(14회 기출)

04) 기획(planning)에 관한 설명으로 옳지 않은 것은?

① 사회복지조직의 불확실성을 감소시킨다.

② 사업에 대한 연속적인 의사결정으로서 정적인 개념이다.

③ 서비스의 효과적 달성을 위해 필요하다.

④ 구성원의 사기진작을 위해 필요하다.

⑤ 목표 달성을 위한 미래 활동을 준비하는 과정이다.

기획(planning)은 사업에 대한 연속적인 의사결정으로서 동적인 개념이며, 정적인 개념은 계획(plan)에 해당된다.　　　　정답 ②

　　　　　　　　　　　　　　　　　　　　　　　　　　　　　　　　　(14회 기출)

05) 다음은 스키드모어(Skidmore)의 기획과정을 열거한 것이다. (　　)에 들어갈 내용을 순서대로 연결한 것은?

> 목표설정 – 자원 고려 – (   ) – (   ) – (   ) – (   ) – 개방성 유지

① 대안모색 – 구체적 프로그램 수립 – 결과 예측 – 계획 결정
② 대안모색 – 결과 예측 – 계획 결정 – 구체적 프로그램 수립
③ 계획 결정 – 구체적 프로그램 수립 – 결과 예측 – 대안모색
④ 결과 예측 – 대안모색 – 계획 결정 – 구체적 프로그램 수립
⑤ 결과 예측 – 구체적 프로그램 수립 – 대안모색 – 계획 결정

해설

스키드모어(Skidmore)의 7단계 기획과정(장인협외, 2000 참조)
1) 구체적인 목표의 설정, 2) 관련정보 수립 및 가용자원 검토(자원고려), 3) 목표달성을 위한 대안적 방법 모색(대안의 모색), 4) 대안의 실시조건 및 기대효과 평가(결과예측), 5) 최종대안의 선택(계획결정), 6) 구체적인 실행계획 수립(구체적 프로그램수립), 7) 개방성 유지 순이다.

정답 ②

중요도 ★★★   (13회 기출)

06) 프로그램의 목표와 활동 간 관계를 합리적으로 관리하는 기법을 모두 고른 것은?

> ㄱ. PERT   ㄴ. MBO
> ㄷ. Gantt chart   ㄹ. 아웃소싱(outsourcing)

① ㄱ, ㄴ, ㄷ   ② ㄱ, ㄷ   ③ ㄴ, ㄹ
④ ㄹ   ⑤ ㄱ, ㄴ, ㄷ, ㄹ

해설

- 프로그램 평가 검토기법(PERT: Program Evaluation and Review Techniques): 목표 달성의 기한을 정해 놓고 설정된 주요 목표나 활동의 상호관계와 시간계획을 연결시켜 도표로 나타내는 것으로 명확한 목표를 가진 프로그램을 조직화하고 진행 시 간표를 작성하며 예산을 관리하여 프로그램 진행상황을 추적해 가는 데 매우 유용한 관리기법이다.
- 목표관리(Management By Objectives: MBO): 참여의 과정을 통해 조직단위와 구성원들이 맡아야 할 생산 활동의 단기적 목표를 명확하고 체계 있게 설정하고 그에 따라 생산 활동을 수행하도록 하며 활동의 결과를 평가 · 환류하는 관리체계이다.
- 간트 도표(Gantt Chart): 근로자의 생산활동과 시간을 통제할 수 있는 도구로서 작업단위와 작업시간의 분석을 통해 하나의 작업이 완성된 후에 다음 단계로 넘어갈 수 있는 작업, 하나의 작업이 진행되는 중간에 시작되는 작업, 동시에 시작할 수 있는 작업으로 구분하여 시간을 통제함으로써 하나의 프로젝트가 정해진 시간에 완성될 수 있도록 하는 관리기법이다.

오답노트

- 아웃소싱(outsourcing): 아웃소싱이란 기업의 내부 프로젝트나 제품의 생산, 유통 , 용역 등을 외부의 제3자에게 위탁, 처리하는 것을 말하는데, 원래 미국 기업이 제조업 분야에서 활용하기 시작했으며, 핵심 사업에만 집중하고 나머지 부수적인 부문은 외주에 의존함으로써 생산성 향상을 극대화하려는 경영기법이다.

정답 ①

07) 사회복지 프로그램 기획에서 공통적으로 중시하는 요소가 아닌 것은?

① 합리성　　　　　② 지속성　　　　　③ 참여성

④ 목적성　　　　　⑤ 현재지향성

해설

기획은 미래의 목표를 설정하고 그 목표를 성취하기 위한 수단을 결정하는 연속적인 의사결정 과정을 통한 행동의 준비과정이며, 최적수단으로 행정목표를 달성하기 위하여 장래의 구체적인 활동에 관한 일련의 집행계획을 준비하는 계속적·동태적 과정이다.
• 기획의 특성: 효율성(합리성), 목적지향적, 미래지향적, 과정지향적, 적응지향적, 참여지향적임

정답 ⑤

08) 기획에 관한 설명으로 옳지 않은 것은?

① 미래에 일어날 일을 예측하며 과거 오류의 재발을 방지한다.

② 프로그램 수행의 책임성을 높이는 데 도움이 된다.

③ 프로그램의 효율성, 효과성 및 합리성을 증진시킨다.

④ 프로그램 수행과정의 불확실성이 증가된다.

⑤ 전문화된 지식체계에 기반을 둔다.

해설

기획(planning)은 목표를 달성하기 위한 장래의 행동에 관하여 일련의 결정을 하는 과정으로 조직의 계획된 목적을 달성하고 유지, 발전시키기 위하여 내부 및 외부환경 변화에 대해서 현재와 미래의 합리적인 행위를 하기 위해 계획을 수립하는 과정이다.

정답 ④

09) PERT에서 프로그램 시작부터 모든 활동의 종료까지 소요되는 최소한의 시간 경로를 찾는 방법은?

① 최소 경로(minimal path)　　　　② 임계 경로(critical path)

③ 기술 경로(technical path)　　　　④ 혼합 경로(mixed path)

⑤ 기대 경로(expected path)

해설

PERT는 프로젝트를 관리하기 위해서는 동시에 시작하는 작업 중 긴쪽(시간이 많이 걸림)이 주요 경로(임계경로, Critical Path)가 되며, 이 경로를 찾아냄으로써 과업완성시간을 단축할 수 있다.

정답 ②

10) 사회복지행정에 있어서 기획의 필요성에 관한 설명으로 옳지 않은 것은?

① 최근 관리자의 직관적 의사결정방식이 요구되기 때문이다.

② 최소비용으로 서비스목표를 달성하기 위해서이다.

③ 사회문제에 대한 우선순위를 설정하기 위해서이다.

④ 조직 외부의 정치경제적 영향을 고려하기 위해서이다.

⑤ 조직의 불확실성을 감소하기 위해서이다.

해설

기획의 필요성
- 효율성 제고: 최소의 비용과 노력으로 서비스의 성과를 올리기 위해서 훌륭한 사업기획이 필요하다.
- 효과성 증진: 클라이언트의 문제를 해결하거나 욕구를 충족하는데 효과를 내기 위하여 치밀하게 계획된 활동이 필요하다.
- 책임성 증진: 사회적으로 책임을 다하는 활동 수행을 위해서 사업기획이 필요하다.
- 사기 증진: 종사자들의 참가와 의견이 반영된 사업기획에 대해서 기대와 성취감을 느낌으로써 사기가 높아질 것이다.

정답 ①

11) 다음과 같은 프로그램 관리기법은?

- 프로그램에 필요한 과업들을 확인한다.
- 과업별 소요시간을 계산하여 추정한다.
- 전체 과업들 간 최적의 시간경로를 파악한다.

① SWOT   ② Gantt Chart   ③ PDCA   ④ PERT   ⑤ MBO

해설

PERT는 목표 달성의 기한을 정해 놓고 설정된 주요 목표나 활동의 상호관계와 시간계획을 연결시켜 도표로 나타내는 것으로 명확한 목표를 가진 프로그램을 조직화하고 진행 시간표를 작성하며 예산을 관리하여 프로그램 진행상황을 추적해 가는 데 매우 유용한 관리기법이다.

정답 ④

〈의사결정〉

01) 다음에서 설명하는 의사결정 모형은?

(17회 기출)

> • 현실적 제약을 고려하여 문제를 일으키는 것에 초점을 맞춤
> • 과거의 결정 내용에 기초한 변화를 시도함
> • 현상유지 위주의 문제 해결방식이라는 비판도 있음

① 포괄성 합리성 모형　　　　　② 점증주의 모형
③ 제한적 합리성 모형　　　　　④ 직관주의 모형
⑤ 공공선택 모형

해설

점증주의 모형은 린드브롬(Lindblom), 정책결정자의 능력에 한계가 있다고 전제하고, 기존의 정책이나 결정을 인정하고 그보다 향상된 대안에 대해서만 부분적 순차적으로 탐색하여 의사결정을 하는 현실적 실증적 접근모형이다

정답 ②

02) 의사결정방법 및 기술에 관한 설명으로 옳은 것은?

(15회 기출)

① 대안선택흐름도표는 집단적 의사결정기법에 해당한다.
② 브레인스토밍은 지도자만 주제를 알고 그 집단에는 문제를 제시하지 않은 상태에서 장기간 자유롭게 토론하는 방법이다.
③ 판단적 결정은 정보수집, 연구, 분석과 같은 합리적이고 과학적인 절차를 통해 이루어진다.
④ 직관적 결정은 개인의 지식과 경험에 의해 이루어진다.
⑤ 비정형적 의사결정은 의사결정자의 직관과 판단에 의해 이루어진다.

해설

비정형적(non-programmed) 의사결정은 사전에 결정된 기준 없이 이루어지며 보통 단발적이고 예상하지 못한 상황에 대한 결정이다.

오답노트

① 대안선택흐름도표는 집단적 의사결정기법에 해당한다.
② 브레인스토밍(brainstorming)은 다수의 사람들이 모여 각자 의견을 발표한 후 최선의 방법을 찾아내는 방법으로 어떠한 내용을 발표하더라도 그에 비판을 해서는 안 되며, 의사결정에 대한 아이디어를 구성원들이 자유롭게 개진하여 창의적인 대안을 선택하기 위한 방법이다.

146

③ 문제해결적 의사결정은 정보수집, 연구, 분석과 같은 합리적이고 과학적인 절차를 통해 이루어진다.
④ 직관적 결정은 개인의 지식과 경험에 의해 이루어진다.

정답 ⑤

(14회 기출)

중요도 ★★

03) 의사결정방법에 관한 설명으로 옳지 않은 것은?

① 브레인스토밍은 아이디어의 양보다 질이 중요하며 능동적 참여가 중요하다.
② 변증법적 토의는 사안의 찬성과 반대를 이해함을 기본으로 한다.
③ 델파이기법은 전문가로부터 정보를 수집하여 합의를 얻으려 할 때 적용할 수 있다.
④ 대안선택 흐름도표는 '예'와 '아니오'로 답할 수 있는 연속적 질문을 통해 예상되는 결과를 결정한다.
⑤ 명목집단기법은 감정이나 분위기상의 왜곡현상을 피할 수 있다.

해설

오스본(Osborm)에 의해 제시된 브레인스토밍(brainstorming) 기법은 주제에 관하여 엄격한 제한이 없고 의견의 질보다는 양을 더 중요하게 여긴다.

정답 ①

(14회 기출)

중요도 ★★

04) 의사결정에 관한 설명으로 옳지 않은 것은?

① 직관적(intuitive)방법은 합리성보다는 감정이나 육감에 근거하여 결정된다.
② 문제해결적(problem-solving)방법은 정보수집, 연구, 분석과 같은 합리적인 절차를 통해 이루어진다.
③ 판단적(judgemental)방법은 비정형적 방법이며 기존 지식과 경험에 의해 기계적으로 결정하는 것이다.
④ 정형적(programmed) 의사결정은 절차, 규정, 방침에 따라 규칙적인 의사결정행위가 전개된다.
⑤ 비정형적(non-programmed) 의사결정은 사전에 결정된 기준 없이 이루어지며 보통 단발적이고 예상하지 못한 상황에 대한 결정이다.

해설

의사결정의 방법
• 직관적 결정: 합리성보다 감정에 의존하여 가장 옳다고 느끼는 것을 결정하는 방법이다.
• 문제해결 결정: 합리적인 절차를 통해 이루어지는 결정. 즉각적인 결정이 불필요한 경우에 주로 사용한다.
• 판단적 결정: 개인이 가지고 있는 지식과 경험에 의존하여 결정하는 방법이다.

- 정형적 의사결정: 결정자가 일상적으로 반복되는 업무에 대한 것과 발생한 문제에 대한 대안과 방법이 사전에 미리 정해져 있는 결정이다.
- 비정형적 의사결정: 새로운 사태의 발생을 비롯하여 예측이 어려운 중대한 사건 등에 대처하기 위한 의사결정이다.

정답 ③

(9회 기출)

중요도 ★★

05) 문제해결을 위해 선택 가능한 대안들을 놓고, 각 대안별로 선택할 경우와 선택하지 않을 경우에 나타날 결과를 분석하여, 각 대안들이 갖게 될 장점과 단점에 대해 균형된 시각을 갖도록 돕는 의사결정 기법은?

① 의사결정 나무분석   ② 대안선택 흐름표   ③ 델파이기법
④ 명목집단 기법   ⑤ 동의 달력

해설

의사결정나무분석(decision tree analysis)은 개인이 가능한 여러 대안을 발견하여 나열하고 각각의 대안을 선택했을 경우와 그렇지 않은 경우의 결과를 연속적으로 그려가면서 최종의 결과를 생각하는 방법이다.

정답 ①

(8회 기출)

중요도 ★★

06) 다음에 맞는 전문가 집단의 조사방법은?

> 전문가 집단의 참여자들은 상호익명의 상태를 유지한 채 의견 합의에 이르도록 수차례 반복적으로 우편 등을 통한 설문조사를 실시한다.

① 집단면접   ② 초점 집단   ③ 명목집단
④ 델파이 기법   ⑤ 심층면접

해설

델파이기법(Delphi)기법은 1950년대 미국의 Rand Corporation의 Dalkey와 동료들에 의해 개발된 기법으로 전문가 또는 관련자들로부터 우편(메일)으로 의견이나 정보를 수집하여 분석한 결과를 다시 응답자들에게 보내 의견을 묻는 방식이다.

정답 ④

제7장 리더십과 조직문화

01) 리더십이론에 관한 설명으로 옳은 것은?

① 블레이크와 머튼(Blake & Mouton)의 관리격자이론에 의하면 과업형(1,9)이 가장 이 상적인 리더십이다.

② 피들러(F. E. Fiedler)의 상황적합이론에 의하면 상황의 호의성이 모두 불리하면 리 더가 인간중심의 행동을 해야 효과적이다.

③ 허쉬와 블랜차드(P. Hersey & K.H. Blanchard)의 상황이론의 상황이론에 의하면 구 성원의 성숙도가 낮을 경우 위임형 리더십이 적합하다.

④ 퀸(R. Quinn)의 경쟁적 가치리더십이론에 의하면 동기부여형 리더십은 목표달성가 리더십과 상반된 가치를 추구한다.

⑤ 배스(B. M Bass)의 변혁적 리더십에 의하면 변혁적 리더는 구성원의 욕구와 보상에 주된 관심을 갖는다.

해설

변혁적 리더십은 조직구성원을 추종자가 아닌 리더로서 개발시키고, 조직구성원이 개인의 이해관계를 초월하여 조직이 공공의 선을 지향할 수 있게 한다.

오답노트

① 블레이크와 머튼(Blake & Mouton)의 관리격자이론에서 팀형(9,9)이 가장 이상적인 리더십이다.

② 피들러(F. E. Fiedler)의 상황적합이론에 의하면 상황의 호의성이 모두 불리할 때에는 리더가 과업중심의 행동을 해야 효과적이다.

③ 허쉬와 블랜차드(P. Hersey & K. H. Blanchard)의 상황이론의 상황이론에 의하면 구성원의 성숙도가 낮을 경우 지시형 리더십이 적합하다.

⑤ 배스(B. M Bass)의 변혁적 리더십에 의하면 변혁적 리더는 구성원의 동기, 신념, 가치관에 주관 관심을 갖고 강한 카리스마와 개혁적 리더십으로 구성원의 잠재력을 끌어올리려고 한다.   정답 ④

02) 참여적 리더십에 관한 설명으로 옳지 않은 것은?

① 집단지식과 기술 활용이 용이하다.

② 상급자의 권한과 책임을 포기하는 것이다.

③ 소요시간과 책임소재 문제 등이 단점이다.

④ 기술수준이 높고 동기부여 된 직원들이 있을 때 효과적이다.

⑤ 직원들을 의사결정에 참여시켜 일에 대한 적극적 동기부여가 가능하다.

상급자의 권한과 책임을 포기하는 것은 위임적 리더십(자율형 리더십)에 해당된다.

정답 ②

(16회 기출)

03) 다음에서 설명하는 리더십이론은?

> • 리더의 지위권력 정도, 직원과의 관계, 과업의 구조화가 중요하다.
> • 직원의 성숙도가 중요하다.
> • 한 조직에서 성공한 리더가 타 조직에서도 반드시 성공하는 것은 아니다.

① 행동이론　　　　　　② 상황이론　　　　　　③ 특성이론
④ 공동체이론　　　　　⑤ 카리스마이론

상황이론(Situational Theory) 참조
• 특정한 상황(리더의 권한, 리더가 수행하는 과제의 성격, 부하의 능력과 동기, 외부환경의 속성 등)에 따라 리더십의 효과성은 다르게 나타난다.
• 성공적 리더십도 조직이나 집단의 상황에 따라 상이할 수 있음을 전제로 한 이론이다.
• 피들러(Fiedler)의 상황적합이론: 리더의 지위권력 정도, 직원과의 관계, 과업의 구조화가 중요하다.
• 허쉬와 블랜차드(Hersey& Blanchard)의 상황이론: 직원의 성숙도가 중요하다.

정답 ②

(16회 기출)

04) 퀸(R. Quinn)이 주창하는 혁신적 슈퍼바이저가 가져야 할 능력으로 옳지 않은 것은?

① 유연한 변화를 만들기 위한 의사소통 능력
② 비판적 창의적 사고능력
③ 슈퍼바이저의 개인성과를 점검하는 능력
④ 조직을 둘러싼 변화를 판단할 수 있는 능력
⑤ 조직구성원과 이해관계자들 간의 갈등을 예방할 수 있는 능력

슈퍼바이저의 개인성과를 점검하는 능력은 점검자가 가져야할 능력이다.

퀸(R. Quinn)이 주창한 혁신적 슈퍼바이저의 핵심역량: 1) 변화와 함께 살기, 2) 창의적 사고하기, 3) 변화를 관리하기 등이다.

정답 ③

05) 참여적 리더십에 관한 설명으로 옳지 않은 것은?

① 직원들의 지식과 기술 활용이 용이하다.

② 직원들의 사명감이 증진될 수 있다.

③ 책임분산으로 인해 조직이 무기력하게 될 수 있다.

④ 하급자들이 의사결정을 적극적으로 주도한다.

⑤ 리더 직원들 간의 양방향 의사소통이 가능하다.

해설

하급자들이 의사결정을 적극적으로 주도하는 리더십의 모형은 위임적 리더십(자율형 리더십)에 해당된다. 　　　　　　　　정답 ④

06) 리더십에 관한 이론과 설명이 옳게 연결된 것을 모두 고른 것은?

> ㄱ. 행동이론: 관계지향적 리더십과 직무지향적 리더십으로 구분하기도 한다.
>
> ㄴ. 경쟁가치 리더십이론: 조직구성원의 성숙에 따라서 리더는 관리행동을 맞추어 나가야 한다.
>
> ㄷ. 변혁적 리더십이론: 리더의 개혁적 · 변화지향적인 모습과 비전 제시는 조직구성원에게 높은 수준의 동기를 부여한다.
>
> ㄹ. 특성이론: 구성원 성장에 대한 헌신과 공동체 의식 형성에 초점을 둔다.

① ㄱ, ㄴ, ㄷ　　　② ㄱ, ㄷ　　　③ ㄴ, ㄹ　　　④ ㄹ　　　⑤ ㄱ, ㄴ, ㄷ, ㄹ

참고노트

ㄴ. 조직구성원의 성숙에 따라서 리더는 관리행동을 맞추어 나가야 한다는 것은 복합상황론(추종자 중심이론)이다.

ㄹ. 구성원 성장에 대한 헌신과 공동체 의식 형성에 초점을 주는 것은 서번트리더십에 해당한다. 　　　　정답 ②

07) 책임성이 있는 관리자의 자세에 관한 설명으로 옳지 않은 것은?

① 지역사회의 다양한 이해집단에 대하여 정확하게 파악한다.

② 클라이언트 집단의 관점이 배제되지 않도록 주의한다.

③ 개별 서비스제공자의 활동을 통제하지 않는다.

④ 조직 내 서비스 제공자의 업무수행을 파악한다.

⑤ 동원된 자원의 사용에 관한 정보를 공개한다.

관리자는 조직목표의 달성을 위해 개별서비스 제공자들의 활동을 통제하는 것이 필요하다.

정답 ③

(12회 기출)

08) (   )에 들어갈 리더십에 대한 접근 방식과 그 설명의 연결이 옳은 것은?

> • (ㄱ) – 바람직한 리더십 행동은 훈련을 통해서 개발된다.
> • (ㄴ) – 업무의 환경 특성에 따라서 필요한 리더십이 달라진다.
> • (ㄷ) – 리더십은 타고나야 한다.
> • (ㄹ) – 리더십은 지도자와 추종자가 협력하는 과정에서 형성된다.

	ㄱ	ㄴ	ㄷ	ㄹ
①	행동이론	상황이론	특성이론	변혁이론
②	상황이론	행동이론	특성이론	경쟁가치이론
③	행동이론	상황이론	경쟁가치이론	변혁이론
④	경쟁가치이론	행동이론	상황이론	특성이론
⑤	행동이론	상황이론	변혁이론	경쟁가치이론

• 행동이론 – 바람직한 리더십 행동은 훈련을 통해서 개발된다.
• 상황이론 – 업무의 환경 특성에 따라서 필요한 리더십이 달라진다.
• 특성이론 – 리더십은 타고나야 한다.
• 변혁이론 – 리더십은 지도자와 추종자가 협력하는 과정에서 형성된다.

정답 ①

(11회 기출)

09) 상황적(contingency)리더십 이론에 관한 설명으로 옳은 것은?

① 참여적 리더십 스타일을 선호한다.
② 블레이크–모튼(Blake-Mouton)의 관리격자이론이 대표적이다.
③ 효과적인 리더십을 리더의 개인적 성향이나 행동적 특성으로 설명한다.
④ 경쟁–가치 리더십도 특정한 리더십 스타일의 선택을 강조하므로, 상황적 리더십 이론에 해당한다.
⑤ 리더는 팔로워(follower)의 성숙도에 따라 리더십 행동을 변화시켜 나간다.

허쉬와 블랜차드(P. Hersey & K.H. Blanchard)의 상황이론은 다양한 상황 중에서 부하직원의 상황에 주목하여 부하가 없으면 리더도 존재하지 않는다는 가정에 기반, 부하의 성숙도를 준비능력의 차원과 의지의 차원으로 나누어 2차원에 따라 4가지 형태의 성숙도상황을 제시하였다   정답 ⑤

10) 리더십 이론에 관한 설명으로 옳은 것은?

① 상황이론은 주어진 상황에 따라 요구되는 지도자의 행태와 자질이 달라진다고 본다.

② 행위이론에서 성공적 리더십은 조직이나 집단의 상황에 따라 상이할 수 있다고 본다.

③ 관리격자이론에서는 중도형이 최적의 리더십 스타일이다.

④ 자질이론에서 효과적인 리더는 생산과 인간에 대한 행동유형으로 구별된다.

⑤ 거래적 리더십은 높은 도덕적 가치와 이상에 호소하여 추종자의 의식을 변화시킨다.

오답노트

② 상황이론에서 성공적 리더십은 조직이나 집단의 상황에 따라 상이할 수 있다고 본다.

③ 관리격자이론에서는 팀형이 최적의 리더십 스타일이다.

④ 행동이론에서 효과적인 리더는 생산과 인간에 대한 행동유형으로 구별된다.

⑤ 변환적 리더십은 높은 도덕적 가치와 이상에 호소하여 추종자의 의식을 변화시킨다.   정답 ①

11) 지시적 리더십과 비교하여 참여적 리더십이 갖는 장점은?

① 정책의 해석과 집행에 일관성이 있다.

② 명령과 복종을 강조하므로 통제와 조정이 쉽다.

③ 신속한 결정이 가능하므로 위기에 도움이 된다.

④ 보상과 처벌을 중심으로 통제하고 관리한다.

⑤ 구성원들 간 정보교환이 활발해질 수 있다.

해설

리더십의 이론의 종류

■ 지시적 리더십(전제적 리더십): 명령과 복종을 강조하고, 의사결정과정에 구성원들을 참여시키지 않고 결정된 것을 구성원들에게 명령하는 방식을 사용, 구성원을 보상과 처벌의 연속선에서 통제를 한다.
  • 장점: 조정이 쉽고, 정책의 일관성, 신속한 의사결정
  • 단점: 구성원의 사기 저하, 조직 경직화, 구성원 간의 적대감, 경쟁, 소외감 유발
■ 참여적 리더십(민주적 리더십): 구성원의 자발적인 참여와 민주적 의사결정을 중요시한다.
  • 장점: 동기유발, 개인의 지식과 기술 활용, 원활한 의사소통, 다양한 정보교환
  • 단점: 긴급한 의사결정이 어려움
■ 위임적 리더십(방임적 리더십): 의사결정의 대부분을 구성원에게 위임한다.
  • 장점: 조직원의 재량권
  • 단점: 업무와 관련하여 부족한 정보제공, 갈등조정의 어려움   정답 ⑤

12) 다음은 어떤 조직이론에 관한 설명인가?

> • 조직구성원의 내적 통합과 변화된 환경에 대한 외적 적응의 관계를 주로 다룬다.
> • 조직구성원의 소속감 및 정체성 형성에 영향을 미치는 요인을 설명한다.
> • 새로운 기술도입에 따른 조직의 유연성 정도를 설명한다.
> • 최근에는 이직의 원인을 설명해주는 이론으로도 활용된다.

① 행정관리론   ② 조직문화이론   ③ 관료제조직이론

④ 사회자본론   ⑤ 행렬조직이론

해설

• 조직문화란 조직을 구성하는 사람들이 공유하는 생활양식 또는 행동양식의 총체라 할 수 있다.
• 조직문화는 인위구조, 가치와 신념, 근원적 전제 등 구성요소 또는 차원을 내포하며, 조직구성원들의 태도와 행동을 규정한다.
• 조직문화는 조직구성원들에게서 나타나는 가치나 규범, 신념체계이고 조직구성원의 가치관과 사고방식, 행동패턴을 결정하는 기본 요소이다. 그래서 조직문화는 조직관리의 주요한 영향요인이 될 수 있다.

정답 ②

13) 조직문화와 조직성과의 연관성에 관한 설명으로 옳지 않은 것은?

① 조직의 핵심가치를 공유하는 조직 구성원이 많을수록 조직성과가 향상된다.

② 조직문화가 조직의 전략과 일치할수록 조직성과를 향상시킨다.

③ 조직문화는 변화가 쉬운 조직성과에 긍정적 영향을 준다.

④ 환경적응적 조직문화는 조직외부의 이해당사자들의 기대실현과 적절한 수준으로 고려하여 조직성과를 향상시킨다.

⑤ 조직문화와 조직성과는 긴밀한 관계를 갖는다.

해설

조직문화 참조
• 조직문화란 조직구성원들에게 뚜렷하게 나타나는 가치나 규범 · 신념체계이다.
• 조직문화란 조직 구성원의 가치관과 사고방식, 행동패턴 등을 결정하는 기본요소를 말한다.
• 조직문화는 일반적으로 변화가 쉽지 않은 조직성과에 긍정적 영향을 준다고 볼 수 있다.

정답 ③

14) 조직문화에 관한 설명으로 옳지 않은 것은?

① 조직의 가치를 깊이 공유할수록 조직문화의 강도는 커진다.

② 조직문화는 조직 내 의사결정방식과 과업수행 방식에 영향을 준다.

③ 강한 조직문화는 조직의 변화와 혁신에 기여한다.

④ 구성원들이 합리적으로 공유하는 신념과 가치로 조직행동에 영향을 준다.

⑤ 직원의 선발과 교육은 조직문화를 유지하고 전파하는 수단이다.

해설

강한 조직문화는 조직의 변화와 혁신에 장애요인이 될 수 있다.

정답 ③

〈인적자원관리〉

중요도 ★★   (17회 기출)

01) 사회복지조직의 인적자원관리에 관한 설명으로 옳은 것은?

① 직무만족은 조직몰입에 부정적인 영향을 미친다.

② 신규채용은 비공개모집을 원칙으로 한다.

③ 브레인스토밍은 제시된 아이디어의 양보다는 질을 더욱 중시한다.

④ 갈등은 조직 내에 비능률을 가져오는 역기능만을 갖는다.

⑤ 소진은 일반적으로 열성–침체–좌절–무관심의 단계로 진행된다.

오답노트

① 직무만족은 조직몰입에 긍정적인 영향을 미친다.
② 신규채용은 공개모집을 원칙으로 한다.
③ 브레인스토밍은 제시된 아이디어의 질보다는 양을 더욱 중시한다.
④ 갈등은 조직 내에 비능률을 가져오는 역기능만을 갖는 것은 아니고, 순기능을 가져오는 경우도 있다.   정답 ⑤

중요도 ★★   (17회 기출)

02) 다음에서 공통적으로 설명하는 인적자원관리 방식은?

> • 인적자원관리의 기초가 된다.
> • 직무에 대한 업무내용과 책임을 종합적으로 분류한다.
> • 직무명세서 작성의 전 단계이다.

① 직무평가   ② 직무분석   ③ 직무순환
④ 직무수행평가   ⑤ 직무충실

해설

직무분석은 직무에 대한 업무내용과 책임을 종합적으로 분류하는 것으로 인적자원관리의 기초가 되며, 이를 토대로 직무기술서와 직무명세서를 작성한다.

오답노트

① 직무평가: 조직내 다른 직무들과 비교하여 특정 직무의 상대적 가치를 판단하는 과정을 의미한다.
③ 직무순환: 업무수행자를 다른 업무에 순환·배치함으로써 과도한 직무의 세분화가 초래하는 부정적인 면을 감소시키고자 하는 방법이다.

④ 직무수행평가: 직무수행자의 직무수행 실적을 평가하여 연봉, 승진, 훈련 등의 기본 자료로 활용한다.

⑤ 직무충실: 수행하는 직무의 범위를 확대하여 직무의 난이도를 높이는 것을 의미한다.   정답 ②

03) 사회복지조직의 인사관리에 관한 설명으로 옳지 않은 것을 모두 고른 것은?

> ㉠ 직원을 채용하기 위해서 직업능력검사를 시행하였다.
> ㉡ 조직의 역사, 사명, 기본정책 등에 관하여 직원 오리엔테이션을 가졌다.
> ㉢ 업무 담당자를 위해 직무기술서를 작성하였다.
> ㉣ 직무성과 평가를 위해 직원의 행동평가를 실시하였다.

① ㉠, ㉢   ② ㉡, ㉣   ③ ㉠, ㉡, ㉢   ④ ㉠, ㉢, ㉣   ⑤ ㉠, ㉡, ㉢, ㉣

해설

직무기술서는 직무자체에 대한 기술서이며, 직무명칭 · 직무개요 · 작업환경 등이 포함되며, 직무의 성격 · 내용 · 수행방법 · 직무에서 기대되는 결과 등을 간략히 정리해 놓은 문서이다.   정답 ⑤

04) 인사관리에 관한 설명으로 옳지 않은 것은?

① 직무분석이전에 직무명세서와 직무기술서를 작성한다.

② 직무기술서는 직무 자체에 대한 기술이다.

③ 직무명세서는 직무수행자의 요건에 대한 기술이다.

④ 인사관리는 성과관리, 개발관리, 보상관리 등을 포함한다.

⑤ OJT(현장훈련)는 일상적인 업무를 수행하면서 훈련을 실시한다.

해설

직무기술서와 직무명세서는 직무분석이 이루어진 이후에 작성되어야 한다.

• OJT(현장훈련): 근무현장에서 이루어지는 훈련으로 직장훈련, 현장훈련, 직무상 훈련이라고도 하며, 피훈련자가 업무수행을 하면서 업무관련 지식이나 기술을 학습한다.   정답 ①

05) 인적자원관리(Human Resource Management)에 관한 설명으로 옳지 않은 것은?

① 조직구성원의 능력과 성향이 조직성과에 주는 영향이 크기 때문에 인적자원관리가 중요하다.

② 조직구성원의 혁신적 사고와 행동이 조직의 경쟁력이라고 전제한다.

③ 인적자원 확보와 조직구성원에 대한 훈련, 교육, 보상관리 등을 의미한다.

④ 환경 적응을 위하여 전문적 직무의 협력, 통합, 융합수준을 향상시킨다.

⑤ 명문화, 세분화된 직무는 이용자의 욕구와 시장변화에 대한 전략을 세우는 데 도움이 된다.

해설

세분화는 이용자에게 혼란을 초래할 수 있고, 세분화된 직무를 통하여 이용자들이 자신들의 문제와 욕구를 조직이 설정해 놓은 다양하고도 복잡한 구조와 절차들에 끼워 맞추어야 하는 부담을 안게 될 수 있다.

정답 ⑤

중요도 ★★★　　　　　　　　　　　　　　　　　　　　　　　　(13회 기출)

06) 사회복지서비스 기관에서의 슈퍼비전에 관한 설명으로 옳지 않은 것은?

① 카두신(A. Kadushin)은 슈퍼비전을 행정적, 지지적, 교육적 기능으로 설명한다.

② 긍정적 슈퍼비전은 사회복지사의 소진 예방에 도움을 준다.

③ 슈퍼바이지(supervisee) 간 동료 슈퍼비전은 인정되지 않는다.

④ 사회복지사의 관리 및 통제의 수단으로도 활용된다.

⑤ 슈퍼비전의 질은 슈퍼바이저의 역량에 좌우된다.

해설

슈퍼바이지의 동료집단은 슈퍼바이저의 노력을 보완해 줄 수 있는 중요한 추가적인 지지자원이다. 사회복지사들은 자신들이 편안하게 느끼는 동료에게 가서 업무에 대한 자신들의 불만족, 좌절, 의구심 등에 대해 대화하고 자신의 실수에 대한 죄책감과 부적합한 업무수행에 대한 불안감을 표현한다.

• 동료집단 슈퍼비전 : 특정한 슈퍼바이저가 지정되지 않으며, 모든 집단 구성원이 동등한 자격으로 참여한다.

정답 ③

중요도 ★★★　　　　　　　　　　　　　　　　　　　　　　　　(12회 기출)

07) 슈퍼바이저에게 필요한 자질에 해당하는 것을 모두 고른 것은?

ㄱ. 풍부한 지식	ㄴ. 실천기술과 경험
ㄷ. 개방적 접근의 용이성	ㄹ. 솔직성

① ㄱ, ㄴ, ㄷ　　　② ㄱ, ㄷ　　　③ ㄴ, ㄹ　　　④ ㄹ　　　⑤ ㄱ, ㄴ, ㄷ, ㄹ

해설

슈퍼바이저의 조건

• 지식구비: 전문직에 대한 지식과 조직에 대한 태도, 실천 등의 종합적인 지식을 갖추어야 한다.

- 경험구비: 클라이언트에 대한 문제를 해결해 본 실천경험, 즉 일반적 실천에 대한 능력과 특별한 실천방법에 대한 경험을 갖추고 있어야 한다.
- 개방적 접근의 허용: 예기치 못한 상황에서 직원이 쉽게 접근하여 질문하고, 지도를 받을 수 있도록 하는 개방적 접근을 허용해야 한다. 이를 통해 신속한 상황대처를 제고하여야 하는 것이다.
- 헌신적인 사명감: 조직, 직원, 자신 간의 역동적 관계에 대하여 진실하고 지속적인 관심을 갖게 되며 직원에게 적극적인 동기부여를 제공할 수 있고, 지식과 기술 향상시키는 데 큰 도움을 줄 수 있다.
- 솔직한 태도: 직원이 제기한 질문이나 문제해결에 해답을 제시할 수 없을 때에는 자신의 입장을 솔직히 밝히고, 실수를 인정할 수 있는 태도를 가져야 한다.
- 감사와 칭찬의 태도: 감사와 칭찬의 태도를 가지고 직원의 동기를 유발하며 전문적 업적의 발전을 도모하여야 한다. 특히 직원에 대한 감사하는 태도를 보이는 데 인색하면 슈퍼비전의 효과가 줄어들 수 있고, 직원의 능력도 저하시킬 수 있다.

정답 ⑤

중요도 ★★★ (11회 기출)

08) 사회복지 기관의 슈퍼비전에 관한 설명으로 옳지 않은 것은?

① 슈퍼바이저와 수퍼바이지 간 상호작용과 의사소통이 핵심이다.

② 리더십 역할과 결부되어 수행될 부분이 크다.

③ 인적 자원의 개발에 관심을 두는 행정행위의 일종이다.

④ 가치와 감정의 문제를 배제하고, 전문적 기술의 전수를 중심에 둔다.

⑤ 슈퍼바이저는 행정적 상급자, 교육자, 상담자로서의 복수 역할 간 갈등을 겪을 수 있다.

해설

조직의 목적이나 전문적 기술의 전수뿐만 아니라 정서적·심리적 지지도 필요하다.
- 슈퍼비전의 지지적 기능은 슈퍼바이저는 직원의 스트레스 유발 상황을 제거하고, 직원의 동기와 사기를 진작시키며, 불만족과 좌절을 해결함으로써 업무만족을 제고하는 것에 초점을 맞춘다.

정답 ④

중요도 ★★ (10회 기출)

09) 사회복지조직의 인사관리에 관한 설명으로 옳지 않은 것을 모두 고른 것은?

> ㄱ. 직원을 모집하기 위해서는 단기·중기·장기의 충원계획 수립이 필요하다.
> ㄴ. 직무기술서(job description)는 직무명칭과 개요 등 직무 자체에 관한 내용이다.
> ㄷ. 선발시험 방법은 크게 필기시험, 실기시험, 면접시험 등으로 구분된다.
> ㄹ. 직무명세서를 작성한 후 해당 직무에 대한 직무분석이 이루어져야 한다.

① ㄱ, ㄴ, ㄷ   ② ㄱ, ㄷ   ③ ㄴ, ㄹ   ④ ㄹ   ⑤ ㄱ, ㄴ, ㄷ, ㄹ

해설

직무분석이 이루진 후 직무기술서와 직무명세서를 작성한다.

정답 ④

10) 슈퍼비전에 관한 설명으로 옳지 않은 것은?

① 슈퍼바이저는 다양한 의문을 가진 사회복지사가 쉽게 찾아올 수 있도록 해야 한다.

② 사회복지조직에서 슈퍼바이저는 행정적 상급자로서의 역할도 한다.

③ 슈퍼비전의 모형 중 팀형은 동료 사회복지사가 동등한 자격으로 참여하는 형태이다.

④ 슈퍼바이저는 사회복지사의 전문적 지식과 기술을 증진시키는 임무를 가진다.

⑤ 슈퍼비전에는 객관적인 평가와 그에 따른 책임성이 요구된다.

해설

사회복지사가 동등한 자격으로 참여하는 형태는 동료 슈퍼비전 모형이다.

오답노트

• 팀형 슈퍼비전: 가능한 한 다양한 성격을 가진 구성원들로 팀을 이루도록 의도한다. 구성원들에 의해서 아젠다가 사전에 제안 되고, 한 케이스에 대한 결정은 동료 상호작용을 통해서 도달한다.
• 직렬 슈퍼비전: 일종의 동료집단 슈퍼비전으로, 두 명의 업무자가 동등한 자격으로 서로에게 슈퍼비전을 제공한다.

정답 ③

11) 일선 슈퍼바이저의 슈퍼비전 기능으로 옳지 않은 것은?

① 개별 사례에 대한 목표 및 과업을 결정한다.

② 일선 사회복지사가 제공하는 서비스를 감독한다.

③ 업무에 대한 조정과 통제의 임무를 수행한다.

④ 일선 사회복지사의 동기와 사기를 진작시킨다.

⑤ 일선 사회복지사의 지식과 기술을 향상시킨다.

해설

개별 사례에 대한 목표 및 과업을 결정하는 것은 일선 사회복지사의 역할이다.

정답 ①

〈동기부여와 소진관리〉

중요도 ★★

01) 다음 (   )에 들어갈 내용으로 옳은 것은?

> 맥클랜드(D. McCelland)의 성취동기이론을 자원봉사자관리에 적용할 경우 자원봉사자의 욕구유형에 따라 배정할 업무가 다를 것이다. 가령 (㉠)욕구가 강한 자원봉사자에게 말벗되기 등 대면서비스를 담당하도록 배정하고, (㉡)욕구가 강한 자원봉사자에게는 팀장 등 관리업무를 맡기고, (㉢)가 강한 자원봉사자에게는 후원자 개발 등 다소 어려운 업무를 배정한다.

① ㉠ 인간관계, ㉡ 성취, ㉢ 권력　　② ㉠ 친교, ㉡ 권력, ㉢ 성취

③ ㉠ 관계, ㉡ 성장, ㉢ 자아실현　　④ ㉠ 사회적, ㉡ 권력, ㉢ 성장

⑤ ㉠ 친교, ㉡ 존경, ㉢ 권력

해설

맥클랜드(D. McCelland)의 성취동기이론: 기본적으로 동기를 부여시키는 욕구를 권력 욕구, 친화욕구, 성취욕구로 구분하였다.
• 권력욕구: 구성원들에게 통제력을 행사하거나 행동에 영향을 미치려는 욕구 등
• 친화욕구: 다른 사람과 친근하고 밀접한 관계를 맺으려는 욕구 등
• 성취욕구: 어려운 일을 달성하려는 욕구 · 다른 사람들과 경쟁하여 이기고 싶은 욕구 · 자신의 능력을 최대한 발휘하고 싶은 욕구 등

정답 ②

중요도 ★★

02) 동기부여이론에 관한 설명으로 옳지 않은 것은?

① 매슬로우(A. H. Maslow)의 욕구단계이론에서 최상위의 단계는 자아실현이다.

② 알더퍼(C. Alderfer)의 ERG 이론은 인간의 욕구를 세 가지 범주로 나누었다.

③ 허즈버그(F. Herzberg)의 동기–위생이론에 의하면 감독, 안전은 위생요인에 해당한다.

④ 맥클랜드(D. McCelland)의 성취동기이론에 의하면 성장욕구는 관계욕구보다 상위의 단계이다.

⑤ 아담스(J. S. Adams) 공평성이론에서 조직이 공평성을 실천함으로써 구성원을 동기부여할 수 있다고 하였다.

해설

맥클랜드(D. McCelland)의 성취동기이론: 기본적으로 동기를 부여시키는 욕구를 권력욕구, 친화욕구, 성취욕구로 파악하였다.
• 알더퍼(C. Alderfer)의 ERG 이론: 상위욕구를 충족시키기 전에 하위 욕구가 먼저 충족되어야 한다는 매슬로우(Maslow)의 가정을 배제하고, 존재의 욕구, 관계의 욕구, 성장의 욕구 등 3가지 범주로 나누어 설명하였다.

정답 ④

03) 동기부여이론에 관한 설명으로 옳지 않은 것은?

① 인간관계이론: 구성원들 간에 호의적인 태도를 가지는 조직은 생산성이 높다.

② 동기-위생이론: 책임성이나 성취에 대한 인정은 동기유발요인에 해당된다.

③ Z이론: 인간은 통제와 강제의 대상이다.

④ Y이론: 인간은 자율성과 창조성을 지닌다.

⑤ 성취동기이론: 인간의 동기부여 욕구를 권력욕구, 친화욕구, 성취욕구로 구분하였다.

해설

인간을 통제와 강제의 대상으로 보는 것은 X이론에 해당된다.   정답 ③

04) 동기부여이론과 주요 학자의 연결이 옳은 것은?

① 인간관계이론: 매슬로우(A.H. Maslow)

② ERG이론: 허즈버그(F. Herzberg)

③ 성취동기이론: 맥클랜드(D. McCelland)

④ 욕구계층이론: 맥그리거(McGregor)

⑤ X · Y이론: 알더퍼(C. Alderfer)

해설

맥클리랜드(D. McCelland)의 성취동기이론: 기본적으로 동기를 부여시키는 욕구를 권력욕구, 친화욕구, 성취욕구로 파악하였다.

오답노트

① 인간관계이론: 메이요(E. Mayo)
② ERG이론: 알더퍼(C. Alderfer), 동기위생이론: 허즈버그(F. Herzberg)
④ 욕구계층이론: 매슬로우(A. H. Maslow)
⑤ X · Y이론: 맥그리거(McGregor)   정답 ③

05) 휴먼서비스 인력의 소진(burnout) 현상을 최소화하기 위한 조직 차원의 대응으로 적절하지 않은 것은?

① 업무생활의 질을 높이는 운동(QWL)을 도입한다.

② 직원 참여와 자기계발 기회를 확대하는 직무환경을 조성한다.

③ 수퍼바이저의 감정적, 정서적 측면의 지지 역할을 강화시킨다.

④ 조직의 사명이나 대의에 직원들이 공감하는 문화를 개발한다.

⑤ 개인별 성과평가에 기초한 연봉제 임금 방식을 도입한다.

개인별 성과평가에 기초한 연봉제 임금 방식을 도입하면 치열한 경쟁에 의한 스트레스 등으로 소진현상을 더욱 심화시킬 수 있다.

소진예방 전략
• 소진을 유발하는 조직구조적인 요인에 대응하여 자율성과 통제성을 확대하는 방법이 있다.
• 중요한 의사결정에 사회복지사의 참여기회를 보장하고 수직적 의사소통의 경로를 마련하는 방법이 있다.
• 사회복지사 대 클라이언트의 비율을 낮추는 방법이 있다.
• 정신적 · 정서적 부담이 가중될 때 휴식을 주는 방법이 있다.
• 적절한 교육훈련의 기회를 정기적으로 제공하는 방법이 있다.

정답 ⑤

(10회 기출)

06) 동기부여에 관한 설명으로 옳지 않은 것은?

① X이론의 인간관은 생리적 수준에서 동기가 부여되므로 하위욕구 관리전략이 필요하다.
② 과업환경상의 동기부여를 위해서는 작업환경의 개선이 필요하다.
③ 공평성 이론은 개인의 투입 · 산출에 대해 형평에 맞게 보상하는 동기부여를 강조한다.
④ 허즈버그(Herzberg)의 이론에서 봉급과 작업조건은 위생요인에 해당된다.
⑤ Y이론에 의하면 안전의 욕구가 강한 계층에서 동기부여가 가능하다.

X이론에 의하면 안전의 욕구가 강한 계층에서 동기부여가 가능하다.
• X이론이 인간의 하급욕구에 착안한 모형이라면, Y이론은 인간의 성장적 측면에 착안한 이론으로 인간의 잠재력이 능동적으로 발휘되어 스스로의 노력을 통해 달성하도록 하고 있으므로 매슬로우의 자아실현 욕구가 강한 계층에서 동기부여가 가능하다고 할 수 있다.

정답 ⑤

〈재정관리〉

중요도 ★★
(17회 기출)

01) 사회복지조직의 예산수립 원칙으로 옳은 것은?

① 회계연도 개시와 동시에 결정되어야 한다.

② 수지균형을 맞춰 흑자예산이 되어야 한다.

③ 회계연도가 중첩되도록 다년도로 수립하여야 한다.

④ 예산이 집행된 후 즉시 심의 · 의결을 거쳐야 한다.

⑤ 세입과 세출은 모두 예산에 계상하여야 한다.

해설

예산총계주의 원칙으로 모든 세입 및 세출은 예산에 표시되어야 한다.

오답노트

①, ④ 예산을 집행하기 전에 입법부의 승인을 받아야 한다.
② 예산은 세입과 세출의 균형을 맞추어야 한다.
③ 예산은 회계연도 단위로 작성되어야 하며 이를 예산단연주의라고 한다.

정답 ⑤

중요도 ★★
(17회 기출)

02) 사회복지법인 및 사회복지시설 재무 · 회계규칙상 준예산 체제에서 집행할 수 있는 항목을 모두 고른 것은?

㉠ 직원 급여	㉡ 전기요금
㉢ 한국사회복지관협회 회비	㉣ 국민연금보험료 사용자 부담분

① ㉠, ㉡   ② ㉠, ㉢   ③ ㉠, ㉡, ㉣   ④ ㉡, ㉢, ㉣   ⑤ ㉠, ㉡, ㉢, ㉣

해설

사회복지법인 및 사회복지시설 재무 · 회계규칙 제12조(준예산)
• 회계연도 개시 전까지 법인 및 시설의 예산이 성립되지 아니한 때에는 법인의 대표이사 및 시설의 장은 시장 · 군수 · 구청장에게 그 사유를 보고하고 예산이 성립될 때까지 다음의 경비를 전년도 예산에 준하여 집행할 수 있다.
1. 임 · 직원의 보수
2. 법인 및 시설운영에 직접 사용되는 필수적인 경비
3. 법령상 지급의무가 있는 경비

정답 ③

03) 성과주의 예산모형에 관한 설명으로 옳지 않은 것은?

① 사업별 예산통제가 가능하다.

② 예산배정에 있어서 직관적 성격이 강하다.

③ 목표수행에 중점을 두는 관리지향 예산제도이다.

④ 예산집행에 있어 신축성을 부여한다.

⑤ 실적의 평가를 용이하게 한다.

해설

성과주의예산은 조직의 활동을 기능별 또는 사업별로 나누고, 다시 세부사업별로 나누어 세부사업 단위의 원가를 계산하고, 여기에 업무량을 곱하여 예산액을 산출하는 제도로서 자금배정의 합리적 근거에 관한 정보를 제공할 수 있는 장점이 있다.

정답 ②

중요도 ★★★

04) 사회복지재원에 관한 설명으로 옳은 것을 모두 고른 것은?

> ㉠ 외부재원의 영향을 많이 받는다.
> ㉡ 사회서비스 이용권(바우처)과 같은 민간재원이 감소하고 있다.
> ㉢ 재원확보를 위해서 지역사회의 타 기관과 연계노력을 해야 한다.

① ㉠   ② ㉢   ③ ㉠, ㉡   ④ ㉠, ㉢   ⑤ ㉡, ㉢

오답노트

㉡ 사회서비스 이용권(바우처)은 사회서비스 공급기관의 다양화를 위해 마련된 제도로 계속 증가하고 있다.

정답 ④

중요도 ★★

05) 사회서비스이용권(바우처)에 관한 설명으로 옳지 않은 것은?

① 사용범위가 제한된 선택 허용

② 현물과 비교하여 이용자의 높은 선택권

③ 이용자에게 이용권 지원

④ 영리기관으로 서비스제공자 제한

⑤ 서비스제공자에 관한 정보 접근성 필요

해설

영리 혹은 비영리 서비스생산자로부터 선택해서 구매할 수 있다.

• 정부가 수요자에게 쿠폰을 지급하여 원하는 공급자를 선택하도록 하고, 공급자가 수요자로부터 받은 쿠폰을 정부에 제시하면

그 비용을 지원하는 방식이다.

- 이용자 입장에서 사용범위가 제한된 선택을 허용하지만 현물형태의 급여보다는 이용자에게 선택권을 보다 폭넓게 허용한다.
- 이용자는 자신이 원하는 서비스 제공자를 고를 수 있으므로 서비스 제공 기관간 경쟁으로 서비스의 품질향상을 기할 수 있다.
- 노인 돌봄, 장애인활동지원, 산모 · 신생아도우미 지원, 가사 · 간병 · 방문사업 등 사회서비스를 실시하고 있다.

정답 ④

06) 성과주의 예산에 관한 설명으로 옳지 않은 것은?

① 수행하는 업무에 중점을 둔다.

② 각 세부사업을 '단위원가 × 업무량 = 예산액'으로 표시하여 편성을 한다.

③ 간편하고 주로 점증식으로 평가된다.

④ 기관의 사업과 목표를 이해하는 데 도움을 준다.

⑤ 예산집행에 신축성을 부여한다.

해설

성과주의예산(PB: Performance Budget)은 기능주의 예산 또는 사업예산 이라고도 부르는데 점증적인 예산을 기반으로 한 품목별 예산의 단점을 보완하기 위한 방법으로서 조직의 활동을 기능별 또는 사업별로 나누고 이를 다시 세부사업으로 나누어 세부사업 단위의 원가를 계산하고 여기에 업무량을 곱하여 예산액을 정하고 있다.

정답 ③

07) 사회복지조직 재원의 특징으로 옳지 않은 것은?

① 재원조달에 대한 직접적인 통제력이 약하다.

② 정부보조금, 재단지원금, 기부금, 상품판매 등의 다양한 재원을 가지고 있다.

③ 재원확보를 위해서 사업제안서, 모금행사, 정부와 계약맺기 등의 활동을 한다.

④ 재원확보를 위해서 의도적 연계를 한다.

⑤ 법적으로 위탁받은 서비스를 제공할 때는 그 재정을 전적으로 임의 할당할 수 있다.

해설

정부의 보조금은 정부의 과제를 민간사회복지조직을 통해 행함으로써 민간의 전문성을 활용하고자 하는 데서 배분되며, 보조금에 따른 계약은 사업내용의 제한 및 강제적인 보고 요구로 많은 양의 관리업무를 부과하고 재량권을 제한하는 등의 통제가 주어진다.

정답 ⑤

08) 예산통제의 원칙에 관한 로만(R. Lohmann)의 설명으로 옳은 것을 모두 고른 것은?

ㄱ 강제의 원칙: 재정통제는 명시적 강제규정에 근거해야 한다.

ㄴ 개별화의 원칙: 예외적인 상황에 적용할 수 있는 예외적 규정이 있어야 한다.

ㄷ 환류의 원칙: 재정통제의 결과를 환류받아 개정의 기초로 사용해야 한다.

ㄹ 보편성의 원칙: 비용과 활동을 최적화할 수 있도록 통제해야 한다.

① ㄱ, ㄴ, ㄷ   ② ㄱ, ㄷ   ③ ㄴ, ㄹ   ④ ㄹ   ⑤ ㄱ, ㄴ, ㄷ, ㄹ

중요도 ★★   (13회 기출)

09) 보편적인 재정관리의 과정을 순서대로 나열한 것은?

ㄱ. 심의·의결   ㄴ. 예산편성   ㄷ. 결산 및 회계감사   ㄹ. 예산집행

① ㄱ - ㄴ - ㄷ - ㄹ   ② ㄱ - ㄹ - ㄴ - ㄷ   ③ ㄴ - ㄱ - ㄹ - ㄷ

④ ㄷ - ㄴ - ㄱ - ㄹ   ⑤ ㄹ - ㄷ - ㄴ - ㄱ

중요도 ★★★   (12회 기출)

10) 계획예산제도(PPBS)에 관한 설명으로 옳지 않은 것은?

① 목표개발에서부터 시작된다.

② 조직의 통합적 운영이 편리하다.

③ 조직품목과 예산이 직접 연결되지 않아 환산작업에 어려움이 있다.

④ 단위원가계산이 쉬워 단기적 예산변경이 유리하다.

⑤ 의사결정에 있어서 과학적이고 합리적인 기법을 활용한다.

11) 사회복지법인 및 사회복지시설 재무·회계규칙상 다음에서 설명하는 예산은?

> 회계연도 개시 전까지 법인의 예산이 성립하지 아니한 때에는 시장·군수·구청장에게 그 사유를 보고하고 예산 성립 전까지 임직원의 보수, 법인 및 시설의 운영에 직접 사용되는 필수경비, 법령상 지급의무가 있는 경비는 전년도 예산에 준하여 집행할 수 있다.

① 계획예산   ② 본예산   ③ 특별예산
④ 준예산   ⑤ 추가경정예산

해설

사회복지법인 및 사회복지시설 재무·회계규칙 제12조(준예산): 회계연도 개시 전까지 법인 및 시설의 예산이 성립되지 아니한 때에는 법인의 대표 이사 및 시설의 장은 시장·군수·구청장에게 그 사유를 보고하고 예산이 성립될 때까지 다음의 경비를 전년도 예산에 준하여 집행할 수 있다.
1. 임·직원의 보수
2. 법인 및 시설운영에 직접 사용되는 필수적인 경비
3. 법령상 지급의무가 있는 경비

정답 ④

12) 예산집행의 결과에 대한 감사(audit)의 유형으로, 다음에 해당하는 것은?

> • 재정 감사에 가깝다.
> • 전형적인 품목예산 방식과 잘 맞는다.
> • 프로그램의 목표달성 여부나 효율성 문제를 다루기 어렵다.

① 복식부기 감사   ② 운영감사(operational audit)
③ 발생주의 감사(accrual audit)   ④ 성과감사
⑤ 규정순응 감사(compliance audit)

해설

규정순응 회계감사: 기관의 재정운영이 적절한 절차에 따라 시행되고, 재정이나 다른 보고서들이 적절하게 구비되었는지 그리고 조직에 적용된 각종 규칙과 규제들을 조직이 잘 따르고 있는지 등을 확인하는 과정으로 전통적인 품목별 예산형식에서 요구하는 방식이며, 주어진 자금이 규정된 항목별로 올바르게 사용되었는지를 확인 하는 것이다.

정답 ⑤

중요도 ★★

13) 다음은 사회복지서비스 재정공급 방식 중 무엇을 설명하는 것인가?

> • 서비스 이용자에게 재정을 지원
> • 서비스 제공기관 간 경쟁을 통한 품질향상 강조
> • 제3자 현금상환 방식

① 범주보조금(categorical grant)   ② 포괄보조금(block grant)

③ 바우처(voucher)   ④ 매칭보조금(matching grant)

⑤ 아웃소싱(outsourcing)

해설

바우처(증서, voucher)제도는 현금급여와 현물급여의 장·단점을 보완할 수 있는 절충적 급여 형태로 일정한 용도 내에서 수급자로 하여금 원하는 재화나 서비스를 자유롭게 선택할 수 있게 하는 방법으로 미국의 Food Stamp 프로그램 등이 있다.
• 바우처의 장점
  - 현금급여와 현물급여의 장점을 살리면서 단점들은 줄일 수 있음
  - 재화나 서비스 공급자들 사이의 경쟁을 유발시켜 재화나 서비스의 질을 높일 수 있음
  - 현물급여의 장점인 정책의 목표효율성도 살릴 수 있고, 현금급여보다 수급자의 효용을 증가시킬 수 있으며, 운영비용도 적게 들어 감
정답 ③

중요도 ★★

14) 사회복지조직의 재정관리에 관한 설명으로 옳지 않은 것은?

① 재정활동에 대한 보고의 원칙이 없으면 재정관련 행위를 공식적으로 감시하고 통제할 수 없다.

② 발생주의 회계는 수익과 비용을 현금 수입·지출과 관계없이 발생한 시점을 기준으로 처리한다.

③ 관리회계는 행정적 의사결정을 내리는데 필요하도록 재정관계 자료를 정리하는 것이다.

④ 사회복지재정은 민주성을 강하게 띠고 있으며 기획기능보다 통제기능이 강조된다.

⑤ 운영회계감사는 조직목표 달성을 위해 규정준수 회계감사의 약점을 보완하는 감사이다.

해설

사회복지행정에 있어서 재정관리는 조직의 목표달성을 촉진하고 전문직의 윤리 및 지역사회의 수준과 일치하는 방향에서 재원을 통제하고 계획적으로 사용하는 것 등 복합적인 요소를 포함하고 있다. 따라서 기획기능보다 통제기능이 강조된다고 볼 수 없다.
정답 ④

15) 다음은 어떤 예산편성 모형에 관한 설명인가?

> • 전년도 예산과 무관하게 매년 프로그램 우선순위에 따라 예산을 편성한다.
> • 사업의 우선순위에 따라 합리적으로 재원을 배분한다.
> • 효율적이고 탄력적인 재정운영이 가능하다.
> • 여러 개의 독자적인 목표를 가지고 활동하는 예산결정 단위를 설정한다.

① 품목별 예산   ② 성과주의 예산   ③ 영기준 예산
④ 프로그램 기획예산   ⑤ 기능주의 예산

해설

영기준예산(ZBB: Zero Based Budgeting)은 예산이 전년도의 예산에 대한 점증식으로 책정되어 매년 반복되는 현상에 대처하기 위한 목적으로 사용된 방법으로 조직은 모든 사업을 매년 처음 시작한다는 전제하에 매년 사업의 필요성에 대한 정당성을 제시하고 다른 사업과의 경쟁적인 상태에서 우선순위에 입각하여 예산을 수립하는 것이다.

정답 ③

16) 사회복지조직의 결산에 관한 설명으로 옳지 않은 것은?

① 법인의 대표이사는 법인회계와 시설회계의 세입·세출 결산보고서를 작성해야 한다.
② 지방자치단체에 결산보고서를 제출한 후 이사회의 의결을 거쳐야 한다.
③ 결산은 예산집행의 경제성, 효율성, 효과성과 같은 평가내용까지 포함한다.
④ 결산심사 결과는 다음 연도 예산편성 및 심의에 반영된다.
⑤ 결산은 회계연도 기간 동안의 재정보고서를 작성하기 위한 과정이다.

해설

결산의 보고절차
• 법인의 대표이사가 법인회계와 시설회계의 세입·세출 결산보고서를 작성하고, 법인의 이사회가 결산보고서를 의결하며, 법인의 대표이사가 시·군·구청장에게 결산보고서를 다음 연도 3월 31일까지 제출한다.
• 시·군·구청장, 법인의 대표이사는 법인과 시설의 세입·세출 결산개요와 후원금품의 수입 및 사용 내역의 개요를 시·군·구, 법인 그리고 시설의 게시판에 20일 이상 공고한다.

정답 ②

〈정보관리〉

(14회 기출)

01) 정보관리시스템 구축의 영향에 해당하지 않는 것은?

① 대규모 개인정보 유출 위험 감소

② 사회복지전문가가 복잡한 의사결정을 쉽게 할 수 있도록 지원

③ 저장된 수천 개의 사례를 기반으로 한 이론의 발전

④ 서비스이용자의 실적을 월별, 분기별, 사업현황별로 정기적 점검이 가능

⑤ 필요한 정보를 통합·제공하여 업무 향상

해설

정보관리의 부작용

• 비밀보장의 어려움: 조직 및 클라이언트의 사적 부분까지 과다 노출 가능성이 있는 것이다.

• 정보의 소외현상: 컴퓨터에 미숙한 사람은 정보로부터 소외될 가능성이 있고, 이것이 삶의 격차로 작용할 수도 있다.

• 잘못된 정보의 획득: 잘못된 정보를 그대로 받아들임으로써 클라이언트 등에게 혼선을 자아낼 수 있는 것이다.

• 기준행동의 유발: 전산화로 자료를 정리할 때 발생할 수 있는 문제로서, 일정형식에 따라서 나름의 기준을 결정하게 된다는 것이다.

보충노트

• 정보관리시스템은 조직의 내부 및 외부환경에서 발생하는 정보자료를 정형화된 구조를 통해 수집, 저장, 처리하여 경영자가 효율적인 의사결정을 행할 수 있게끔 유용한 정보로 전환하는 정보체계를 의미한다.

• 정보관리시스템은 법적인 규제를 확인할 수 있도록 하고, 각종 거래에서 수반되는 요구조건들이 충족되고 있는지를 확인시켜 주며, 기획·통제·의사결정 등에 필요한 경영정보를 산출시켜 주고, 외부에서 요구하는 다양한 종류의 보고서들을 제공해 줄 수 있다.

정답 ①

(13회 기출)

02) 사회복지조직에서 정보관리 체계가 필요한 이유를 모두 고른 것은?

> ㄱ. 상시적인 평가와 환류　　　ㄴ. 서비스 질에 대한 모니터링
> ㄷ. 조직성과의 대내외적 제시　　ㄹ. 유관기관 간 서비스 연계

① ㄱ, ㄴ, ㄷ　　　　　② ㄱ, ㄷ　　　　　③ ㄴ, ㄹ

④ ㄹ　　　　　⑤ ㄱ, ㄴ, ㄷ, ㄹ

해설

정보관리의 필요성

• 정보 자체의 요인: 사회복지서비스를 제공함에 있어 엄청난 양의 정보를 적시적소에 이용하기 위해서는 정보관리가 필요하다.

• 합리적인 정책결정: 합리적인 정책결정에 도움이 될 수 있는 정보를 수집·분석·가공하여, 필요한 경우 즉시 정책결정자에게 제공하여 도움을 줄 수 있어야 한다.

- 복지서비스 요구의 증가: 다양한 복지서비스(원격진료 · 상담 · 교육 · 쇼핑 · 뱅킹 · 재택근무 등)를 효과적으로 전달하기 위해서는 정보관리가 중요하다.
- 복지서비스 전달체계의 효율성 향상: 다양한 사회복지조직과 자원을 상호 연계시켜 줌으로써 서비스 전달체계의 효율성을 향상시키는 데 필요한 것이다.
- 복지서비스의 참여기회 확대: 정보사회에서 서비스의 제공자와 소비자 간의 의사소통장애를 제거함으로써 복지서비스의 참여기회를 확대
- 모든 국민의 삶의 질 향상: 정보사회에서 사회적 약자를 포함한 모든 국민의 삶의 질을 향상시킬 수 있는 기회를 제공한다.

정답 ⑤

중요도 ★★ (12회 기출)

03) 지식기반시스템(Knowledge-Based System)에 관한 설명으로 옳지 않은 것은?

① 정보제공과 보고에 초점을 두고 있다.

② 전문가시스템, 사례기반추론, 자연음성체계 등이 있다.

③ 전문가들 사이에서 의견이 다를 수 있어 의사결정이 모호해질 수 있다.

④ 복잡하고 어려운 정보기술이 필요하다.

⑤ 상황 · 유형별 다양한 정보의 축적이 필요하다.

해설

관리정보시스템(Management Information System, MIS)은 많은 독립된 자료처리과정을 통합시키고, 단계별로 조직에게 도움을 주며, 보고의 형식으로 정보를 만들어 낸다.

정답 ①

중요도 ★★ (11회 기출)

04) 사회복지 기관의 정보관리에 관한 설명으로 옳지 않은 것은?

① 정보관리의 용도가 의사결정의 질을 높이는 방행으로 확장되고 있다.

② 정보관리를 위해서는 전산화가 필수조건이다.

③ 정보관리 시스템 설계에 현장 서비스 인력의 참여가 중요하다.

④ 정보관리에서 조직 간 수준의 개방성이 강조되고 있다.

⑤ 클라이언트정보의 통합시스템을 대표하는 예가 트래킹 시스템(tracking system)이다.

해설

사회복지조직에서 활용될 수 있는 관리정보체계의 개념과 전산화는 구별되어야 한다. 전산화가 자동적으로 자료를 수집하고 정리하는 것이라고 한다면, 정보체계는 이러한 전산화를 사회복지조직의 목적과 조직의 성과에 초점을 두고 활용하는 방법에 관한 것이라고 할 수 있다.

정답 ②

중요도 ★★

05) 정보관리체계에 관한 설명으로 옳지 않은 것은?

① 포괄적인 의미에서 정보관리체계는 사람·절차·기술의 집합체이다.

② 운영정보시스템(OIS)은 하위관리자의 업무에 필요한 정보를 제공한다.

③ 관리정보체계(MIS)는 지식기반체계(KBS)를 보완하기 위해 개발되었다.

④ 업무수행지원체계(PSS)는 1990년대 정보기술 발달에 힘입어 개발되었다.

⑤ 우리나라의 경우 2010년 1월부터 사회복지통합관리망이 개통·운영되고 있다.

해설

지식기반시스템(Knowledge-Based System, KBS)은 클라이언트와 직접 서비스 제공자의 상호작용을 지원하기 위한 복잡성을 다루고 있으므로 MIS가 KBS를 보완하기 위해 개발되었다는 설명은 옳지 않다.

• 관리정보시스템(Management Information System, MIS): 의사결정을 내리는 데 필요한 정보를 제공하고 이러한 과정에서 상 승작용을 할 수 있는 체계를 조직하며 일상적이고 구조화된 의사결정의 능률향상에 목적이 있다.

정답 ③

〈프로그램의 개발〉

중요도 ★★★   (17회 기출)

01) 사회복지프로그램 기획과정에서 대상인구 규정에 관한 설명으로 옳은 것은?

① 위험인구란 프로그램 수급자격을 갖춘 사람을 말한다.

② 클라이언트인구란 프로그램에 실제 참여하는 사람을 말한다.

③ 일반인구란 프로그램이 해결하려는 문제에 취약성이 있는 사람을 말한다.

④ 일반적으로 표적인구가 일반인구보다 많다.

⑤ 자원이 부족하면 클라이언트인구가 표적인구보다 많아진다.

> **해설**
>
> 프로그램대상은 일반인구, 위기인구, 표적인구, 클라이언트인구로 구분할 수 있다.
> - 일반인구: 어려움을 겪고 있거나 욕구가 있는 전체 인구를 말한다.
> - 위기인구: 일반인구 중에서 문제에 노출된 집단을 말한다.
> - 표적인구: 위기인구 중 프로그램을 통해 문제해결의 대상으로 삼는 집단이다.
> - 클라이언트인구: 표적인구 중 실제 프로그램에 참여한 사람을 말한다.
> - 인구집단의 크기: 일반인구 〉 위기인구 〉 표적인구 〉 클라이언트인구
>
> 정답 ②

중요도 ★★   (13회 기출)

02) 브래드쇼(J. Bradshaw)의 다차원적 욕구 규정에 관한 설명으로 옳지 않은 것은?

① 규범적(normative) 욕구는 지역 주민의 원함(wants)에서 파악된 문화적 규준을 따른다.

② 비교적(comparative) 욕구는 집단 간 상대적 수준의 차이를 고려한다.

③ 느껴진(felt) 욕구는 잠재적 대상자들이 스스로 인지하는 것을 기준으로 삼는다.

④ 표현된(expressed) 욕구는 대기자 명단 등에 나타난 사람들의 요구 행위를 근거로
한다.

⑤ 위의 욕구들이 중첩될수록 프로그램화의 필요성은 증가한다.

> **해설**
>
> 지역 주민의 원함(wants)에서 파악된 문화적 규준을 따른 욕구는 감촉적 욕구이다.
> - 감촉적 욕구는 욕구상태에 있는 당사자의 느낌에 의하여 인식되는 욕구로서 사람들이 욕구로 생각하는 것 또는 욕구되어야 한
>   다고 느끼는 것을 의미하며, 어떤 욕구의 상태에 있는지 또한 어떤 서비스를 필요로 하는지를 물어보아서 파악하는 욕구이다.
>
> 정답 ①

03) 지역사회 욕구조사를 위한 자료수집의 기법으로 다음에 해당하는 것은?

> • 수집될 정보의 내용이 사전에 결정되어 있지 않다.
> • 지역사회의 전반적인 분위기를 파악하는 데 유리하다.
> • 주민의 가치나 태도, 의견을 직접 파악하면서도 비용이 적게 든다.
> • 의견 수렴의 대표성 확보가 어려울 수 있다.

① 델파이 기법   ② 지역사회 포럼   ③ 지역주민 서베이
④ 주요 정보제공자 조사   ⑤ 지역사회 이차자료 조사

해설

지역사회 포럼(지역사회 공개토론회)은 지역사회에 거주하거나 활동하는 사람들이 그들의 생활경험이나 관찰 또는 정보를 통하여 지역의 사회적 욕구나 문제 등을 잘 알고 있다는 전제하에 조사자가 지역사회의 모든 사람들이 참여할 수 있는 공개적인 모임을 주선하여 이 모임에서 논의되는 지역사회의 욕구나 문제들을 파악하는 방법이다.   정답 ②

04) 소수의 이해관계자(12~15명 정도)를 모아 자유롭게 의견을 개진하고 토론하게 하여 문제를 깊이 파악할 수 있는 욕구조사 방법은?

① 델파이   ② 지역사회 공개토론회   ③ 명목집단기법
④ 서베이조사   ⑤ 초점집단조사

해설

초점집단조사(주요 정보제공자)는 조직의 서비스 제공자, 인접 직종의 전문직 종사자, 지역 내의 사회복지조직의 대표자, 공직자 등을 포함하는 지역사회 전반의 문제에 대하여 잘 알고 있는 것으로 인정되는 주요 정보제공자들을 대상으로 하는 욕구조사방법 이다.   정답 ⑤

05) 종합사회복지관이 학업 중도탈락 청소년 대상의 프로그램 개발을 시도한다. 이때 학교 교사들과 학교사회복지사들을 대상으로 심층면접과 간담회를 통해 필요한 서비스를 파악하고자 한다면, 이에 해당하는 자료수집 기법은?

① 델파이기법   ② 2차자료 분석   ③ 서베이조사
④ 주요 정보제공자 조사   ⑤ 사회지표분석

해설

주요 정보제공자는 조직의 서비스 제공자, 인접 직종의 전문직 종사자, 지역 내의 사회복지조직의 대표자, 공직자 등을 포함하는 지역사회 전반의 문제에 대하여 잘 알고 있는 것으로 인정되는 사람들이다.   정답 ④

06) 프로그램의 성과목표를 작성하는 SMART 기준에 해당하지 않는 것은?

① 구체적(Specific) ② 측정가능(Measurable)

③ 획득가능(Attainable) ④ 관계지향적(Relation-oriented)

⑤ 시간관련(Time-related)

해설

목표는 SMART해야 한다. 구체적이고(Specific), 측정 가능해야 하며(Measurable), 행동지향적이고(Action-oriented), 현실적이며(Realistic), 적시성이 있어야(Timely)한다.
• A는 Attainable 또는 Achievable(달성 가능)로 사용되는 경우도 있다.

정답 ④

07) 다음 예시에 해당하는 욕구유형은?

정부가 제시한 노인인구 천 명당 적정 병원수로 A지역의 보건의료서비스 욕구를 파악하였다.

① 규범적 욕구 ② 표출적 욕구 ③ 비교적 욕구

④ 인지적 욕구 ⑤ 생존의 욕구

해설

규범적 욕구는 전문가, 행정가 또는 사회과학자 등이 욕구의 상태를 규정하는 것으로, 상황이나 환경이 질적·양적으로 측정되어 문제로서 인정되기 위한 어떤 기준이나 규범에 부합하는 욕구이며 사회적 관습, 권위, 일반적 여론에 의해 확립된 표준이나 기준, 유사한 지역사회에 대한 조사나 전문가들의 의견으로부터의 목표수립, 기존 자료의 서비스 수준과 비교 가능한 비율로 표시되는 욕구 등이다.

정답 ①

〈프로그램의 평가〉

(17회 기출)

중요도 ★★★

01) 사회복지평가의 유형에 관한 설명으로 옳은 것은?

① 총괄평가는 주로 프로그램 개발을 목적으로 한다.

② 형성평가의 대표적인 예는 효과성 평가이다.

③ 총괄평가는 모니터링 평가라고도 한다.

④ 형성평가는 목표달성도에 주된 관심을 갖는다.

⑤ 총괄평가는 성과와 비용에 관심이 크다.

해설

총괄평가(목표 지향적): 프로그램 종결 후 결과를 평가대상으로 효과를 파악하는 것이며, 프로그램이 달성하고자 했던 목표를 얼마나 잘 성취했는가의 여부를 평가한다.   정답 ⑤

(17회 기출)

중요도 ★★★

02) 사회복지 평가기준과 내용이 바르게 연결된 것은?

① 노력: 클라이언트의 변화정도로 측정함

② 효율성: 목표달성 정도로 측정됨

③ 효과성: 대안비용과의 비교로 측정됨

④ 영향: 서비스가 인구집단에 형평성이 있게 배분된 정도로 측정함

⑤ 과정: 절차나 규정준수 여부 등으로 측정됨

오답노트

① 노력: 프로그램에 투입된 자원 및 활동의 양과 질을 말한다.
② 효율성: 투입자원 대비 산출·성과의 비율이다.
③ 효과성: 당초에 설정한 성과목표의 달성여부를 말한다.
④ 영향: 프로그램이 의도했던 사회문제해결에 어느 정도 기여했는지 여부를 말한다.   정답 ⑤

(16회 기출)

중요도 ★★★

03) 사회복지 평가기준과 그 설명으로 옳지 않은 것은?

① 효과성은 목표달성 정도를 의미한다.

② 영향성은 사회집단 간 얼마나 공평하게 배분되었는가를 의미한다.

③ 노력성은 프로그램을 위해 동원한 자원 정도를 의미한다.

④ 서비스 질은 이용자의 욕구충족 수준과 전문가의 서비스 제공여부 등을 의미한다.

⑤ 효율성은 투입 대비 산출을 의미한다.

영향성(Impact)은 프로그램이 의도했던 사회문제해결에 어느 정도 기여했는지를 점검 받는 평가이다.
• 형평성: 사회집단 간 얼마나 공평하게 배분되었는가를 의미한다.

정답 ②

04) 사회복지서비스 성과평가의 내용으로 옳은 것을 모두 고른 것은?

> ㉠ 아동의 자아존중감 향상 정도를 평가한다.
> ㉡ 유사한 취업프로그램의 1인당 취업비용을 비교한다.
> ㉢ 프로그램 참여자의 취업률을 측정한다.

① ㉠   ② ㉡   ③ ㉠, ㉢   ④ ㉡, ㉢   ⑤ ㉠, ㉡, ㉢

성과평가(총괄평가)는 프로그램이 종료된 이후 효율성이나 효과성 등을 평가하는 것이다.

정답 ⑤

05) 프로그램 평가기준과 요소가 옳게 연결된 것은?

① 효과성 – 예산절감
② 효율성 – 클라이언트의 만족도
③ 영향성 – 동일한 접근 기회 제공
④ 서비스 질 – 서비스 인력의 자격증 보유
⑤ 노력성 – 프로그램 참여자의 행동변화

서비스의 질(Quality)은 서비스의 탁월성이나 우수성에 대한 전반적인 판단이나 태도를 의미하며, 서비스제공 방법 등이 전문적 기준에 적합한지를 검토하며 제대로 된 서비스가 주어졌는지 여부를 판단하는 것이다.

① 예산의 절감은 효율성과 관련된다.
② 클라이언트의 만족도는 만족도와 관련된다.
③ 동일한 접근 기회의 제공은 형평성과 관련된다.
⑤ 프로그램 참여자의 행동변화는 효과성과 관련된다.

정답 ④

중요도 ★★

06) 평가에 관한 설명으로 옳지 않은 것은?

① 평가의 부작용으로 새로운 시도를 어렵게 할 수 있다.

② 형성평가는 프로그램의 수정·변경·중단에 대한 여부를 결정한다.

③ 평가의 목적 중 하나는 사회적 요구를 파악하는 것이다.

④ 평가는 서비스에 대한 책임성을 향상시킬 수 있다.

⑤ 비용-편익(cost-benefit)분석은 효과성을 측정하며 타 프로그램과의 비교를 포함한다.

해설

비용-편익분석은 효율성 평가로 프로그램 비용과 성과 간의 관계를 화폐적 단위로 나타내는 것이다.

정답 ⑤

중요도 ★★★

07) 빈 칸에 알맞은 것은?

> 프로그램 체계에서 (ㄱ)과(와) (ㄴ)은(는) 흔히 혼잡스럽게 사용된다. 그럼에도 이를 구분하는 것은 프로그램의 이론적 발전뿐만 아니라, 내·외부적 책임성을 제시하는 데도 중요하다.
> (ㄱ)은(는) 프로그램이 의도하는 변화 목적의 성취 상태를 나타내야 하고,
> (ㄴ)은(는) (ㄱ)을(를) 위한 프로그램 활동의 직접적 결과 상태를 제시하는 것이어야 한다.

① ㄱ: 지표 ㄴ: 산출   ② ㄱ: 산출 ㄴ: 성과   ③ ㄱ: 성과 ㄴ: 산출

④ ㄱ: 투입 ㄴ: 지표   ⑤ ㄱ: 산출 ㄴ: 투입

해설

• 성과: 프로그램을 통해 얻어지는 단기적인 효과, 사업의 목적과 관련된 내용을 담고 있는 클라이언트와 지역사회의 바람직한 변화

• 산출: 프로그램 활동으로 나타난 직접적인 결과물로서 구체적인 수치나 양으로 표시, 사업 종결 후 나타나는 객관적 산출물

정답 ③

중요도 ★★★

08) 프로그램의 효율성 평가를 위하여 성과를 화폐적 가치로 환산해서 비용과 대비해 보는 방법은?

① 비용 – 편익 분석　　② 비용 – 임계 분석　　③ 비용 – 산출 분석

④ 비용 – 재무 분석　　⑤ 비용 – 효과 분석

효율성 평가에는 비용 – 효과 분석과 비용 – 편익 분석이 있다.

• 비용–편익 분석은 프로그램 비용과 성과 간의 관계를 화폐적 단위로 평가하는 것이며, 비용–효과 분석은 성과에 대한 화폐 단위 환산을 시도하지 않고, 동일한 목표를 가진 프로그램들에 드는 비용을 각각 비교하여, 최소 비용으로 최대 효과를 내는 프로그램을 분석해하는 방법이다.

정답 ①

　　(12회 기출)

09) 다음 중 효과성을 평가하는 평가방법 또는 도구에 해당하는 것을 모두 고른 것은?

> ㄱ. 비용–편익 분석(Cost-Benefit Analysis)
>
> ㄴ. 노력의 양 측정
>
> ㄷ. 서비스 단위당 비용
>
> ㄹ. 목표달성척도(Goal Attainment Scale)

① ㄱ, ㄴ, ㄷ　　　　② ㄱ, ㄷ　　　　③ ㄴ, ㄹ

④ ㄹ　　　　⑤ ㄱ, ㄴ, ㄷ, ㄹ

효과성평가는 프로그램의 목표달성 정도를 평가하는 것이고, 효율성평가는 투입자원 대비 산출성과의 비율을 평가하는 것이다.

ㄱ. 비용–편익 분석(Cost–Benefit Analysis)은 효율성을 평가하는 방법이다.

ㄴ. 노력의 양 측정은 노력성을 평가하는 방법이다.

ㄷ. 서비스 단위당 비용은 효율성을 평가하는 방법이다.

정답 ④

　　(12회 기출)

10) 형성평가에 관한 설명으로 옳은 것은?

① 성과와 비용에 관심을 둔다.

② 과정 중 프로그램 개선을 위한 정보수집이 강조된다.

③ 목표지향적이다.

④ 전문적인 외부 평가가 우선된다.

⑤ 평가를 위하여 고정화된 틀이 필요하다.

형성평가는 프로그램의 개발, 개선과정에서 실시되고 기관 자체평가의 특성이 강하며, 외부평가자에 의해서도 시행될 수 있다.

정답 ②

　　　　　　　　　　　　　　　　　　　　　　(12회 기출)

11) 다음에 해당하는 평가기준은?

> • 프로그램의 전문성을 강조하며 제대로 된 서비스가 주어졌는지 여부를 판단하
> 는 것
> • 서비스의 우월성과 관련된 전반적인 판단

① 노력성(effort)　　　② 효율성(efficiency)　　　③ 효과성(effectiveness)
④ 질(quality)　　　　⑤ 영향(impact)

서비스의 질(Quality)은 서비스의 탁월성이나 우수성에 대한 전반적인 판단이나 태도를 의미하며, 서비스제공 방법 등이 전문적 기준에 적합한지를 검토하며 제대로 된 서비스가 주어졌는지 여부를 판단하는 것이다.
• 서비스를 통해 클라이언트(개인, 가족, 집단, 지역사회 등)의 변화 등을 평가하는 것이다. 서비스의 질을 측정하는 방법으로는 동료리뷰나 클라이언트의 서비스 만족도 조사, 단일사례분석, 서비스 질을 보증하는 대외적 전문 자격증이나 수료증, 품질인증 (ISO 9000) 등이 있다.

정답 ④

　　　　　　　　　　　　　　　　　　　　　　(11회 기출)

12) 프로그램의 평가방법에 관한 설명으로 옳은 것은?

① 성과평가 – 프로그램에 투입된 자원의 양을 평가함
② 모니터링평가 – 평가방법을 평가함
③ 정성평가 – 프로그램 운영을 목표에 비추어 감시하고 운영과정에 피드백
④ 메타평가 – 프로그램 종료 후 목표달성 정도를 평가함
⑤ 형성평가 – 프로그램 운영 과정 중 개선이나 변화 필요성에 대한 결정을 도움

형성평가(과정 중심적): 프로그램의 진행 중 문제점을 찾아내고 수정·보완할 목적으로 실시하는 평가이며, 바람직한 운영전략을 수립하게 한다.

① 프로그램에 투입된 자원의 양을 평가하는 것은 정성평가에 해당된다.
② 평가방법을 평가하는 것은 메타평가이다.
③ 프로그램 운영을 목표에 비추어 감시하고 운영과정에 피드백하는 것은 모니터링이다.
④ 프로그램 종료 후 목표달성 정도를 평가하는 것은 성과평가이다.

정답 ⑤

(11회 기출)

중요도 ★

13) ( )에 들어갈 프로그램 평가기준과 지표의 연결이 옳은 것은?

> - (ㄱ) - 프로그램에 참여한 사회복지사의 수와 활동시간
> - (ㄴ) - 프로그램 단위 요소 당 투입된 예산
> - (ㄷ) - 클라이언트의 문제해결 능력 향상도

	(ㄱ)	(ㄴ)	(ㄷ)
①	노력	효율성	효과성
②	서비스 질	과정	효율성
③	과정	효과성	서비스 질
④	노력	공평성	과정
⑤	공평성	효율성	효과성

해설

- 노력성: 프로그램에 투입된 자원 및 활동의 양과 질을 말한다.
- 효율성: 투입자원 대비 산출 · 성과의 비율을 말한다.
- 효과성: 당초에 설정한 성과목표의 달성여부를 말한다.

정답 ①

(11회 기출)

중요도 ★★★

14) 결혼이주여성의 사회경제적 자립을 목적으로 하는 프로그램에서 성과목표로 설정하기에 적절한 것은?

① 참여자의 직업훈련 프로그램 수료율을 70% 이상으로 한다.

② 전문강사를 위한 교육을 주 4시간 실시한다.

③ 프로그램 참여 만족도를 80% 이상으로 한다.

④ 참여자의 취업률을 50% 이상으로 한다.

⑤ 프로그램 운영 기간 중 참여자 자녀를 위한 놀이방을 운영한다.

해설

성과목표는 프로그램을 통해 얻어지는 단기적인 효과를 나타내므로 사회경제적 자립을 위한 취업률이 성과목표라고 할 수 있다.

정답 ④

(10회 기출)

중요도 ★★

15) 프로그램 평가유형과 그 설명의 연결이 옳은 것은?

ㄱ. 프로그램의 효율성과 효과성을 평가한다.

ㄴ. 조사연구기관이 프로그램을 평가한다.

ㄷ. 서비스 대상자에 대한 프로그램 만족도를 평가한다.

ㄹ. 양적 및 질적방법으로 프로그램 과정을 평가한다.

	ㄱ	ㄴ	ㄷ	ㄹ
①	총괄평가	외부평가	프로그램평가 형	성과평가
②	형성평가	기관평가	내부평가	총괄평가
③	기관평가	내부평가	활용지향적 평가	영향평가
④	내부평가	옹호적 평가	외부평가	총괄평가
⑤	기관평가	외부평가	활용지향적 평가	영향평가

해설

• 총괄평가 – 프로그램의 효율성과 효과성을 평가한다.

• 외부평가 – 조사연구기관이 프로그램을 평가한다.

• 프로그램평가 – 서비스 대상자에 대한 프로그램 만족도를 평가한다.

• 형성평가 – 양적 및 질적방법으로 프로그램 과정을 평가한다.

정답 ①

〈논리모델(logic model)〉

01) 논리모델을 적용하여 치매부모부양 가족원 스트레스 완화 프로그램을 설계했을 때 옳은 것을 모두 고른 것은?

> ㉠ 투입: 스트레스 완화 프로그램 실행비용 1,500만원
>
> ㉡ 활동: 프로그램 참여자 스트레스 완화
>
> ㉢ 산출: 상담전문가 10인
>
> ㉣ 성과: 치매부모 부양 가족원 삶의 질 향상

① ㉠   ② ㉠, ㉣   ③ ㉡, ㉢   ④ ㉢, ㉣   ⑤ ㉡, ㉢, ㉣

해설

논리모델의 구성요소
- 투입: 사회복지프로그램에 필요한 인적·물적 자원이다.
- 성과: 프로그램의 이용이후 클라이언트에게 나타난 긍정적 변화이다.   정답 ②

02) 논리모델을 적용한 '독거노인 사회관계형성 프로그램'의 내용으로 옳지 않은 것은?

① 투입: 독거노인 20명, 사회복지사 2명

② 활동: 자원봉사자 모집, 사회성 향상 프로그램 실시

③ 산출: 교육시간, 출석률

④ 성과: 노인의 자살률 감소, 노인부양의식 향상

⑤ 영향: 지역의 독거노인 관심도 향상

해설

노인의 자살률 감소의 감소는 성과이나 노인부양의식 향상은 영향에 해당되며, 성과는 프로그램에 참여한 클라이언트의 변화, 즉 얻어지는 단기적인 효과를 말한다.   정답 ④

03) 프로그램 평가의 로직모형(logic model)에서 다음에 해당하는 구성요소는?

> 태도, 지식, 기술 등 프로그램 종료 후 구체적으로 나타나는 참여자의 내적인 변화

① 활동(activity)   ② 개선(improvement)   ③ 투입(input)

④ 환류(feedback)   ⑤ 성과(outcome)

성과는 프로그램을 통해 얻어지는 단기적인 효과를 말한다.   정답 ⑤

(13회 기출)
04) 프로그램 기획이 합리적으로 수행될 때 따르는 논리적인 순서는?

ㄱ. 목적 설정	ㄴ. 실행	ㄷ. 프로그래밍
ㄹ. 평가	ㅁ. 문제 확인	

① ㄱ - ㄴ - ㄷ - ㄹ - ㅁ   ② ㄴ - ㄹ - ㅁ - ㄱ - ㄷ

③ ㄷ - ㄴ - ㅁ - ㄱ - ㄹ   ④ ㄹ - ㅁ - ㄷ - ㄱ - ㄴ

⑤ ㅁ - ㄱ - ㄷ - ㄴ - ㄹ

프로그램 기획의 논리적인 순서: 문제 확인 - 목적 설정 - 프로그래밍 - 실행 - 평가   정답 ⑤

(13회 기출)
05) 프로그램 논리모델에서 산출(outputs)을 나타내는 기준으로 적절하지 않은 것은?

① 이용자의 서비스 참여 횟수   ② 서비스 종료 여부

③ 서비스에 소요된 비용   ④ 서비스 제공자와 이용자 간 접촉 건수

⑤ 이용자가 서비스를 활용한 총시간

서비스에 소요된 비용은 투입(프로그램에 사용되는 모든 종류의 자원)에 해당되며, 산출은 프로그램 활동으로 나타난 직접적인 결과물로서 구체적인 수치나 양으로 표시된다.
정답 ③

(12회 기출)
06) 학교폭력예방 교육프로그램을 논리모델(Logic Model)로 구성하였을 때 연결이 옳은 것은?

ㄱ. 자원봉사자 ○○명 및 외부강사 ○명
ㄴ. 학교 내 안전감 증가
ㄷ. 학생참여율

185

① ㄱ: 투입, ㄴ: 영향, ㄷ: 산출   ② ㄱ: 투입, ㄴ: 활동, ㄷ: 산출

③ ㄱ: 활동, ㄴ: 성과, ㄷ: 영향   ④ ㄱ: 산출, ㄴ: 성과, ㄷ: 영향

⑤ ㄱ: 성과, ㄴ: 영향, ㄷ: 투입

논리모델의 구성요소
- 투입: 프로그램에 사용되는 모든 종류의 자원을 말한다.
- 활동: 목표달성을 위해 프로그램 교육·개입·조직화 등을 수행하는 활동을 말한다.
- 산출: 프로그램 활동으로 나타난 직접적인 결과물로서 구체적인 수치나 양으로 표시한다.
- 성과: 프로그램을 통해 얻어지는 단기적인 효과를 말한다.
- 영향: 장기적으로 나타나는 궁극적 성과로서 의도하였던 기대효과, 즉 현재 문제 상황이 프로그램을 통해 변화되고 해소된 상태를 말한다.

정답 ①

중요도 ★★★   (11회 기출)

07) 프로그램의 논리모형(logic model)에 관한 설명으로 옳지 않은 것은?

① 체계이론을 기반으로 한다.

② 모든 프로그램은 목적과 목표를 갖는다.

③ 프로그램 요소들을 '투입 – 활동 – 산출 – 성과'로 구조화한다.

④ 프로그램 요소들 간의 인과관계를 가정한다.

⑤ 성과는 활동을 통한 직접 산출물을 의미한다.

성과는 프로그램을 통해 얻어지는 단기적인 효과를 의미하며, 산출은 활동을 통한 직접 산출물을 의미한다.

정답 ⑤

중요도 ★★★★   (10회 기출)

08) 장애인 직업재활프로그램을 논리모델로 구성하였을 때 연결이 올바른 것은?

① 투입 – 교육회기 수   ② 성과 – 취업

③ 산출 – 제빵기술교육   ④ 활동 – 장애인

⑤ 영향 – 장애발생률 감소

논리모델의 구성요소 참조

정답 ②

〈사회복지마케팅과 홍보〉

중요도 ★★   (17회 기출)

01) 일반적인 마케팅믹스(4P) 전략에 포함되지 않는 것은?

① 가격(price)　　　　② 촉진(promotion)　　　　③ 성과(performance)

④ 유통(place)　　　　⑤ 상품(product)

해설

마케팅믹스(4P)는 마케팅믹스(Marketing Mix)란 표적시장에서 마케팅목표를 달성하기 위해 수단을 종합적으로 결정하는 전략(제품, 가격, 유통, 촉진)을 말한다.　　　　　　　　　　　　　　　　　　　　　　　정답 ③

중요도 ★★   (16회 기출)

02) 다음 (　　　)에 해당하는 마케팅 기법은?

> (　　　　　)은 고객들이 A기업의 물품을 구입할 경우 A기업이 그 수입의 일정 비율
> 을 B복지관에 기부하는 방식이다.

① 공익연계 마케팅　　　　② 고객관계관리 마케팅　　　　③ 다이렉트 마케팅

④ 데이트베이스 마케팅　　⑤ 사회마케팅

해설

공익(기업)연계마케팅(CRM: Cause-Related Marketing)은 기업이 사회복지조직에 기부함으로써 이윤을 사회에 환원한다는 철학을 달성하는 방법으로 사회복지조직에 기부함으로써 기업의 이미지를 제고하여 상품의 판매를 촉진시킬 수 있는 하나의 홍보 전략이라고 할 수 있다.　　　　　　　　　　　　　　　　　　　　　　　정답 ①

중요도 ★★   (14회 기출)

03) 사회복지 마케팅믹스(Marketing Mix)의 4P에 해당하는 것은?

② 기획(plan)　　　　② 사람(person)　　　　③ 과정(process)

④ 촉진(promotion)　　⑤ 성과(performance)

해설

마케팅믹스(4P)는 마케팅믹스(Marketing Mix)란 표적시장에서 마케팅목표를 달성하기 위해 수단을 종합적으로 결정하는 전략을 말한다.

- 제품(Product): 소비자의 욕구를 충족시키는 재화를 총칭하며 물질·서비스·사람·장소·조직·아이디어 등을 의미한다.
- 가격(Price): 상품과 서비스에 대한 대가로 지불해야 하는 제품의 화폐가치를 말하며, 기업의 시장점유율과 수익성을 결정하는 가장 중요한 요소이다.
- 유통(Place): 소비자에게 이용되어질 수 있게 만드는 장소를 의미한다.
- 촉진(Promotion): 잠재고객 또는 표적시장 고객에게 어떤 제품이 얼마의 가격으로 어디에서 판매된다고 알리고 다른 경쟁제품과의 차별화를 강조하는 등의 제반 활동을 말한다.

정답 ④

04) 사회복지서비스에서 다음의 전략들은 무엇을 높이기 위해 공통적으로 사용되는가?

> - 아웃리치
> - 클라이언트와의 신뢰구축
> - 홍보
> - 서비스 조직의 개선
> - 정보 및 의뢰

① 효율성 ② 합리성 ③ 체계성 ④ 활용성 ⑤ 공평성

해설

사회복지서비스의 활용을 증진하는 방법의 하나는 서비스 프로그램과 그 자격요건을 그 지역사회에 널리 홍보하는 것이다. 최근의 상황은 사회복지조직에도 경쟁이 필요하다는 인식의 전환이 요구되고 있어 라디오나 TV 등 영향력 있는 대중매체를 이용하는 홍보방법이 선호되고 있다.

정답 ④

05) 아동학대 예방 운동과 같이 대중의 행동 변화를 통해 공익을 실현하기 위한 마케팅 기법은?

① 기업연계마케팅 ② 사회마케팅 ③ 데이터베이스마케팅
④ 고객관계관리마케팅 ⑤ 인터넷마케팅

해설

사회마케팅(SM: Social Marketing)은 공중의 행동변화를 위한 마케팅기법으로서, 공익을 실현하기 위한 집단적이고 조직적인 노력을 의미한다.

정답 ②

06) 사회복지 기관에서 마케팅의 중요성이 대두되는 배경으로 옳지 않은 것은?

① 서비스 이용자의 선택권 확대
② 서비스 제공 조직들 간 경쟁 증가
③ 고객 중심의 서비스 제공 요구 증가
④ 사회서비스 분야의 서비스구매계약(POSC) 확대
⑤ 사회적 돌봄 서비스의 시장 방식 공급 확대

마케팅의 필요성

- 사회복지조직도 영리기업과 마찬가지로 소비자(이용자 혹은 클라이언트)와의 관계, 서비스의 존재, 교환의 발생 그리고 시장 및 경쟁의 존재 등과 같이 본질적으로 유사한 성격이 많기 때문에 마케팅은 사회복지조직에서도 필요하며 중요한 의의를 갖는다.
- 사회복지조직이 필요한 자원봉사자를 모집하고, 더 많은 후원자를 개발하며, 후원금을 확보하기 위해 노력해 왔다는 사실은 오래 전부터 마케팅을 실행해 오고 있음을 보여 주는 것으로서 사회복지조직 역시 체계적으로 마케팅을 도입, 활용할 필요성이 있는 것이다.
- ■ 서비스구매계약(Purchase of Service)
  - 정부기관이 서비스와 돈을 교환하는 조건으로 민간조직과 계약하여 적절한 서비스 대상자에게 서비스를 제공하도록 하는 구매자-공급자가 분리된 계약으로, 주로 가족상담, 취업교육, 노인주간보호프로그램, 아동육아서비스, 청소년멘토링프로그램, 약물중독, 상담, 주택보조, 이민자 건강평가 등이다.
  - 서비스구매계약방식은 조달계약과는 정부가 서비스의 직접 소비주체가 아니라는 점에서 차이점을 가지며, 구체적으로 어떤 서비스가 제공되어야 하는지와 재원의 사용처에 대한 구체적인 조건을 명시함으로 보조금과도 차이점을 가진다.

정답 ④

　　　　　　　　　　　　　　　　　　　　　　　　　　　　(10회 기출)

07) 사회복지마케팅에서 고려해야 할 서비스 특성으로 옳은 것은?

① 표준화된 서비스로 대량생산할 수 있다.

② 대체로 목표달성에 대한 측정이 가능하다.

③ 일반적으로 소비자가 서비스를 이용하기 전에 평가한다.

④ 서비스의 생산과 소비는 주로 분리된다.

⑤ 제공된 서비스를 반환하거나 되팔기 어렵다.

① 사회복지서비스는 클라이언트에 따라 다른 서비스가 제공되어야 하기 때문에 표준화된 서비스로 대량생산할 수 있는 것이 아니다.
② 마케팅의 목표는 SMART원칙에 따라 설정되어져야 하나 추상적이거나 복잡 다양한 목표가 많기 때문에 측정이 어렵다.
③ 사회복지서비스는 소비자가 서비스를 이용한 후에 평가가 이루어진다.
④ 서비스의 생산과 소비는 동시에 이루어진다.

정답 ⑤

　　　　　　　　　　　　　　　　　　　　　　　　　　　　(8회 기출)

08) 사회복지기관 마케팅 전략에 해당하지 않는 것은?

① 소비자 만족 중시　　　　　　② 비영리 조직의 사명 중시

③ 마케팅 믹스 고려　　　　　　④ 품질관리 강조

⑤ 생산자 관점 강화

사회복지기관의 마케팅이 성공하기 위해서는 생산자 관점이 아닌 소비자 관점이 강화되어야 한다.

정답 ⑤

⟨사회복지조직의 책임성과 평가⟩

(17회 기출)

중요도 ★★★

01) 성과평가에서 양적 지표 사용에 따른 부작용으로, 업무자들이 서비스 효과성 자체보다는 지표관리에만 치중하게 되는 현상은?

> • 사회복지서비스 평가로 인해 발생 가능한 부정적 현상이다.
>
> • 양적평가지표가 많을 때 증가되기 쉽다.
>
> • 평가지표 충족에만 관심이 집중화되어 서비스 효과성이 낮아질 수 있다.

① 레드테이프　　　　② 모듈화　　　　③ 옴부즈만

④ 기준행동　　　　⑤ 분절성

해설

성과관리의 위험성은 크리밍(creaming), 목적전치(goal displacement), 기준행동(criterion behavior) 등이 있다.
• 기준행동: 목표가 달성되었는지 의사결정 하는 데 사용되는 잣대라고 할 수 있는 평가기준(criteria)에 따라 행동하는 것으로 해석할 수 있다.

정답 ④

(16회 기출)

중요도 ★★

02) 사회복지사업법상 사회복지 시설평가에 관한 설명으로 옳은 것은?

① 보건복지부장관이 시설의 서비스 최저기준을 고려하여 평가기준을 정한다.

② 1977년 처음으로 시행되었다.

③ 보건복지부장관과 시·군·구의 장이 시설평가의 주체이다.

④ 4년마다 한 번씩 평가를 실시한다.

⑤ 시설평가결과를 공표할 수 없으나 시설의 지원에는 반영할 수 있다.

해설

사회복지사업법시행규칙 제27조의 2(시설의 평가)
• 보건복지부장관 및 시·도지사는 법 제43조의2에 따라 3년마다 시설에 대한 평가를 실시하여야 한다.
• 시설의 평가기준은 법 제43조제1항에 따른 서비스 최저기준을 고려하여 보건복지부장관이 정한다.
• 보건복지부장관과 시·도지사는 제1항에 따른 평가의 결과를 해당 기관의 홈페이지 등에 게시하여야 한다.

오답노트

• 1997년 사회복지사업의 개정으로 도입된 사회복지시설의 평가제도가 처음 시행된 것은 1999년이다.
• 보건복지부장관과 시·도시사가 시설평가의 주체이다.

정답 ①

중요도 ★★

03) 사회복지사업법령상 사회복지시설 평가에 포함된 서비스 최저기준의 적용 사항이 아닌 것은?

① 시설 이용자의 인권   ② 서비스의 과정 및 결과   ③ 지역사회 연계

④ 시설의 인력관리   ⑤ 시설의 마케팅 역량

해설

평가의 기준은 입소인의 적정성, 종사자의 전문성, 시설의 환경, 시설거주자에 대한 서비스의 만족도, 기타 시설의 운영개선에 필요한 사항 등이다(사회복지사업법 시행규칙 제27조 3항).   정답 ⑤

중요도 ★★

04) 사회복지조직이 책임성을 증진하기 위한 노력으로 옳지 않은 것은?

① 재정집행의 투명성을 높인다.

② 이해관계자들의 조직운영 참여를 늘린다.

③ 리더십 역할을 통해 조직혁신을 강조한다.

④ 조직에 대한 외부간섭을 배제한다.

⑤ 전문적이고 체계적인 평가제도를 운용한다.

해설

조직이 외부의 책임성 요구에 부응하도록 만들기 위해 조직외부의 다양한 의견에 대해서도 적극적으로 받아들이는 자세가 필요하다.   정답 ④

중요도 ★★★

05) 사회복지조직의 성과평가에서 성과수준을 결정할 때 고려할 사항이 아닌 것은?

① 성과수준은 현실적이어야 한다.

② 성과수준은 달성할 수 있어야 한다.

③ 성과수준은 목표가 달성되었을 때의 상태를 기술해야 한다.

④ 성과수준은 수량, 품질 등으로 표현되어야 한다.

⑤ 성과수준은 측정을 전제로 하는 것은 아니다.

해설

성과는 보통 사업의 목적과 목적 달성을 위한 하위목표들로 구성되는데, 각각의 하위목표에 따른 측정기준과 측정지표를 적절하게 구성해야 성과를 잘 측정할 수 있게 된다. 측정기준이란 목표를 잘 나타내는 잣대를 말하는데 대개 추상적으로 정의되므로 객관적으로 측정할 수 있는 것은 아니다. 지표는 이 기준을 구체적으로 측정하기 위한 항목이나 척도를 의미한다.   정답 ⑤

06) 사회복지조직이 책임성을 증진하기 위한 노력으로 옳지 않은 것은?

① 재정 집행의 투명성을 높인다.

② 이해관계자들의 조직운영 참여를 늘린다.

③ 리더십 역할을 통해 조직혁신을 강조한다.

④ 조직에 대한 외부간섭을 배제한다.

⑤ 전문적이고 체계적인 평가제도를 운용한다.

해설

조직이 외부의 책임성을 증진하기 위해서는 조직에 대한 긍정적인 외부간섭을 받아들여 조직운영에 반영하여야 한다.

보충노트

조직의 책임성 이행

• 사회복지가 사회의 제도적 활동이 되고 있다는 것은 사회복지조직이 사회로부터 사회복지활동을 할 수 있도록 인가를 받았고 인가를 받은 사회복지조직은 사회에 대하여 책임을 져야 하는 것을 의미한다.

• 프로그램 평가는 사회복지조직이 어느 정도 책임성을 발휘하고 있는지를 평가할 수 있는 중요한 자료가 되며, 프로그램 담당자로 하여금 더욱 더 책임성을 다하도록 하는 자극제가 된다.

• 평가의 결과는 사회복지조직의 이사회, 재정지원기관 등에 보고되고, 서비스수혜자에게도 전달 자료가 되는 것이다.

정답 ④

07) 성과평가에서 양적 지표 사용에 따른 부작용으로, 업무자들이 서비스 효과성 자체보다는 지표관리에만 치중하게 되는 현상은?

① 다운사이징(downsizing)　　　② 기준 행동(criterion behavior)

③ 매몰비용　　　④ 기회비용

⑤ 거버넌스(governnance)

해설

기준행동은 목표가 달성되었는지 의사결정 하는 데 사용되는 잣대라고 할 수 있는 평가기준(criteria)에 따라 행동하는 것으로 해석할 수 있다.

정답 ②

08) 사회복지시설 평가의 취지와 기대효과를 모두 고른 것은?

ㄱ. 사회복지 시설 운영의 객관적 기준 제시

ㄴ. 사회복지 시설 운영의 책임성 강화

ㄷ. 사회복지 시설의 투명성 제고

ㄹ. 사회복지 시설의 서열화 유도

① ㄱ, ㄴ, ㄷ   ② ㄱ, ㄷ   ③ ㄴ, ㄹ   ④ ㄹ   ⑤ ㄱ, ㄴ, ㄷ, ㄹ

해설

사회복지시설의 평가는 사회적 책임성을 담보하기 위한 조치이지 사회복지시설의 서열화를 유도하기 위한 것은 아니다.

보충노트

사회복지시설 평가
- 도입배경: 1998년 사회복지사업법의 개정을 통해 모든 사회복지시설은 3년 마다 최소 1회 이상 평가를 받도록 법제화됨
- 사업근거: 사회복지사업법 제43조 및 동법 시행령 제27조
- 평가의 목적
- 사회복지시설의 투명성과 서비스의 질 향상을 통한 사회복지시설 이용자와 국민의 복지수준 향상에 기여
- 사회복지시설 평가결과를 반영한 예산집행의 효율성 및 합리성 유도
- 사회복지시설 운영의 선진화 지원
- 사회복지 시설의 평가지표 추가개발 및 세부 유형별 평가지표의 보완을 통하여 평가의 타당도와 신뢰도를 향상   정답 ①

중요도 ★★★   (10회 기출)

09) 사회복지행정의 책임성의 기준으로 옳은 것을 모두 고른 것은?

> ㄱ. 명문화된 법적 기준이 있어야 한다.
> ㄴ. 사회복지행정 이념이 전제되어야 한다.
> ㄷ. 공익이 고려되어야 한다.
> ㄹ. 고객의 요구를 반영해야 한다.

① ㄱ, ㄴ, ㄷ   ② ㄱ, ㄷ   ③ ㄴ, ㄹ   ④ ㄹ   ⑤ ㄱ, ㄴ, ㄷ, ㄹ

해설

책임성의 원칙은 사회복지조직 자체가 국가 및 사회로부터 사회복지서비스를 전달하도록 위임받은 조직이라는 점에서 이들 조직은 사회복지서비스의 전달에 대하여 책임을 져야 한다는 원칙이다.   정답 ⑤

중요도 ★★★   (8회 기출)

10) 사회복지조직의 책임성이 강화된 요인으로 옳지 않은 것은?

① 후원금 관리의 투명성 의혹
② 시장과 시민사회의 역할 증대
③ 사회복지 조직의 민간 위탁운영 비중 증대
④ 사회복지 조직의 비민주적 운영 사례 발견
⑤ 사회복지전문가 수의 급감

해설

사회복지전문가의 수는 급격히 증가하고 있으며 이로 인해 전문가의 질적 수준 향상에 대한 논의가 이루어지고 있다.   정답 ⑤

〈사회복지조직의 환경〉

(17회 기출)

중요도 ★★

01) 사회복지조직의 환경에 관한 설명으로 옳은 것을 모두 고른 것은?

> ㉠ 인구사회학적 조건은 사회문제와 욕구를 가늠할 수 있게 한다.
> ㉡ 빈곤이나 실업에 대한 사람들의 태도는 정책수립과 실행에 영향을 미친다.
> ㉢ 과학기술의 발전 정도는 사회복지조직 운영에 영향을 미친다.
> ㉣ 조직에 미치는 영향에 따라 일반환경과 과업환경으로 구분할 수 있다.

① ㉢, ㉣　　　　　　② ㉠, ㉡, ㉢　　　　　　③ ㉠, ㉡, ㉣
④ ㉡, ㉢, ㉣　　　　　⑤ ㉠, ㉡, ㉢, ㉣

해설

㉠, ㉡, ㉢, ㉣ 모두 사회복지조직의 환경에 관한 설명에 해당된다.

정답 ⑤

(16회 기출)

중요도 ★★

02) 다음에서 설명하는 환경의존 전략은?

> • 사회적 약자를 대신해 권한을 가진 조직으로부터 양보를 얻는데 효과적일 수 있다.
> • 일시적으로 얻은 이익을 상쇄하는 반작용을 야기할 수 있다.
> • 표적조직이 평화적인 요구를 무시할 때 채택될 수 있다.

① 방해전략　　　　　　② 교환전략
③ 흡수전략　　　　　　④ 경쟁전략
⑤ 권위주의전략

해설

방해전략은 경쟁적 위치에 있는 다른 조직의 활동을 방해하거나 세력을 약화시키는 전략이다.

오답노트

③ 흡수전략: 과업환경 내 주요 조직의 대표자를 조직 정책수립기구에 참여시키는 전략이다.
④ 경쟁전략: 다른 조직들과 경쟁하여 세력을 증가시켜 서비스의 질과 절차, 행정절차 등을 매력적으로 만드는 것이며 질 높은 서비스와 클라이언트 관리, 친절한 서비스 등으로 경쟁우위 확보가 가능하다.
⑤ 권위주의전략: 조직이 자금과 권위를 충분히 획득할 경우 다른 조직간 교환관계와 조건들에서 유리한 위치에 설 수 있는 경우이며, 주장이나 권력을 사용하여 다른 조직의 행동을 이끌고 명령을 내리는 전략이다.

정답 ①

중요도 ★★

03) 사회복지조직 환경에 관한 설명으로 옳지 않은 것은?

① 조직과 상호작용하는 외부요소를 총칭한다.

② 경제적 조건은 조직의 재정적 기반 마련과 관련이 있다.

③ 조직 간의 의뢰 · 협력체계는 보충적 서비스 제공역할을 한다.

④ 법적 조건은 조직의 활동을 인가하는 기준이 된다.

⑤ 정치적 조건은 과업환경으로서 규제를 통해 사회적 기반을 형성한다.

해설

정치적 조건은 일반 환경이며, 사회복지조직이 가용 재정자원을 정부에 대부분 의존하고 있는 경우 자원분배를 통제하는 과정으로서 정치적 환경은 매우 중요하며 조직에 많은 영향을 미친다.

정답 ⑤

중요도 ★★

04) 사회복지조직 과업환경에 해당하지 옳지 않는 것은?

① 클라이언트   ② 재정자원 제공자

③ 보충적 서비스 제공자   ④ 문화적 조건

⑤ 경쟁조직

해설

일반 환경: 정치적 조건, 경제적 조건, 사회적 조건, 문화적 조건, 법적조건, 기술적 조건, 사회 · 인구학적 조건 등이 해당된다.

정답 ④

중요도 ★★

05) 사회복지조직의 외부환경에 관한 설명으로 옳지 않은 것은?

① 사회복지조직은 외부환경에 의존적이다.

② 시장 상황에서 활동하는 사회복지조직은 경쟁조직을 중요한 환경요소로 다룬다.

③ 우리나라 민간 사회복지조직은 정부재정 요소의 비중이 상대적으로 낮은 편이다.

④ 사회복지조직이 직접 상호작용하는 외부 집단들을 과업환경(task environment)이라 한다.

⑤ 「사회복지사업법」은 사회복지조직의 정당성과 권위를 제공하는 외부환경 중 하나이다.

재정자원의 제공자는 사회복지조직에 가장 큰 영향을 미치는 요인으로서, 중앙정부 · 지방정부 등의 공공부문과 개인 · 기업체 · 종교단체 등의 민간부문이다. 대부분의 재정은 정부보조에 의존하는 비율이 높다고 할 수 있으며, 이외의 부분은 재정자원의 제공자로부터 모금활동을 수행하고 사회복지조직에 배분하는 사회복지공동모금회 등이 있다.

정답 ③

중요도 ★★★　　　　　　　　　　　　　　　　　　　　　　　　　　　　　　　(10회 기출)

06) 우리나라 사회복지조직의 과업환경으로 볼 수 없는 것은?

① 정부의 재정보조금

② 자원을 놓고 경쟁하는 조직

③ 한국사회복지협의회, 한국사회복지사협회

④ 학교, 경찰, 청소년단체, 교회

⑤ 1인당 GDP, 실업률, 헌법 제34조

사회복지조직의 일반 환경은 모든 조직에 영향을 미치며 특별한 경우를 제외하고는 조직이 변경시킬 수 없는 환경인 반면, 과업환경은 사회복지조직에 직접적으로 영향을 미치며 또한 영향을 받는 환경을 의미한다. 1인당 GDP, 실업률, 헌법 제34조 등은 일반 환경에 해당된다.

① 정부의 재정보조금: 과업환경의 재정자원의 제공자에 해당된다.

② 자원을 놓고 경쟁하는 조직: 과업환경의 경쟁하는 조직들에 해당된다.

③ 한국사회복지협의회, 한국사회복지사협회: 과업환경의 보충적 서비스의 제공자에 해당된다.

④ 학교, 경찰, 청소년단체, 교회: 과업환경의 클라이언트의 제공자에 해당된다.

정답 ⑤

사회복지법제론

제1장 사회복지법의 개관

중요도 ★★★

01) 헌법규정의 내용 중 사회적 기본권으로 보기 어려운 것은?

① 모든 국민은 신체의 자유를 가진다.

② 모든 국민은 근로의 권리를 가진다.

③ 모든 국민은 인간다운 생활을 할 권리를 가진다.

④ 모든 국민은 능력에 따라 균등하게 교육을 받을 권리를 가진다.

⑤ 모든 국민은 건강하고 쾌적한 환경에서 생활할 권리를 가진다.

해설

헌법상 기본권의 개념

• 자유권적 기본권(헌법 제12조~제22조): 신체의 자유, 거주이전의 자유, 직업선택의 자유, 주거의 자유, 양심·종교의 자유 등이 있다.

• 사회권적 기본권(헌법 제31조~35조): 교육권, 근로3권, 인간다운 생활을 할 권리, 환경권 등이 있다.

정답 ①

중요도 ★★★

02) 헌법 규정 중 (   )안 들어갈 내용이 순서대로 옳은 것은?

> • 신체장애자 및 질병·노령 기타의 사유로 생활능력이 없는 국민은 (   )이 정하는 바에 의하여 국가의 보호를 받는다.
>
> • 지방자치단체는 주민의 복리에 관한 사무를 처리하고 재산을 관리하며, (   )의 범위 안에서 자치에 관한 규정을 제정할 수 있다.

① 대통령령, 법률   ② 법률, 대통령령   ③ 법률, 법령

④ 법령, 법률   ⑤ 대통령령, 법령

해설

헌법 제34조 제5항 및 제117조 제1항 참조

• 헌법 제34조 제5항: 신체장애자 및 질병·노령 기타의 사유로 생활능력이 없는 국민은 법률이 정하는 바에 의하여 국가의 보호를 받는다.

• 헌법 제117조 제1항: 지방자치단체는 주민의 복리에 관한 사무를 처리하고 재산을 관리하며, 법령의 범위 안에서 자치에 관한 규정을 제정할 수 있다.

정답 ③

중요도 ★★★

03) 사회복지법의 체계와 법원(法源)으로 옳은 것은?

① 시행령은 업무소관 부처의 장관이 발한다.

② 국무총리는 소관 사무에 관하여 법률의 위임 또는 직권으로 부령을 발할 수 있다.

③ 지방자치단체는 법령의 범위 안에서 자치에 관한 규정을 제정할 수 있다.

④ 장애인복지법시행규칙은 지방의회에서 제정한다.

⑤ 국민연금법시행령보다 국민연금법시행규칙이 상위의 법규범이다.

해설

지방자치법 제22조에서는 "지방자치단체는 법령의 범위 안에서 그 사무에 관하여 조례를 제정할 수 있다. 다만, 주민의 권리제한 또한 의무부과에 관한 사항이나 벌칙을 정할 때에는 법률의 위임이 있어야 한다"고 규정하고 있다.

오답노트

① 시행령은 대통령이 발하는 명령을 말하며, 시행규칙은 국무총리나 장관이 발하는 명령을 말한다.

② 국무총리 또는 행정 각부의 장은 소관 사무에 관하여 법률이나 대통령령의 위임 또는 직권으로 총리령 또는 부령을 발할 수 있다(헌법 제95조).

④ 장애인복지법시행규칙은 보건복지부장관이 제정한다.

⑤ 국민연금법시행령(대통령령)이 국민연금법시행규칙(부령)보다 상위의 법규범이다.

정답 ③

중요도 ★★★

04) 법률의 제정에 관한 헌법의 내용으로 옳은 것은?

① 법률은 국무회의의 의결을 거쳐 대통령이 제정한다.

② 대통령은 법률안의 일부에 대하여 재의를 요구할 수 있다.

③ 국무회의에서 의결된 법률안은 지체 없이 대통령이 공포한다.

④ 법률은 특별한 규정이 없는 한 공포한 날로부터 20일을 경과함으로써 효력을 발생한다.

⑤ 대통령이 15일 이내에 재의 요구를 하지 아니한 때에는 그 법률안은 폐기된다.

해설

헌법 제53조 제7항: 법률은 특별한 규정이 없는 한 공포한 날로부터 20일을 경과함으로써 효력을 발생한다.

보충노트

헌법 제53조 참조

① 국회에서 의결된 법률안은 정부에 이송되어 15일 이내에 대통령이 공포한다.

② 법률안에 이의가 있을 때에는 대통령은 제1항의 기간내에 이의서를 붙여 국회로 환부하고, 그 재의를 요구할 수 있다. 국회의 폐회 중에도 또한 같다.

③ 대통령은 법률안의 일부에 대하여 또는 법률안을 수정하여 재의를 요구할 수 없다.

④ 재의의 요구가 있을 때에는 국회는 재의에 붙이고, 재적의원과반수의 출석과 출석의원 3분의 2 이상의 찬성으로 전과 같은 의결을 하면 그 법률안은 법률로서 확정된다.

⑤ 대통령이 제1항의 기간내에 공포나 재의의 요구를 하지 아니한 때에도 그 법률안은 법률로서 확정된다.

⑥ 대통령은 제4항과 제5항의 규정에 의하여 확정된 법률을 지체없이 공포하여야 한다. 제5항에 의하여 법률이 확정된 후 또는 제4항에 의한 확정법률이 정부에 이송된 후 5일 이내에 대통령이 공포하지 아니할 때에는 국회의장이 이를 공포한다.

⑦ 법률은 특별한 규정이 없는 한 공포한 날로부터 20일을 경과함으로써 효력을 발생한다.

정답 ④

중요도 ★★★ (15회 기출)

05) 우리나라의 사회복지법에 관한 설명으로 옳지 않은 것은?

① 헌법상의 생존권을 구체적으로 실현하기 위한 법이 사회복지법이다.

② 사회복지법은 단일의 법전형식이 아니라 개별법 체계로 구성되어 있다.

③ 최저임금법은 실질적 의미의 사회복지법에 포함된다.

④ 사회복지법은 사회법으로서 과실책임의 원칙에 기초하고 있다.

⑤ 사회복지법에는 공법과 사법의 요소들이 공존하고 있다.

오답노트

산재보험제도의 무과실책임주의
산업재해보상제도의 사용자 보상책임은 생존권보장의 이념에 입각하고 있다고 볼 수 있으며, 초기 민법에 근거한 과실책임주의에서 점차 무과실책임주의로 전환되었다.

정답 ④

중요도 ★★★ (15회 기출)

06) 사회복지법의 법원(法源)에 관한 설명으로 옳은 것은?

① 대통령의 긴급명령은 법원이 될 수 없다.

② 국무총리는 사회복지에 관하여 총리령을 직권으로 제정할 수 없다.

③ 법률의 위임에 의한 조례는 법률과 동등한 자격을 가진다.

④ 법령의 범위를 벗어난 조례는 법적 구속력이 없다.

⑤ 관습법은 사회복지법의 법원이 될 수 없다.

오답노트

① 대통령의 긴급명령은 법원이 될 수 있다(헌법 제76조 제1항 참조).
② 국무총리는 사회복지에 관하여 총리령을 직권으로 제정할 수 있다(헌법 제95조 참조).
③ 법률의 위임에 의한 조례라 하더라도 법령보다 하위 법규범이다.
⑤ 우리나라는 관습법을 법원(法源)으로 인정하고 있으므로 성문법의 규정이 없으면 관습법도 법원이 될 수 있다.

정답 ④

07) 사회복지와 관련한 헌법의 내용으로 옳은 것을 모두 고른 것은?

> ㄱ. 헌법 전문에는 사회복지와 관련된 내용이 없다.
>
> ㄴ. 환경권의 내용과 행사에 관하여 조례로 정한다.
>
> ㄷ. 모든 국민은 능력에 따라 균등하게 교육을 받을 권리를 가진다.
>
> ㄹ. 여자의 근로는 특별한 보호를 받으며, 고용임금 및 근로조건에 있어서 부당한
>   차별을 받지 아니한다.

① ㄱ, ㄴ   ② ㄴ, ㄷ   ③ ㄷ, ㄹ   ④ ㄱ, ㄷ, ㄹ   ⑤ ㄴ, ㄷ, ㄹ

해설

- 헌법 제31조 제1항: 모든 국민은 능력에 따라 균등하게 교육을 받을 권리를 가진다.
- 헌법 제32조 제4항: 여자의 근로는 특별한 보호를 받으며, 고용임금 및 근로조건에 있어서 부당한 차별을 받지 아니한다.

오답노트

- 헌법 전문에 '국민생활의 균등한 향상을 기하고~' 등 사회복지와 관련된 내용이 있다.
- 헌법 제35조 제2항: 환경권의 내용과 행사에 관하여는 법률로 정한다.

정답 ③

08) 법률의 제정에 관한 헌법의 내용으로 옳지 않은 것은?

① 입법권은 국회에 속한다.

② 국회의원과 정부는 법률안을 제출할 수 있다.

③ 국회에서 의결된 법률안은 정부에 이송되어 15일 이내에 대통령이 공포한다.

④ 법률은 특별한 규정이 없는 한 공포한 날로부터 20일을 경과함으로써 효력을 발생한다.

⑤ 대통령은 법률안을 수정하여 재의를 요구할 수 있다.

오답노트

헌법 제53조 제3항 참조

- 대통령은 법률안의 일부에 대하여 또는 법률안을 수정하여 재의를 요구할 수 없다.

정답 ⑤

09) 자치법규인 조례와 규칙에 관한 법률의 내용으로 옳은 것을 모두 고른 것은?

ㄱ. 지방자치단체는 법령의 범위 안에서 그 사무에 관하여 조례를 제정할 수 있다.

ㄴ. 지방자치단체는 법령의 범위 안에서 자치에 관한 규정을 제정할 수 있다.

ㄷ. 시 군 및 자치구의 조례는 시도의 조례를 위반하여서는 아니 된다.

ㄹ. 조례에서 주민의 권리 제한에 관한 사항을 정할 때에는 법률의 위임이 있어야 한다.

① ㄱ, ㄴ, ㄷ   ② ㄱ, ㄷ   ③ ㄴ, ㄹ   ④ ㄹ   ⑤ ㄱ, ㄴ, ㄷ, ㄹ

해설

모두 옳은 내용이다.   정답 ⑤

중요도 ★★   (14회 기출)

10) 헌법 제34조에서 규정하고 있지 않은 것은?

① 국가는 사회보장 사회복지의 증진에 노력할 의무를 진다.

② 국가는 여자의 복지와 권익의 향상을 위하여 노력하여야 한다.

③ 국가는 노인과 청소년의 복지 향상을 위한 정책을 실시할 의무를 진다.

④ 국가는 장애인 및 질병 연령의 사유로 근로 능력이 없는 모든 국민을 경제적으로 보호할 의무를 진다.

⑤ 국가는 재해를 예방하고 그 위험으로부터 국민을 보호하기 위하여 노력하여야 한다.

해설

헌법 제34조 제1~6항 참조

오답노트

헌법 제34조 제5항

신체장애자 및 질병·노령 기타의 사유로 생활능력이 없는 국민은 법률이 정하는 바에 의하여 국가의 보호를 받는다.

정답 ④

중요도 ★★★   (13회 기출)

11) 사회복지법에 관한 설명으로 옳은 것은?

① 헌법에는 사회복지 관련 조항이 없다.

② 시민법은 사회복지법의 한계를 극복하기 위하여 출현하였다.

③ 생존권 보장은 사회복지법의 이념 중 하나이다.

④ 헌법에 의하여 체결·공포된 사회복지 관련 조약은 사회복지법의 법원(法源)에 포함되지 않는다.

⑤ 사회복지조례는 보건복지부장관의 승인을 받아야 한다.

사회복지법의 이념은 국민의 기본권 중의 하나인 생존권의 보장이다.

정답 ③

(13회 기출)

12) 사회복지조례에 관한 설명으로 옳은 것은?

① 사회복지조례는 국가에 대해서 법적 구속력을 가진다.

② 위법한 사회복지조례에 대해서는 취소소송으로 다툴 수 있는 것이 원칙이다.

③ 사회복지조례는 주민의 조례제정·개폐청구권의 대상이 될 수 없다.

④ 사회복지사무의 집행을 위해 지방자치단체의 장이 제정하는 규칙은 사회복지조례와 동등한 효력을 갖는다.

⑤ 법령에 위반한 조례는 효력이 없다.

해설

지방자치법 17조: 주민의 권리제한 또는 의무부과에 관한 사항이나 벌칙을 정할 때에는 법률의 위임이 있어야 한다. 그러므로 법령에 위반되지 않는 범위 안에서만 조례를 제정할 수 있어서 법령에 위반한 조례는 효력이 없다.

오답노트

• 자치법규(조례와 규칙)는 제정된 지방자치단의 지역 내에서만 효력을 발생한다.
• 제107조(지방의회의 의결에 대한 재의요구와 제소) 제3항: 지방자치단체의 장은 재의결된 사항이 법령에 위반된다고 인정되면 대법원에 소(訴)를 제기할 수 있다.
• 지방자치법 제15조(조례의 제정과 개폐 청구)에 의거 사회복지조례는 주민의 조례제정·개폐청구권의 대상이 될 수 있다.
• 지방자치단체의 장이 제정하는 규칙은 지방의회가 제정하는 조례보다 하위의 규범이다.

정답 ⑤

(13회 기출)

13) 사회복지법의 체계와 적용에 관한 설명으로 옳은 것은?

① 사회보장기본법과 사회복지사업법의 규정이 상충하는 경우에는 사회보장기본법이 우선 적용된다.

② 사회서비스 영역의 법제는 실체법적 규정만 두고 절차법적 규정은 두고 있지 않다.

③ 국민연금법은 공공부조법 영역에 속한다.

④ 구법인 특별법과 신법인 일반법 간에 충돌이 있는 경우에는 구법인 특별법이 우선 적용된다.

⑤ 헌법은 법률에 의해 구체화되기 이전에는 사회복지법의 법원(法源)이 될 수 없다.

해설

특별법 우선의 원칙 참조

오답노트

① 특별법 우선의 원칙적용으로 사회복지사업법이 우선적으로 적용된다.
② 사회서비스 영역의 법제는 실체법적 규정과 절차법적 규정을 모두 두고 있다.
③ 국민연금법은 사회보험법 영역이다.
④ 구법인 특별법과 신법인 일반법 간에 충돌이 있는 경우에는 구법인 특별법이 우선 적용된다.
⑤ 헌법의 내용 중 사회복지와 관련된 규정은 최상위의 규범으로써 사회복지법의 법원이 된다.

정답 ④

중요도 ★★★   (13회 기출)

14) 사회복지법의 법률관계에 관한 설명으로 옳지 않은 것은?

① 사회복지사업법에 따른 사회복지법인이 아닌 자는 사회복지법인이라는 명칭을 사용하지 못한다.

② 사회보장기본법에서 사회보험은 국가의 책임으로 시행하는 것을 원칙으로 하고 있다.

③ 사회복지법인은 수익을 목적으로 하는 사업을 할 수 있다.

④ 의료급여법상 주거가 일정하지 아니한 수급권자에 대한 의료급여 업무는 그가 실제 거주하는 지역을 관할하는 시장·군수·구청장이 한다.

⑤ 국민건강보험법상 국내에 거주하지 않는 재외국민도 국민건강보험의 가입자가 된다.

해설

제109조(외국인 등에 대한 특례) 참조

① 정부는 외국 정부가 사용자인 사업장의 근로자의 건강보험에 관하여는 외국 정부와 한 합의에 따라 이를 따로 정할 수 있다.
② 국내에 체류하는 재외국민 또는 외국인(이하 "국내체류 외국인등"이라 한다)이 적용대상사업장의 근로자, 공무원 또는 교직원이고 제6조제2항 각 호의 어느 하나에 해당하지 아니하면서 다음 각 호의 어느 하나에 해당하는 경우에는 제5조에도 불구하고 직장가입자가 된다.

정답 ⑤

중요도 ★★★★   (13회 기출)

15) 사회보장수급권에 관한 설명으로 옳은 것은?

① 사회보장수급권은 헌법상 사회적 기본권과 관계가 없다.

② 사회보장기본법은 사회보장수급권을 명시적으로 규정하고 있다.

③ 사회보장수급권이 행정청의 위법한 처분에 의해 침해된 경우에는 민사소송을 통하여 다투어야 한다.

④ 국민연금법상 급여를 받을 권리는 재산권이므로 담보로 제공할 수 있다.

⑤ 수급권자는 사회보장수급권을 포기할 수 없는 것이 원칙이다.

① 사회보장수급권은 헌법상 사회적 기본권이다.
② 사회보장기본법 제9조(사회보장을 받을 권리) 모든 국민은 사회보장 관계 법령에서 정하는 바에 따라 사회보장급여를 받을 권리를 가진다.
③ 사회보장기본법 제39조(권리구제) 위법 또는 부당한 처분을 받거나 필요한 처분을 받지 못함으로써 권리 또는 이익을 침해받은 국민은 「행정심판법」에 따른 행정심판을 청구하거나 「행정소송법」에 따른 행정소송을 제기하여 그 처분의 취소 또는 변경 등을 청구할 수 있다.
④ 국민연금법 제58조(수급권 보호) 관련판례
⑤ 사회보장기본법 제14조(사회보장수급권의 포기) 제1항

정답 ②

16) 권리구제에 관한 설명으로 옳은 것을 모두 고른 것은?

> ㄱ. 국민기초생활 보장법상 이의신청은 서면으로 하여야 하며, 구두에 의한 것은 허용되지 않는다.
> ㄴ. 국민연금법상 국민연금재심사위원회의 재심사에 불복하려는 자는 행정심판법상 행정심판을 제기할 수 있다.
> ㄷ. 사회보장기본법은 행정소송을 제기하기 위해서는 행정심판을 먼저 거쳐야 한다는 행정심판전치주의를 규정하고 있다.
> ㄹ. 국민건강보험법상 보험급여에 관한 국민건강보험공단의 처분에 이의가 있는 자는 공단에 이의신청을 할 수 있다.

① ㄱ, ㄴ, ㄷ　　② ㄱ, ㄷ　　③ ㄴ, ㄹ　　④ ㄹ　　⑤ ㄱ, ㄴ, ㄷ, ㄹ

ㄱ. 국민기초생활 보장법 제38조 ① 서면 또는 구두로 이의를 신청할 수 있다.
ㄴ. 국민연금법 제112조 ② 제110조에 따른 재심사청구 사항에 대한 재심사위원회의 재심사는 「행정소송법」 제18조를 적용할 때 「행정심판법」에 따른 행정심판으로 본다.
ㄷ. 사회보장기본법 제39조(권리구제) 위법 또는 부당한 처분을 받거나 필요한 처분을 받지 못함으로써 권리 또는 이익을 침해받은 국민은 「행정심판법」에 따른 행정심판을 청구하거나 「행정소송법」에 따른 행정소송을 제기하여 그 처분의 취소 또는 변경 등을 청구할 수 있다.
ㄹ. 제87조(이의신청) ① 가입자 및 피부양자의 자격, 보험료 등, 보험급여, 보험급여 비용에 관한 공단의 처분에 이의가 있는 자는 공단에 이의신청을 할 수 있다.

정답 ④

17) 사회복지법령에서 조례로 정하도록 위임하고 있는 사항이 아닌 것은?

① 지역사회복지협의체의 조직과 운영에 필요한 사항
② 장애인에게 공공시설 안의 매점이나 자동판매가 운영을 우선적으로 위탁하는데 필요한 사항
③ 복지위원의 자격, 직무, 위촉절차 등에 관하여 필요한 사항
④ 사회복지위원회의 조직과 운영에 필요한 사항
⑤ 자활기금의 설치에 관한 사항

장애인복지법 제42조(생업 지원) 제1항: 국가와 지방자치단체, 그 밖의 공공단체는 소관 공공시설 안에 식료품 · 사무용품 · 신문 등 일상생활용품을 판매하는 매점이나 자동판매기의 설치를 허가하거나 위탁할 때에는 장애인이 신청하면 우선적으로 반영하도록 노력하여야 한다.

① 사회복지사업법 제7조의2 제4항: 지역사회복지협의체 및 실무협의체의 조직 · 운영에 필요한 사항은 보건복지부령으로 정하는 바에 따라 시 · 군 · 구의 조례로 정한다.
③ 사회복지사업법 제8조 제3항: 복지위원의 자격, 직무, 위촉절차 등에 관하여 필요한 사항은 보건복지부령으로 정하는 바에 따라 시 · 군 · 구의 조례로 정한다.
④ 사회복지사업법 제7조 제4항: 사회복지위원회의 조직 · 운영에 필요한 사항은 보건복지부령으로 정하는 바에 따라 해당 시 · 도의 조례로 정한다.
⑤ 국민기초생활 보장법 시행령 제26조의2 제2항: 시 · 도지사 또는 시장 · 군수 · 구청장은 기금의 적립계좌를 별도로 개설하고 기금을 적립해야 한다.   정답 ②

중요도 ★★★★★   (12회 기출)

18) 권리구제의 내용으로 옳은 것을 모두 고른 것은?

ㄱ. 사회보장기본법상 위법 또는 부당한 처분을 받거나 필요한 처분을 받지 못함으로써 권리 또는 이익을 침해받은 국민은 행정심판법에 따른 행정심판을 청구할 수 있다.
ㄴ. 기초연금법상수급권자의 자격인정, 그밖에 기초연금법에 따른 처분에 이의가 있는 사람은 특별자치시장 · 특별자치도지사 · 시장 · 군수 · 구청장에게 이의신청을 할 수 있다.
ㄷ. 국민연금법상 가입자의 자격에 관한 국민연금공단의 처분에 이의가 있는 자는 그 처분을 한 국민연금공단에 심사청구를 할 수 있다.
ㄹ. 국민건강보험법상 요양급여비용 및 요양급여의 적정성 평가등에 관한 건강보험심사평가원의 처분에 이의가 있는 요양기관은 건강보험심사평가원에 이의신청을 할 수 있다.

① ㄱ, ㄴ, ㄷ　　　② ㄱ, ㄷ　　　③ ㄴ, ㄹ　　　④ ㄹ　　　⑤ ㄱ, ㄴ, ㄷ, ㄹ

해설

모두 옳은 답이다.
ㄱ. 사회보장기본법 제39조(권리구제)
ㄴ. 기초노령연금법은 폐지되어 기초연금법으로 하였음. 기초연금법 제22조(이의신청) ①항
ㄷ. 국민연금법 제108조(심사청구) ①항
ㄹ. 국민건강보험법 제87조(이의신청) ②항　　　　　　　　　　　　　　　　　정답 ⑤

19) 사회복지법의 개념 및 성격에 관한 설명으로 옳지 않은 것은?

① 관점에 따라 개념이 다양할 수 있다.

② 사회복지법은 헌법을 구체화한 법이다.

③ 사회복지법은 공·사법의 성격이 혼재된 사회법 영역에 속한다.

④ 헌법에는 사회보장과 사회복지라는 용어가 사용되고 있다.

⑤ 우리 실정법상 사회보장의 정의규정은 존재하지 아니한다.

해설

사회보장기본법 제3조 제1호
사회보장이란 출산 양육 실업 노령 장애 질병 빈곤 및 사망 등의 사회적 위험으로부터 모든 국민을 보호하고 국민 삶의 질을 향상시키는 데 필요한 소득 서비스를 보장하는 사회보험 공공부조 사회서비스를 말한다고 규정하고 있다.　　　　정답 ⑤

20) 사회복지법의 법원(法源)에 관한 설명으로 옳은 것은?

① 사회복지법의 근거가 되는 헌법규정은 선언적일 뿐 규범적 효력은 없다.

② 사회복지법령은 임의법규이다.

③ 우리나라의 경우 단일의 사회복지법전은 존재하지 않고 여러 개별 법률로 구성되어 있다.

④ 위헌·위법인 사회복지법령은 무효 또는 취소가 된다.

⑤ 사회복지행정기관의 내부 문서정리를 위한 지침은 법규명령에 해당한다.

해설

우리나라의 사회복지법은 법의 생성과정상 산발적 복합적인 양상을 보이는 동시에 사회정책적인 흐름에 따라 수시로 변화하고 있으므로 민법전이나 형법전과 같은 통일된 법전의 형식을 갖추고 있지 못하다.

오답노트

① 사회복지의 근거가 되는 헌법규정은 사회복지 관련 하위법규의 존립근거인 동시에 재판의 규범으로서 효력을 가진다.
② 사회복지법령은 강행법규인 동시에 임의법규로서의 성격을 모두 가지고 있다.

④ 무효는 법률행위에 중대한 하자가 있어 처음부터 법적 효력이 없는 경우로 특정인의 주장을 필요로 하지 않으며 시간이 경과하여도 효력에 변동이 없는 반면에, 취소는 효력이 있는 법률행위에 중대한 하자가 있는 경우 그 효력을 행위시에 소급하여 없는 것으로 하는 것을 말한다.

  – 사회복지법령은 법적 안정성을 기하기 위하여 특별한 경우를 제외하고는 위헌·위법인 경우에도 무효 또는 취소가 되는 경우는 드물다.

⑤ 훈령 예규 지침 고시 등의 특정기관의 절차 또는 관례를 명시한 규칙이다. 따라서 행정규칙은 법규성(法規性)은 인정되지 않는다.

정답 ③

---

21) 사회복지 자치법규에 관한 설명으로 옳지 않은 것은?

① 자치법규로는 조례와 규칙을 들 수 있다.

② 대외적 구속력 있는 법규범에 해당한다.

③ 법체계상 지방자치단체장의 전속권한에 속하는 것으로서 규칙으로 정하여야 하는 사항을 조례로 정하더라도 위법은 아니다.

④ 주민은 복지조례의 제정을 청구할 수 있다.

⑤ 원칙적으로 상위법령의 위임이 없더라도 사회복지에 관한 수익적인 조례를 제정할 수 있다.

해설

지방자치법 제22조는 "지방자치단체는 법령의 범위 안에서 그 사무에 관하여 조례를 제정할 수 있다. 다만 주민의 권리 제한 또는 의무 부과에 관한 사항이나 벌칙을 정할 때에는 법률의 위임이 있어야 한다"고 규정하고 있다. 따라서 규칙으로 정하여야 하는 사항을 조례로 정하는 경우 위법에 해당한다고 볼 수 있다.

정답 ③

---

22) 사회복지법령상 권리구제 내지 권익보호에 관한 설명으로 옳지 않은 것은?

① 사회보장기본법은 권리구제에 관한 명문의 규정을 두고 있다.

② 국민기초생활보장 급여 변경 처분에 이의가 있는 경우, 시장·군수·구청장에게 이의신청을 할 수 있다.

③ 긴급복지지원법상 긴급복지 지원비용 반환명령에 이의가 있는 사람은 이의신청을 할 수 있다.

④ 노인복지법에 의한 복지조치에 대하여 이의가 있을 경우 노인 또는 그 부양의무자는 해당 복지실시기관에 심사를 청구할 수 있다.

⑤ 한부모가족지원법에 따른 복지 급여 등에 대하여 이의가 있을 경우 보호 대상자 또는 그 친족이나 그 밖의 이해관계인은 해당 복지실시기관에 심사를 청구할 수 있다.

① 사회보장기본법 제39조

② 국민기초생활보장법 제38조 제1항 수급자나 급여 또는 급여 변경을 신청한 사람은 특별자치도지사 시장 군수 구청장의 처분에 대하여 이의가 있는 경우에는 그 결정의 통지를 받은 날부터 60일 이내에 해당 보장기관을 거쳐 시 도지사에게 서면 또는 구두로 이의를 신청할 수 있다. 이 경우 구두로 이의신청을 접수한 보장기관의 공무원은 이의신청서를 작성할 수 있도록 협조하여야 한다.

③ 긴급복지지원법 제16조 제1항

④ 노인복지법 제50조 제1항

⑤ 한부모가족지원법 제28조 제1항   정답 ②

---

23) 사회복지법령상 청문에 관한 설명으로 옳지 않은 것은?

① 아동복지법령상 아동복지시설의 개선을 명하려면 청문을 하여야 한다.

② 입양특례법령상 입양기관의 허가를 취소하려면 청문을 하여야 한다.

③ 사회복지사업법령상 사회복지법인의 설립허가를 취소하려면 청문을 하여야 한다.

④ 장애인복지법령상 의지 · 보조기 기사의 자격을 취소하려면 청문을 하여야 한다.

⑤ 한부모가족지원법령상 한부모가족시설의 폐쇄를 명하려면 청문을 하여야 한다.

① 아동복지법 제67조에 아동복지시설의 개선을 명하기 위해 청문을 하여야 한다는 규정은 없다.

② 입양특례법 제40조.

③ 사회복지사업법 제49조.

④ 장애인복지법 제8조의2.

⑤ 한부모가족지원법 제24조의2.   정답 ①

---

24) 권리구제 절차에 관한 설명으로 옳은 것을 모두 고른 것은?

> ㄱ. 국민기초생활보장법에 따르면 이의신청에 대한 시 도지사의 처분에 이의가 있는 경우 보건복지부장관에게 다시 이의신청할 수 있다.
>
> ㄴ. 장애인복지법에 따르면 심사청구의 결정에 이의가 있는 경우 행정심판을 제기할 수 있다.
>
> ㄷ. 국민연금법에 따르면 심사청구에 대한 결정에 불복하는 경우 국민연금재심사위원회에 재심사를 청구할 수 있다.
>
> ㄹ. 국민건강보험법에 따르면 심판청구를 심리 의결하기 위하여 국민건강보험공단에 건강보험분쟁조정위원회를 두고 있다.

① ㄱ, ㄴ, ㄷ　　　　　② ㄱ, ㄷ　　　　　③ ㄴ, ㄹ

④ ㄹ　　　　　　　　⑤ ㄱ, ㄴ, ㄷ, ㄹ

해설

ㄱ. 수급자나 급여 또는 급여 변경을 신청한 사람은 특별자치도지사 시장 군수 구청장의 처분에 대하여 이의가 있는 경우에는 그 결정의 통지를 받은 날부터 60일 이내에 해당 보장기관을 거쳐 시도지사에게 서면 또는 구두로 이의를 신청할 수 있다(국민기초생활보장법 제38조 제1항).

ㄴ. 장애인, 장애인의 법정대리인 또는 대통령령으로 정하는 보호자는 장애인복지법에 따른 복지 조치에 이의가 있으면 해당 장애인복지실시기관에 심사를 청구할 수 있다(장애인복지법 제84조 제1항). 장애인복지실시기관의 심사 결정에 이의가 있는 자는 행정심판법에 따라 행정심판을 제기할 수 있다(동법 제84조 제3항).

ㄷ. 국민연금 가입자의 자격, 기준소득월액, 연금보험료, 그 밖의 이 법에 따른 징수금과 급여에 관한 공단 또는 건강보험공단의 처분에 이의가 있는 자는 그 처분을 한 공단 또는 건강보험공단에 심사청구를 할 수 있다. 이에 따른 심사청구 사항을 심사하기 위하여 국민연금공단에 국민연금심사위원회를 두고, 국민건강보험공단에 징수심사위원회를 둔다(국민연금법 제108조 및 제109조 참조). 심사청구에 대한 결정에 불복하는 자는 그 결정통지를 받은 날부터 90일 이내에 국민연금재심사위원회에 재심사를 청구할 수 있다(동법 제110조).

ㄹ. 국민건강보험 가입자 및 피부양자의 자격, 보험료 등, 보험급여, 보험급여 비용에 관한 공단의 처분에 이의가 있는 자는 국민건강보험공단에 이의신청을 할 수 있다(국민건강보험법 제87조 제1항). 이의신청에 대한 결정에 불복하는 자는 건강보험분쟁조정위원회에 심판청구를 할 수 있다(동법 제88조 제1항). 심판청구를 심리 의결하기 위하여 보건복지부에 건강보험분쟁조정위원를 둔다(동법 제89조 제1항).

정답 ①

중요도 ★★　　　　　　　　　　　　　　　　　　　　　　　　　(10회 기출)

25) 자치법규에 관한 설명으로 옳지 않은 것은?

① 조례는 법률이나 명령보다 하위의 법규범이다.

② 주민의 권리 제한 또는 의무 부과에 관한 사항을 정할 때는 법률의 위임 없이 조례를 제정할 수 있다.

③ 조례는 지방의회가 제정한다.

④ 관련 법령에 따라 일정한 요건을 충족한 주민은 조례를 제정 개정 폐지할 것을 청구할 수 있다.

⑤ 지방자치단체는 법령의 범위 안에서 자치에 관한 규정을 제정할 수 있다.

해설

지방자치법 제22조: 지방자치단체는 법령의 범위 안에서 그 사무에 관하여 조례를 제정할 수 있다. 다만, 주민의 권리 제한 또는 의무 부과에 관한 사항이나 벌칙을 정할 때에는 법률의 위임이 있어야 한다.

정답 ②

중요도 ★★　　　　　　　　　　　　　　　　　　　　　　　　　(10회 기출)

26) 사회복지법의 성문법원(成文法源)이 될 수 있는 것을 모두 고른 것은?

| ㄱ. 관습법 | ㄴ. 헌법에 의해 체결, 공포된 조약 |
| ㄷ. 조리 | ㄹ. 대통령령 |

① ㄱ, ㄴ, ㄷ   ② ㄱ, ㄷ   ③ ㄴ, ㄹ

④ ㄹ   ⑤ ㄱ, ㄴ, ㄷ, ㄹ

해설

법원(法源) 참조

성문법원	• 법률: 국회에서 의결되어 대통령이 공포한 법
	• 명령: 국회의 의결을 거치지 않고 대통령 이하의 행정기관이 제정한 법규
	   예) 대통령령, 총리령, 부령 등
	• 자치법규: 지방자치단체가 자치권의 범위 내에서 자기의 사무 또는 주민의 권리의무에 관해 제정한 자치에 관한 규칙
	• 국제조약 및 국제법규: 국제법상의 주체인 국가 간에 맺은 문서에 의한 합의
	   예) 조약, 협정, 협약, 의정서, 헌장 등

불문법원	• 관습법: 사회인의 사실상 관행이 계속적이고 일반적으로 행해짐에 따라 법으로서의 효력을 가지는 불문법 • 판례법: 법원이 내리는 판결로서 대법원의 판례에 의해 형성 • 조리: 사물의 도리, 합리성, 본질적 법칙을 의미

정답 ③

중요도 ★★★

27) 우리나라의 법령 제정에 관한 설명으로 옳은 것은?

① 시행령은 행정 각부의 장이 발하는 명령이다.

② 법률을 제정하기 위해서는 반드시 국회의 의결을 거쳐야 한다.

③ 대통령은 법률에서 구체적으로 범위를 정하여 위임받은 사항에 대해서만 대통령령을 발할 수 있다.

④ 국무총리는 소관 사무에 관하여 법률의 위임 없이 직권으로 총리령을 발할 수 없다.

⑤ 법률안 제출은 국회의원만 할 수 있다.

해설

법률은 국회의 의결을 거쳐 대통령이 서명 공포함으로써 성립한다.

오답노트

① '시행령'은 대통령령으로 공포되는 것으로서, 법에서 위임된 사항을 비롯하여 그 시행에 관하여 필요한 사항을 정한 것이다. 행정 각부의 장이 소관사무에 관하여 법률이나 대통령령의 위임 또는 직권으로 발하는 명령은 '부령'에 해당한다.

③ '대통령령'은 대통령이 발하는 명령으로서, 그 성질 및 효력에 따라 '법규명령'과 '행정명령(집행명령)으로 구분된다. '법규명령'은 국민의 권리와 의무에 관계되는 것으로서, 헌법이나 법률에서 구체적으로 범위를 정하여 위임받은 사항에 대해서만 효력을 발할 수 있다. 이에 반해 '행정명령'은 행정조직의 내부만을 규율하는 것으로서, 대통령이 직권의 범위 내에서 당연히 효력을 발할 수 있다.

④ 국무총리는 소관사무에 관하여 법률이나 대통령령의 위임 또는 직권으로 '총리령'을 발할 수 있다. 이와 같이 법률이나 대통령령의 위임에 의해 발하는 명령을 '위임명령'이라고 하며, 직권으로 발하는 명령을 '집행명령'이라고 한다. 다만, '집행명령'의 경우 법규사항을 규정할 수 없으며, 단지 집행을 위한 시행세칙만을 규정할 수 있다.

⑤ 헌법 제52조에는 국회의원과 정부가 법률안을 제출할 수 있다고 명시되어 있다.

정답 ②

중요도 ★★

(8회 기출)

28) 우리나라의 법체계에 관한 설명으로 올바른 것은?

① 행정각부의 장은 소관 사무에 관해 부령을 발할 수 있다.

② 시행규칙은 대통령이 발하는 명령이다.

③ 훈령, 예규, 지침, 고시, 기준 등은 법규명령에 포함되지 않는다.

④ 규칙은 지방자치단체의 장이 제정하나 대통령의 승인을 받아야 한다.

⑤ 행정부에서 제출한 법률안은 국회의 의결을 거칠 필요가 없다.

오답노트

② 시행규칙은 총리, 행정각부의 장이 발하는 명령이다.

③ 훈령, 예규, 지침, 고시, 기준 등은 법규명령에 포함되지 않는다고 보는 견해와 포함된다고 보는 견해가 있어 학설의 다툼이 있다.

④ 규칙은 지방자치단체의 장이 제정하며 대통령의 승인을 받을 필요가 없다.

⑤ 행정부에서 제출한 법률안도 국회의 의결을 거쳐 대통령이 공포함으로서 효력이 발생한다.

정답 ①

01) 법률의 제정연도가 빠른 순서대로 나열된 것은?

ㄱ. 국민연금법	ㄴ. 고용보험법
ㄷ. 국민건강보험법	ㄹ. 산업재해보상보험법

① ㄱ - ㄴ - ㄷ - ㄹ   ② ㄱ - ㄷ - ㄴ - ㄹ

③ ㄹ - ㄱ - ㄴ - ㄷ   ④ ㄹ - ㄱ - ㄷ - ㄴ

⑤ ㄹ - ㄴ - ㄱ - ㄷ

해설

사회복지 관련 주요 법률 제정 시기
- 산업재해보상보험법(1963), 국민연금법(1986), 고용보험법(1993), 국민건강보험법(1999)

정답 ④

02) 다음 중 가장 최근에 제정된 법률은?

① 장애인복지법   ② 사회복지사업법   ③ 고용보험법

④ 노인장기요양보험법   ⑤ 산업재해보상보험법

해설

노인장기요양보험법은 2007년 제정되어 2008년 7월부터 시행되었다.

오답노트

① 장애인복지법(1989), ②사회복지사업법(1970), ③ 고용보험법(1993), ⑤ 산업재해보상보험법(1963)

정답 ④

03) 2000년대 제정된 사회복지법이 아닌 것은?

① 영유아보육법   ② 긴급복지지원법   ③ 노인장기요양보험법

④ 장애인연금법   ⑤ 다문화가족지원법

영유아보육법은 1991년에 제정되었다.

② 긴급복지지원법(2005), ③ 노인장기요양보험법(2007), ④ 장애인연금법(2010), ⑤ 다문화가족지원법(2008)

정답 ①

(14회 기출)

04) 다음 중 가장 먼저 제정된 법률은?

① 고용보험법　　　　　② 정신보건법　　　　　③ 사회보장기본법

④ 노인장기요양보험법　⑤ 국민기초생활보장법

고용보험법은 1993년에 제정되었다.

② 정신보건법(1995), ③ 사회보장기본법(1995), ④ 노인장기요양보험법(2007), ⑤ 국민기초생활보장법(1999)

정답 ①

(13회 기출)

05) 제정연도가 빠른 순서대로 나열된 것은?

> ㄱ. 사회복지사업법　　　　　ㄴ. 노인복지법
> ㄷ. 국민기초 생활 보장법　　　ㄹ. 노인장기요양보험법

① ㄱ - ㄴ - ㄷ - ㄹ　　② ㄱ - ㄷ - ㄹ - ㄴ　　③ ㄴ - ㄷ - ㄱ - ㄹ

④ ㄷ - ㄴ - ㄹ - ㄱ　　⑤ ㄹ - ㄴ - ㄷ - ㄱ

사회복지사업법(1970), 노인복지법(1981), 국민기초 생활 보장법(1999), 노인장기요양보험법(2007)

정답 ①

(12회 기출)

06) 사회복지법령의 역사적 변천에 관한 설명으로 옳지 않은 것은?

① 1973년 국민복지연금법이 제정되었으나 시행되지 못하고, 1986년 국민연금법으로 전부개정되어 1988년부터 시행되었다.

② 1999년 국민기초생활 보장법이 전부 개정되면서 자활후견기관에 관한 규정이 처음으로 도입되었다.

③ 의료보험법과 공무원 및 사립학교교직원 의료보험법을 통합하여 1999년 국민건강보험법을 제정하였다.

④ 사회복지사업법은 1970년 제정되었고, 1983년 개정 때 사회복지사 자격제도가 처음으로 도입되었다.

⑤ 사회보장에 관한 법률을 대체하여 1995년 사회보장기본법이 제정되었다.

해설

자활후견기관에 관한 규정이 처음으로 도입된 것은 1997년 생활보호법이 개정된 때부터다.

정답 ②

중요도 ★★

(10회 기출)

07) 사회복지에 관한 법들의 제정 시기가 바르게 배열된 것은?

① 1960년대 – 재해구호법, 산업재해보상보험법

② 1970년대 – 사회복지사업법, 국민기초생활보장법

③ 1980년대 – 노인복지법, 긴급복지지원법

④ 1990년대 – 국민건강보험법, 노인장기요양보험법

⑤ 2000년대 – 영유아보육법, 다문화가족지원법

해설

재해구호법(1962), 산업재해보상보험법(1963)

오답노트

② 사회복지사업법(1970), 국민기초생활보장법(1999)
③ 노인복지법(1981), 긴급복지지원법(2005)
④ 국민건강보험법(1999), 노인장기요양보험법(2007)
⑤ 영유아보육법(1991), 다문화가족지원법(2008)

정답 ①

중요도 ★★★ (12회 기출)

01) 외국과의 사회보장협정에 관한 규정을 두고 있는 법은?

① 국민연금법　　　　② 고용보험법　　　　③ 국민건강보험법

④ 노인장기요양보험법　　　⑤ 국민기초생활보장법

해설

국민연금법 제127조(외국과의 사회보장협정): 대한민국이 외국과 사회보장협정을 맺은 경우에는 이 법에도 불구하고 국민연금의 가입, 연금 보험료의 납부, 급여의 수급 요건, 급여액의 산정, 급여의 지급 등에 관하여 그 사회보장협정에서 정하는 바에 따른다고 규정하고 있다.

정답 ①

중요도 ★★★ (10회 기출)

02) 국제노동기구(ILO)를 통해 채택된 것은?

① 대서양헌장(1941년)　　　　② 사회보장최저기준조약(1952년)

③ 아동권리에 관한 협약(1989년)　　　④ 세계인권선언(1948년)

⑤ 사회보장헌장(1961년)

해설

사회보장최저기준에 관한 조약(102호 조약): ILO 제35차 총회(1952년)에서 채택되었으며, 사회보험, 공공부조 등 다양한 접근방식을 인정하였다.

• 적용범위 및 급여의 종류와 수준, 사회보장의 비용부담, 기여자와 수급자의 권리보호, 행정 관리문제 등에 대해 회원국이 준수해야 할 최저기준을 제정하였다.

• 사회보장최저기준의 원칙(3): 대상의 보편성, 비용부담의 공평성, 급여수준의 적절성 등

• 사회보장급여(9): 의료급여(요양급여), 질병급여(상병급여), 실업급여, 노령급여, 업무상재해급여, 가족급여(아동급여), 출산급여, 폐질급여(장애급여), 유족급여 등

정답 ②

제4장 사회복지의 기본적 법률

〈사회보장기본법〉

중요도 ★★★   (17회 기출)

01) 사회보장기본법상 '사회보장에 관한 국민의 권리'에 관한 내용으로 옳지 않은 것은?

① 사회보장수급권의 포기는 취소할 수 있다.

② 모든 국민은 사회보장 관계법령에서 정하는 바에 따라 사회보장급여를 받을 권리를 가진다.

③ 국가는 관계 법령에서 정하는 바에 따라 최저보장수준과 최저임금을 매년 공표하여 야 한다.

④ 사회보장수급권은 다른 사람에게 양도하거나 담보로 제공할 수 있다.

⑤ 사회보장수급권은 제한되거나 정지될 수 없다. 다만, 관계법령에서 따로 정하고 있 는 경우에는 그러하지 아니하다.

해설

사회보장기본법 제12조(사회보장수급권의 보호): 사회보장수급권은 관계 법령에서 정하는 바에 따라 다른 사람에게 양도하거나 담보로 제공할 수 없으며, 이를 압류할 수 없다.

정답 ④

중요도 ★★★   (16회 기출)

02) 사회보장기본법상 사회보장위원회에 관한 설명으로 옳은 것은?

① 사회보장위원회는 대통령 소속으로 둔다.

② 부위원장은 기획재정부장관, 법무부장관 및 보건복지부장관이 된다.

③ 보궐위원의 임기는 2년으로 한다.

④ 공무원인 위원의 임기는 1년으로 한다.

⑤ 사회보장위원회는 위원장 1명, 부위원장 3명과 행정안전부장관, 고용노동부장관, 여 성가족부장관, 국토교통부장관을 포함한 30명 이내의 위원으로 구성한다.

해설

사회보장기본법 제21조(위원회의 구성 등)

① 사회보장에 관한 주요 시책을 심의·조정하기 위하여 국무총리 소속으로 사회보장위원회를 둔다.
② 위원장은 국무총리가 되고 부위원장은 기획재정부장관, 교육부장관 및 보건복지부장관이 된다.
③ 보궐위원의 임기는 전임자 임기의 남은 기간으로 한다.
④ 위원의 임기는 2년으로 한다. 다만, 공무원인 위원의 임기는 그 재임 기간으로 한다.

정답 ⑤

중요도 ★★★★   (15회 기출)

03) 사회보장기본법상 '사회보장에 관한 국민의 권리'에 대한 설명으로 옳지 않은 것은?

① 국가와 지방자치단체는 최저보장수준과 최저임금 등을 고려하여 사회보장급여의 수준을 결정하여야 한다.

② 관계 법령세서 따로 정하는 경우에는 국가나 지방자치단체가 사회보장급여의 신청을 대신할 수 있다.

③ 사회보장수급권은 관계 법령에서 따로 정하고 있는 경우에는 제한될 수 있다.

④ 사회보장수급권은 압류할 수 있다.

⑤ 모든 국민은 사회보장 관계 법령에서 정하는 바에 따라 사회보장수급권을 가진다.

사회보장기본법 제12조(사회보장수급권의 보호): 사회보장수급권은 관계 법령에서 정하는 바에 따라 다른 사람에게 양도하거나 담보로 제공할 수 없으며 이를 압류할 수 없다.

정답 ④

중요도 ★★★   (15회 기출)

04) 사회보장기본법상 사회보장제도의 운영원칙에 관한 설명으로 옳지 않은 것은?

① 국가와 지방자치단체가 사회보장제도를 운영할 때에는 이 제도를 필요로 하는 모든 국민에게 적용하여야 한다.

② 사회보험은 국가와 지방자치단체의 책임으로 시행하는 것을 원칙으로 한다.

③ 국가와 지방자치단체는 사회보장제도의 정책결정 및 시행과정에 공익의 대표자 및 이해관계인 등을 참여시켜 이를 민주적으로 결정하고 시행하여야 한다.

④ 국가와 지방자치단체가 사회보장제도를 운영할 때에는 국민의 다양한 복지욕구를 효율적으로 충족시키기 위하여 연계성과 전문성을 높여야 한다.

⑤ 국가와 지방자치단체는 사회보장제도의 급여 수준과 비용 부담 등에서 형평성을 유지하여야 한다.

사회보장기본법 제25조(운영원칙) 제1항~제5항 참조
② 사회보험은 국가의 책임으로 시행하고, 공공부조와 사회서비스는 국가와 지방자치단체의 책임으로 시행하는 것을 원칙으로 한다. 다만, 국가와 지방자치단체의 재정 형편 등을 고려하여 이를 협의·조정할 수 있다.

정답 ②

05) 사회보장기본법상 사회보장 기본계획에 대한 내용이다. ( )에 들어갈 숫자로 옳은 것은?

> 보건복지부장관은 관계 중앙행정기관의 장과 협의하여 사회보장증진을 위하여 사회보장에 관한 기본계획을 ( )년마다 수립하여야 한다.

① 1   ② 2   ③ 3   ④ 4   ⑤ 5

사회보장기본법 제16조(사회보장기본계획의 수립) 제1항: 보건복지부장관은 관계 중앙행정기관의 장과 협의하여 사회보장증진을 위하여 사회보장에 관한 기본계획을 5년마다 수립하여야 한다.

정답 ⑤

06) 사회보장기본법상 비용부담에 관한 설명으로 옳은 것을 모두 고른 것은?

> ㄱ. 사회보장비용의 부담은 각각의 사회보장제도의 목적에 따라 국가, 지방자치단체 및 민간부문 간에 합리적으로 조정되어야 한다.
> ㄴ. 국가만이 공공부조에 드는 비용의 전부 또는 일부를 부담한다.
> ㄷ. 관계법령에서 정하는 일정 소득 수준 이하의 국민에 대한 서비스에 대해서는 국가와 지방자치단체가 비용의 전부 또는 일부를 부담한다.
> ㄹ. 부담능력이 있는 국민에 대한 사회서비스에 대해서는 관계 법령에서 정하는 바에 따라 지방자치단체가 그 비용의 일부를 부담할 수 있다.

① ㄱ, ㄴ   ② ㄴ, ㄷ   ③ ㄷ, ㄹ
④ ㄱ, ㄴ, ㄷ   ⑤ ㄱ, ㄷ, ㄹ

사회보장기본법 제28조(비용의 부담): 공공부조에 드는 비용의 전부 또는 일부는 국가와 지방자치단체가 부담한다.

정답 ⑤

07) 사회보장기본법의 내용으로 옳지 않은 것은?

① 국내에 거주하는 외국인에게 사회보장제도를 적용 할 때에는 상호주의의 원칙에 따르며 관계법령에서 정하는 바에 따른다.

② 국가는 사회보장제도의 안정적인 운영을 위하여 중장기 사회보장 재정추계를 매년 실시하고 이를 공표해야 한다.

③ 국가와 지방자치단체는 가정이 건전하게 유지되고 그 기능이 향상되도록 노력하여야 한다.

④ 사회보장에 관한 다른 법률을 제정하거나 개정하는 경우에는 이 법이 부합되도록 하여야 한다.

⑤ 사회보장에 관한 기본 계획은 다른 법령에 따라 수립되는 사회보장에 관한 계획에 우선하며 그 계획의 기본이 된다.

해설

제5조(국가와 지방자치단체의 책임) 제4항: 국가는 사회보장제도의 안정적인 운영을 위하여 중장기 사회보장 재정추계를 격년으로 실시하고 이를 공표하여야 한다.　　　　　　　　　　　　　　　　　　　　　　　　　정답 ②

08) 사회보장기본법상 다음은 어떤 용어에 대한 정의인가?

> 생애주기에 걸쳐 보편적으로 충족되어야하는 기본욕구와 특정한 사회위협에 의하여 발생하는 특수욕구를 동시에 고려하여 소득 서비스를 보장하는 맞춤형 사회보장제도를 말한다.

① 맞춤복지제도　　　　② 사회복지서비스　　　　③ 평생사회안전망
④ 맞춤사회보험제도　　⑤ 맞춤복지서비스

해설

1. "사회보장"이란 출산, 양육, 실업, 노령, 장애, 질병, 빈곤 및 사망 등의 사회적 위험으로부터 모든 국민을 보호하고 국민 삶의 질을 향상시키는 데 필요한 소득·서비스를 보장하는 사회보험, 공공부조, 사회서비스를 말한다.
2. "사회보험"이란 국민에게 발생하는 사회적 위험을 보험의 방식으로 대처함으로써 국민의 건강과 소득을 보장하는 제도를 말한다.
3. "공공부조"(公共扶助)란 국가와 지방자치단체의 책임 하에 생활 유지 능력이 없거나 생활이 어려운 국민의 최저생활을 보장하고 자립을 지원하는 제도를 말한다.
4. "사회서비스"란 국가·지방자치단체 및 민간부문의 도움이 필요한 모든 국민에게 복지, 보건의료, 교육, 고용, 주거, 문화, 환경 등의 분야에서 인간다운 생활을 보장하고 상담, 재활, 돌봄, 정보의 제공, 관련 시설의 이용, 역량 개발, 사회참여 지원 등을 통하여 국민의 삶의 질이 향상되도록 지원하는 제도를 말한다.

5. "평생사회안전망"이란 생애주기에 걸쳐 보편적으로 충족되어야 하는 기본욕구와 특정한 사회위험에 의하여 발생하는 특수욕구를 동시에 고려하여 소득·서비스를 보장하는 맞춤형 사회보장제도를 말한다. 정답 ③

중요도 ★★★   (14회 기출)

09) 사회보장기본법상 사회보장수급권에 관한 설명으로 옳은 것은?

① 사회보장수급권의 포기는 취소할 수 없다.

② 사회보장수급권은 다른 사람에게 양도하거나 담보로 제공할 수 있다.

③ 국가는 관계법령에서정하는 바에 따라 최저생계비를 격년으로 공표하여야 한다.

④ 사회보장수급권을 포기하는 것이 다른 사람에게 피해를 주거나 사회보장에 관한 관계법령에 위반되는 경우에는 사회보장수급권을 포기할 수 없다.

⑤ 사회보장급여를 정당한 권한이 없는 기관에 신청하더라도 그 기관은 사회보장급여를 직접 지급하여야 한다.

오답노트

① 사회보장수급권의 포기는 취소할 수 있다(제14조 제2항).
② 사회보장수급권은 관계 법령에서 정하는 바에 따라 다른 사람에게 양도하거나 담보로 제공할 수 없으며, 이를 압류할 수 없다(제12조).
③ 국가는 관계 법령에서 정하는 바에 따라 최저보장수준과 최저임금을 매년 공표하여야 한다(제10조 제2항).
④ 사회보장수급권을 포기하는 것이 다른 사람에게 피해를 주거나 사회보장에 관한 관계 법령에 위반되는 경우에는 사회보장수급권을 포기할 수 없다(제14조 제3항).
⑤ 사회보장급여를 신청하는 사람이 다른 기관에 신청한 경우에는 그 기관은 지체 없이 이를 정당한 권한이 있는 기관에 이송하여야 한다. 이 경우 정당한 권한이 있는 기관에 이송된 날을 사회보장급여의 신청일로 본다(제11조 제2항).
정답 ④

중요도 ★★★★   (12회 기출)

10) 사회보장기본법령의 내용으로 옳지 않은 것은?

① 국가와 지방자치단체는 모든 국민이 건강하고 문화적인 생활을 유지할 수 있도록 사회보장급여의 수준 향상을 위하여 노력하여야 한다.

② 국가는 관계법령에서 정하는 바에 따라 최저보장수준과 최저임금을 매년 공표하여야 한다.

③ 사회보장수급권의 포기는 취소할 수 없다.

④ 사회보장급여를 신청하는 사람이 다른 기관에 신청한 경우에는 그 기관은 지체 없이 이를 정당한 권한이 있는 기관에 이송하여야 한다.

⑤ 사회보장수급권이 정지되는 경우에는 정지하는 목적에 필요한 최소한의 범위에 그쳐야 한다.

11) 사회보장기본법령상 사회보장제도 운영원칙이 아닌 것은?

① 보편성의 원칙   ② 독립성의 원칙

③ 형평성의 원칙   ④ 민주성의 원칙

⑤ 전문성의 원칙

해설

① 국가와 지방자치단체가 사회보장제도를 운영할 때에는 이 제도를 필요로 하는 모든 국민에게 적용하여야 한다(적용범위의 보편성).

③ 국가와 지방자치단체는 사회보장제도의 급여 수준과 비용 부담 등에서 형평성을 유지하여야 한다(급여 수준 및 비용 부담의 형평성).

④ 국가와 지방자치단체는 사회보장제도의 정책 결정 및 시행 과정에 공익의 대표자 및 이해관계인 등을 참여시켜 이를 민주적으로 결정하고 시행하여야 한다(운영의 민주성).

⑤ 국가와 지방자치단체가 사회보장제도를 운영할 때에는 국민의 다양한 복지 욕구를 효율적으로 충족시키기 위하여 연계성과 전문성을 높여야 한다(연계성 전문성의 강화).

   ※ 사회보험은 국가의 책임으로 시행하고, 공공부조와 사회서비스는 국가와 지방자치단체의 책임으로 시행하는 것을 원칙으로 한다. 다만, 국가와 지방자치단체의 재정 형편 등을 고려하여 이를 협의·조정할 수 있다(시행의 책임성).

정답 ②

12) 사회보장기본법상 사회보장비용의 부담에 관한 설명으로 옳지 않은 것은?

① 사회보험 비용은 관계 법령에서 정하는 바에 따라 국가가 그 비용의 일부를 부담할 수 있다.

② 부담능력이 있는 국민에 대한 사회복지서비스에 드는 비용은 그 수익자가 부담하는 것을 원칙으로 한다.

③ 일정 소득 수준 이하의 국민에 대한 사회복지서비스에 드는 비용의 전부 또는 일부는 국가와 지방자치단체가 부담한다.

④ 사회보험 비용은 사용자, 피용자 및 자영업자가 부담하는 것을 원칙으로 한다.

⑤ 공공부조의 비용은 지방자치단체가 전부를 부담한다.

해설

제28조(비용의 부담) 제3항: 공공부조 및 관계 법령에서 정하는 일정 소득 수준 이하의 국민에 대한 사회서비스에 드는 비용의 전부 또는 일부는 국가와 지방자치단체가 부담한다.

정답 ⑤

13) 사회보장기본법상 사회보장수급권에 관한 설명으로 옳지 않은 것은?

① 수급권은 관계 법령에서 정하는 바에 따라 사회보장급여를 받을 권리를 말한다.

② 수급권은 관계 법령에서 정하는 바에 따라 타인에게 양도하거나 이를 압류할 수 없다.

③ 수급권은 정당한 권한이 있는 기관에 구두로 포기할 수 있다.

④ 수급권은 관계 법령이 정하는 바에 따라 타인에게 담보로 제공할 수 없다.

⑤ 수급권은 관계 법령에서 따로 정하고 있는 경우에는 제한되거나 정지될 수 있다.

해설

제14조(사회보장수급권의 포기) 제1항: 사회보장수급권은 정당한 권한이 있는 기관에 서면으로 통지하여 포기할 수 있다.

정답 ③

〈사회보장급여법〉

01) 사회보장급여의 이용·제공 및 수급권자발굴에 관한 법률의 내용으로 옳은 것을 모두 고른 것은?

> ㄱ. "지원대상자"란 사회보장급여를 필요로 하는 사람을 말한다.
> ㄴ. "보장기관"이란 관계 법령 등에 따라 사회보장급여를 제공하는 국가기관과 지방자치단체를 말한다.
> ㄷ. 통합사례관리를 실시하기 위하여 필요한 경우에는 특별자치시 및 시·군·구에 통합사례관리사를 둘 수 있다.

① ㄱ   ② ㄷ   ③ ㄱ, ㄷ
④ ㄴ, ㄷ   ⑤ ㄱ, ㄴ, ㄷ

해설

사회보장급여의 이용·제공 및 수급권자발굴에 관한 법률 제2조(용어의 정의)

1. "사회보장급여"란 제5호의 보장기관이 사회보장기본법 제3조 제1호에 따라 제공하는 현금, 현물, 서비스 및 그 이용권을 말한다.
2. "수급권자"란 사회보장기본법 제9조에 따른 사회보장급여를 제공받을 권리를 가진 사람을 말한다.
3. "수급자"란 사회보장급여를 받고 있는 사람을 말한다.
4. "지원대상자"란 사회보장급여를 필요로 하는 사람을 말한다.
5. "보장기관"이란 관계 법령 등에 따라 사회보장급여를 제공하는 국가기관과 지방자치단체를 말한다.

정답 ⑤

02) 사회보장급여의 이용·제공 및 수급권자발굴에 관한 법률상 시·도사회보장위원회 등에 관한 설명으로 옳지 않은 것은?

① 시·도사회보장위원회는 특별시·광역시·도·특별자치도에 둔다.
② 사회보장에 관한 업무를 담당하는 공무원은 지역사회보장협의체 위원이 될 수 없다.
③ 지역사회보장협의체는 지역사회보장계획을 심의하거나 자문한다.
④ 시·도사회보장위원회 위원의 임기는 2년이다.
⑤ 읍·면·에 읍·면·동 단위 지역사회보장협의체를 둔다.

해설

제41조(지역사회보장협의체) 제3항: 지역사회보장협의체의 위원은 다음호의 사람 중 시장·군수·구청장이 임명 또는 위촉한다. 다만, 제40조 제4항에 해당되는 사람은 위원이 될 수 없다.

1. 사회보장에 관한 학식과 경험이 풍부한 사람

2. 지역의 사회보장 활동을 수행하거나 서비스를 제공하는 기관·법인·단체·시설의 대표자

3. 비영리민간단체지원법 제2조의 비영리민간단체에서 추천한 사람

4. 제7항에 따른 읍·면·동 단위 지역사회보장협의체의 위원장(공동위원장이 있는 경우에는 민간위원 중에서 선출된 공동위원장을 말한다.)

5. 사회보장에 관한 업무를 담당하는 공무원

정답 ②

중요도 ★★★   (11회 기출)

03) 사회보장급여의 이용·제공 및 수급권자발굴에 관한 법률상 사회복지전담 공무원에 관한 설명으로 옳지 않은 것은?

① 전담공무원은 사회복지사 자격을 가진 자로 한다.

② 전담공무원은 지역사회보장협의체의 위원이 될 수 있다.

③ 전담공무원을 임용·배치하는 경우에는 보건복지부장관에게 보고하여야 한다.

④ 국가는 전담공무원의 보수 등에 드는 비용의 전부를 부담하여야 한다.

⑤ 전담공무원은 사회복지를 필요로 하는 사람 등에 대하여 상담과 지도를 한다.

해설

제43조(사회복지전담공무원)

① 사회복지사업에 관한 업무를 담당하게 하기 위하여 시·도, 시·군·구, 읍·면·동 또는 사회보장사무 전담기구에 사회복지전담공무원을 둘 수 있다.

② 사회복지전담공무원은 「사회복지사업법」 제11조에 따른 사회복지사의 자격을 가진 사람으로 하며, 그 임용 등에 필요한 사항은 대통령령으로 정한다.

③ 사회복지전담공무원은 사회보장급여에 관한 업무 중 취약계층에 대한 상담과 지도, 생활실태의 조사 등 보건복지부령으로 정하는 사회복지에 관한 전문적 업무를 담당한다.

④ 국가는 사회복지전담공무원의 보수 등에 드는 비용의 전부 또는 일부를 보조할 수 있다.

⑤ 시·도지사 및 시장·군수·구청장은 지방공무원 교육훈련법 제3조에 따라 사회복지전담공무원의 교육훈련에 필요한 시책을 수립·시행하여야 한다.

정답 ④

〈사회복지사업법〉

중요도 ★★★

01) 사회복지사업법상 사회복지법인(이하 "법인"이라한다)에 관한 설명으로 옳은 것은?

① 법인을 설립하려는 자는 시장·군수·구청장의 허가를 받아야 한다.

② 법인은 대표이사를 제외하고 이사 7명 이상을 두어야 한다.

③ 이사의 임기는 4년으로 하고 연임할 수 있다.

④ 법인은 수익사업에서 생긴 수익을 법인 또는 법인이 설치한 사회복지시설의 운영외의 목적에 사용할 수 없다.

⑤ 이사는 법인이 설치한 사회복지시설의 장 또는 그 시설의 장을 겸할 수 있다.

오답노트

① 법인을 설립하려는 자는 시·도지사의 허가를 받아야 한다.
② 법인은 대표이사를 포함한 이사 7명 이상과 감사 2명 이상을 두어야 한다.
③ 이사의 임기는 3년으로 하고 연임할 수 있다.
⑤ 이사는 법인이 설치한 사회복지시설의 장은 겸할 수 있지만 그 시설의 장은 겸할 수 없다.

정답 ④

중요도 ★★★

02) 사회복지사업법의 내용으로 옳지 않은 것은?

① 사회복지서비스를 제공하는 자는 사회복지서비스를 이용하는 사람의 선택권을 보장하여야 한다.

② 사회복지서비스를 필요로 하는 사람에 대한 사회복지서비스제공은 현금으로 제공하는 것이 원칙이다.

③ 국가는 매년 9월 7일을 사회복지의 날로 한다.

④ 보건복지부장관은 사회복지사가 법원의 판결에 따라 자격이 정지된 경우에는 그 자격을 취소하여야 한다.

⑤ 시장군수구청장은 정당한 이유 없이 사회복지시설의 설치를 지연시키는 조치를 하여서는 아니 된다.

해설

제5조의2(사회복지서비스 제공의 원칙) 제1항: 사회복지서비스를 필요로 하는 사람(보호대)에 대한 사회복지서비스 제공은 현물(現物)로 제공하는 것을 원칙으로 한다.

정답 ②

중요도 ★★★

03) 사회복지사업법상 사회복지시설에 관한 설명으로 옳은 것은?

① 국가는 사회복지시설을 운영할 수 없다.

② 사회복지시설의 장은 상근하여야 한다.

③ 사회복지시설의 운영자는 지진에 의한 물적 피해의 책임을 이행하기 위하여 책임보험에 가입하여야 한다.

④ 보건복지부장관은 사회복지시설에 대하여 정기 및 수시 안전점검을 실시하여야 한다.

⑤ 지방자치단체가 설치한 사회복지시설은 비영리법인에 위탁하여 운영하어야 한다.

해설

사회복지사업법 제35조(시설의 장): 사회복지시설의 장은 상근하여야 한다.

오답노트

① 국가나 지방자치단체는 사회복지시설을 운영할 수 있다(제34조 제1항).

③ 사회복지시설의 운영자는 지진에 의한 물적 피해의 책임을 이행하기 위하여 책임보험에 가입하여야 한다(제34조의3 제1항).

④ 보건복지부장관은 사회복지시설에 대하여 정기 및 수시 안전점검을 실시하여야 한다(제34조의4 제1항).

⑤ 지방자치단체가 설치한 사회복지시설은 비영리법인에 위탁하여 운영할 수 있다(제34조 제4항).

정답 ②

중요도 ★★★

04) 사회복지사업법상 사회복지법인의 임원에 관한 내용이다. ( )안에 들어갈 숫자를 옳게 짝지은 것은?

> • 법인은 대표이사를 포함한 이사 (㉠)명 이상과 감사 2명 이상을 두어야 한다.
> • 이사의 임기는 3년으로 하고 감사의 임기는 (㉡)년으로 하며, 각각 연임할 수 있다.
> • 외국인인 이사는 이사 현원의 (㉢)분의 1 미만이어야 한다.

① ㉠: 5, ㉡: 3, ㉢: 2   ② ㉠: 5, ㉡: 3, ㉢: 5

③ ㉠: 7, ㉡: 2, ㉢: 2   ④ ㉠: 7, ㉡: 2, ㉢: 3

⑤ ㉠: 7, ㉡: 2, ㉢: 5

해설

제18조(임원) 각항 참조

① 법인은 대표이사를 포함한 이사 7명 이상과 감사 2명 이상을 두어야 한다.

④ 이사의 임기는 3년으로 하고 감사의 임기는 2년으로 하며, 각각 연임할 수 있다.

⑤ 외국인인 이사는 이사 현원의 2분의 1 미만이어야 한다.

정답 ③

05) 사회복지사업법상 사회복지법인에 관한 설명으로 옳지 않은 것은?

① 사회복지법인의 이사 중에 결원이 생겼을 때에는 3개월 이내에 보충하여야 한다.

② 사회복지법인의 이사는 해당 법인이 설치한 사회복지시설의 장을 제외한 그 시설의 직원을 겸할 수 없다.

③ 시 · 도지사는 임시이사가 선임되었음에도 불구하고 해당 사회복지법인이 정당한 사유 없이 이사회 소집을 기피할 경우 이사회 소집을 권고할 수 있다.

④ 해산한 사회복지법인의 남은 재산은 정관으로 정하는 바에 따라 국가 또는 지방자치단체에 귀속된다.

⑤ 사회복지법인을 설립하려는 자는 시 · 도지사의 허가를 받아야 한다.

해설

제20조(임원의 보충): 이사 또는 감사 중에 결원이 생겼을 때에는 2개월 이내에 보충하여야 한다. 정답 ①

06) 사회복지사업법상 사회복지사 의무채용 제외시설이 아닌 것은?

① 영유아보육법에 따른 어린이집

② 노인복지법에 따른 노인복지관

③ 장애인복지법에 따른 점자도서관

④ 정신보건법에 따른 정신질환자 지역사회재활시설

⑤ 성매매방지 및 피해자보호 등에 관한 법률에 따른 성매매피해상담소

해설

사회복지사업법 제13조(사회복지사의 채용 및 교육 등) 참조 정답 ②

07) 사회복지사업법상 사회복지법인의 정관에 포함되어야 할 사항을 모두 고른 것은?

ㄱ. 회의에 관한 사항	ㄴ. 자산 및 회계에 관한 사항
ㄷ. 임원의 임면 등에 관한 사항	ㄹ. 공고 및 공고방법에 관한 사항

① ㄱ, ㄴ   ② ㄴ, ㄷ   ③ ㄱ, ㄷ, ㄹ   ④ ㄴ, ㄷ, ㄹ   ⑤ ㄱ, ㄴ, ㄷ, ㄹ

해설

사회복지사업법 제17조(정관) 제1항: 법인의 정관에는 다음 각 호의 사항이 포함되어야 한다.

1. 목적, 2. 명칭, 3. 주된 사무소의 소재지, 4. 사업의 종류, 5. 자산 및 회계에 관한 사항, 6. 임원의 임면(任免) 등에 관한 사항, 7. 회의에 관한 사항, 8. 수익(收益)을 목적으로 하는 사업이 있는 경우 그에 관한 사항, 9. 정관의 변경에 관한 사항, 10. 존립시기와 해산 사유를 정한 경우에는 그 시기와 사유 및 남은 재산의 처리방법, 11. 공고 및 공고방법에 관한 사항

정답 ⑤

중요도 ★★★　　　　　　　　　　　　　　　　　　　　　　　　　　　　(14회 기출)

08) 사회복지사업법상 사회복지법인(이하 "법인"이라한다)에 관한 설명으로 옳은 것은?

① 법인은 대표이사를 포함한 이사 5명 이상을 두어야 한다.

② 해산한 법인의 남은 재산은 정관으로 정하는 바에 따라 국가 또는 지방자치단체에 귀속된다.

③ 50만원의 벌금형을 선고받은 사람은 법인의 임원이 될 수 없다.

④ 이사는 법인이 설치한 사회복지시설의 장을 겸할 수 없다.

⑤ 법인 이사의 임기는 2년으로 연임할 수 있다.

해설

제27조 제1항: 해산한 법인의 남은 재산은 정관으로 정하는 바에 따라 국가 또는 지방자치단체에 귀속된다.

오답노트

① 제18조 제1항: 법인은 대표이사를 포함한 이사 7명 이상과 감사 2명 이상을 두어야 한다.
③ 제19조 100만원 이상의 벌금형을 선고받고 그 형이 확정된 후 5년이 지나지 아니한 사람이다.
④ 제21조 제1항: 이사는 법인이 설치한 사회복지시설의 장을 제외한 그 시설의 직원을 겸할 수 없다.
⑤ 제18조 제4항: 이사의 임기는 3년으로 하고 감사의 임기는 2년으로 하며, 각각 연임할 수 있다.

정답 ②

중요도 ★★★　　　　　　　　　　　　　　　　　　　　　　　　　　　　(14회 기출)

09) 사회복지사업법상 사회복지업무의 전자화를 위한 정보시스템에 관한 설명으로 옳은 것을 모두 고른 것은?

> ㄱ. 보건복지부장관은 정보시스템을 구축 운영할 수 있다.
>
> ㄴ. 지방자치단체의 장은 사회복지업무를 수행 할 때 관할 복지행정시스템과 정보 시스템을 전자적으로 연계하여 활용하여야 한다.
>
> ㄷ. 사회복지시설의 장은 국가와 지방자치단체가 실시하는 사회복지업무의 전자화 시책에 협력하여야한다.
>
> ㄹ. 보건복지부장관은 정보시스템의 운영에 관한 업무를 수행하는 전담기구를 설립할 수 있으며 그 전담기구는 법인으로 한다.

① ㄱ, ㄴ, ㄷ　　　② ㄱ, ㄷ　　　③ ㄴ, ㄹ　　　④ ㄹ　　　⑤ ㄱ, ㄴ, ㄷ, ㄹ

모두 옳은 내용이다.
• 사회복지사업법 제6조의2 사회복지업무의 전자화, 제6조의3 정보시스템 운영 전담기구 설립   정답 ⑤

(14회 기출)

10) 사회복지법상 사회복지관이 실시하는 사회복지서비스의 우선제공대상자로 명시되지 않는 자는?

① 국민기초생활 보장법에 따른 차상위계층   ② 다문화가족

③ 사회복지관 후원자   ④ 직업 및 취업알선이 필요한 사람

⑤ 보호와 교육이 필요한 유아

제34조제1항과 제2항에 따른 시설 중 사회복지관은 지역사회의 특성과 지역주민의 복지욕구를 고려하여 서비스 제공 등 지역복지증진을 위한 사업을 실시할 수 있다.
• 사회복지관은 모든 지역주민을 대상으로 사회복지서비스를 실시하되, 다음 각 호의 지역주민에게 우선 제공하여야 한다.
  1. 국민기초생활 보장법에 따른 수급자 및 차상위계층
  2. 장애인, 노인, 한부모가족 및 다문화가족
  3. 직업 및 취업 알선이 필요한 사람
  4. 보호와 교육이 필요한 유아 · 아동 및 청소년
  5. 그 밖에 사회복지관의 사회복지서비스를 우선 제공할 필요가 있다고 인정되는 사람   정답 ③

(14회 기출)

11) 사회복지사업법상 사회복지사에 관한 설명으로 옳지 않은 것은?

① 사회복지전담공무원은 사회복지자격을 가진 사람으로 한다.

② 사회복지시설에 종사하는 사회복지사는 정기적으로 인권에 관한 내용이 포함된 보수교육을 받아야 한다.

③ 사회복지법인을 운영하는 자는 그 법인에 종사하는 사회복지사에 대하여 법령에 따른 교육을 이유로 불리한 처분을 하여서는 아니 된다.

④ 지방자치단체의 장은 사회복지사의 자질 향상을 위하여 필요하다고 인정하면 보건복지부장관의 승인을 받아 사회복지사에게 교육을 받도록 명할 수 있다.

⑤ 사회복지사의 복지증진을 도모하기 위하여 한국사회복지사협회를 설립한다.

사회복지사업법 제13조(사회복지사의 채용 및 교육 등) 제2항: 보건복지부장관은 사회복지사의 자질 향상을 위하여 필요하다고 인정하면 사회복지사에게 교육을 받도록 명할 수 있다. 다만, 사회복지법인 또는 사회복지시설에 종사하는 사회복지사는 정기적으로 인권에 관한 내용이 포함된 보수교육(補修敎育)을 받아야 한다.   정답 ④

중요도 ★★★

12) 사회복지사업법령상 사회복지법인에 관한 설명으로 옳지 않은 것은?

① 사회복지법인의 정관에는 사업의 종류가 포함되어야 한다.

② 사회복지법인을 설립하려는 자는 시·도지사에게 신고하여야 한다.

③ 사회복지법인은 대표이사를 포함한 이사 7명 이상과 감사 2명 이상을 두어야 한다.

④ 이사는 사회복지법인이 설치한 사회복지시설의 장을 제외한 그 시설의 직원을 겸할
   수 없다.

⑤ 사회복지법인은 사회복지사업의 운영에 필요한 재산을 소유하여야 한다.

해설

제16조(법인의 설립허가)

① 사회복지법인(이하 이 장에서 "법인"이라 한다)을 설립하려는 자는 대통령령으로 정하는 바에 따라 시·도지사의 허가를 받아
   야 한다.

② 제1항에 따라 허가를 받은 자는 법인의 주된 사무소의 소재지에서 설립등기를 하여야 한다.

정답 ②

중요도 ★★★★★

13) 사회복지사업법령에 관한 설명으로 옳은 것은?

① 사회복지서비스의 신청은 시·군·구 복지담당공무원 외에는 할 수 없다.

② 사회복지법인 감사의 임기는 2년이며, 연임할 수 없다.

③ 사회복지시설 거주자 대표는 해당 시설의 운영위원회 위원이 될 수 없다.

④ 지역복지계획의 내용에 복지수요의 측정 및 전망에 관한 사항은 포함되지 않는다.

⑤ 대통령령으로 정하는 경우를 제외하고 각 사회복지시설의 수용인원은 300명을 초과
   할 수 없다.

해설

사회복지사업법 제41조(시설 수용인원의 제한) 각 시설의 수용인원은 300명을 초과할 수 없다.
다만, 대통령령으로 정하는 경우에는 그러하지 아니하다.

오답노트

① 제33조의2 제1항: 사회복지서비스를 필요로 하는 사람(보호대상자)과 그 친족, 그 밖의 관계인은 관할 시장·군수·구청장에
   게 보호대상자에 대한 사회복지서비스의 제공(서비스 제공)을 신청할 수 있다.

② 제18조 제4항: 이사의 임기는 3년으로 하고 감사의 임기는 2년으로 하며, 각각 연임할 수 있다.

③ 제36조 제2항: 운영위원회의 위원은 다음 각 호의 어느 하나에 해당하는 사람 중에서 관할 시장·군수·구청장이 임명하거나
   위촉한다.
   1. 시설의 장, 2. 시설 거주자 대표, 3. 시설 거주자의 보호자 대표, 4. 시설 종사자의 대표, 5. 해당 시·군·구 소속의 사회복
   지업무를 담당하는 공무원, 6. 후원자 대표 또는 지역주민, 7. 공익단체에서 추천한 사람, 8. 그 밖에 시설의 운영 또는 사회복

지에 관하여 전문적인 지식과 경험이 풍부한 사람

④ 제15조의4 지역복지계획의 내용인데 2015.7.1.부로 삭제되었음

정답 ⑤

(13회 기출)

중요도 ★★★

14) 사회복지사업법령상 사회복지사업의 근거가 되는 법이 아닌 것은?

① 아동복지법   ② 국민연금법   ③ 장애인복지법

④ 다문화가족지원법   ⑤ 노인복지법

해설

제2조(정의) 제1호: "사회복지사업"이란 다음 각 목의 법률에 따른 보호·선도(善導) 또는 복지에 관한 사업과 사회복지상담, 직업지원, 무료 숙박, 지역사회복지, 의료복지, 재가복지(在家福祉), 사회복지관 운영, 정신질환자 및 한센병력자의 사회복귀에 관한 사업 등 각종 복지사업과 이와 관련된 자원봉사활동 및 복지시설의 운영 또는 지원을 목적으로 하는 사업을 말한다.

※ 국민연금법은 해당되지 않는다.

정답 ②

(12회 기출)

중요도 ★★★

15) 사회복지사업법령의 내용으로 옳은 것은?

① 사회복지법인의 설립은 보건복지부장관의 인가를 받아야 한다.

② 시장·군수·구청장은 사회복지사업을 원활하게 수행하기 위하여 시·군·구 단위로 복지위원을 위촉하여야 한다.

③ 사회복지법인은 이사 정수의 5분의 1이내에서 지역사회복지협의체에서 추천한 사람을 선임하여야 한다.

④ 국가나 지방자치단체가 설치·운영하는 사회복지시설은 신고의 의무가 없다.

⑤ 사회복지시설의 장은 비상근으로 한다.

해설

사회복지사업법 제34조(사회복지시설의 설치) 제1항: 국가나 지방자치단체는 사회복지시설을 설치·운영할 수 있다.

오답노트

① 제16조 제1항: 사회복지법인을 설립하려는 자는 대통령령으로 정하는 바에 따라 시·도지사의 허가를 받아야 한다.

② 제8조 제1항: 시장·군수·구청장은 읍·면·동의 사회복지사업을 원활하게 수행하기 위하여 읍·면·동 단위로 복지위원을 위촉하여야 한다.

③ 제18조 제2항: 법인은 제1항에 따른 이사 정수의 3분의 1(소수점 이하 버림) 이상을 다음의 어느 하나에 해당하는 기관이 제7조 제2항 각 호(제2호, 제3호 및 제5호 제외)의 어느 하나에 해당하는 사람 중 2배수로 추천한 사람 중에서 선임하여야 한다.

  1. 제7조에 따른 사회복지위원회, 2. 제7조의2에 따른 지역사회복지협의체

⑤ 제35조 제1항: 시설의 장은 상근(常勤)하여야 한다.

정답 ④

16) 사회복지사업법령상 국가와 지방자치단체의 복지와 인권증진의 책임에 관한 내용으로
   옳지 않은 것은?

① 사회복지서비스를 이용하는 사람의 인권을 옹호할 책임을 진다.

② 사회복지서비스와 보건의료서비스를 함께 필요로 하는 사람에게 이들 서비스가 연
   계되어 제공되도록 노력하여야 한다.

③ 사회복지서비스 공급자를 고려하여 사회복지시설을 설치하여야 한다.

④ 사회복지서비스를 필요로 하는 사람들에게 사회복지서비스의 실시에 대한 정보를
   제공하여야 한다.

⑤ 시설 거주자의 희망을 반영하여 지역사회보호체계에서 서비스가 제공될 수 있도록
   노력하여야 한다.

해설

제4조 (복지와 인권증진의 책임)

① 국가와 지방자치단체는 사회복지서비스를 증진하고, 서비스를 이용하는 사람에 대하여 인권침해를 예방하고 차별을 금지하며
   인권을 옹호할 책임을 진다.

② 국가와 지방자치단체는 사회복지서비스와 보건의료서비스를 함께 필요로 하는 사람에게 이들 서비스가 연계되어 제공되도록
   노력하여야 한다.

③ 국가와 지방자치단체, 그 밖에 사회복지사업을 하는 자는 사회복지를 필요로 하는 사람에 대하여 그 사업과 관련한 상담, 작업
   치료(作業治療), 직업훈련 등을 실시하고 필요한 경우에는 주민의 복지 욕구를 조사할 수 있다.

④ 국가와 지방자치단체는 도움을 필요로 하는 국민이 본인의 선호와 필요에 따라 적절한 사회복지서비스를 제공받을 수 있도록
   사회복지서비스 수요자 등을 고려하여 사회복지시설이 균형 있게 설치되도록 노력하여야 한다.

정답 ③

17) 사회복지사업법령상 기본이념을 모두 고른 것은?

> ㄱ. 사회복지를 필요로 하는 사람은 누구든지 자신의 의사에 따라 서비스를 신청
>   하고 제공받을 수 있다.
> ㄴ. 사회복지법인 및 사회복지시설은 공공성을 가지며 사회복지사업을 시행하는
>   데 있어서 공공성을 확보하여야 한다.
> ㄷ. 사회복지사업을 시행하는 데 있어서 사회복지를 제공하는 자는 사회복지를 필
>   요로 하는 사람의 인권을 보장하여야 한다.
> ㄹ. 생활이 어려운 사람에게 필요한 급여를 실시하며 이들의 최저생활을 보장하고
>   자활을 돕는 것을 목적으로 한다.

① ㄱ, ㄴ, ㄷ   ② ㄱ, ㄷ   ③ ㄴ, ㄹ   ④ ㄹ   ⑤ ㄱ, ㄴ, ㄷ, ㄹ

제1조의2(기본이념)

① 사회복지를 필요로 하는 사람은 누구든지 자신의 의사에 따라 서비스를 신청하고 제공받을 수 있다.

② 사회복지법인 및 사회복지시설은 공공성을 가지며 사회복지사업을 시행하는 데 있어서 공공성을 확보하여야 한다.

③ 사회복지사업을 시행하는 데 있어서 사회복지를 제공하는 자는 사회복지를 필요로 하는 사람의 인권을 보장하여야 한다.

④ 사회복지서비스를 제공하는 자는 필요한 정보를 제공하는 등 사회복지서비스를 이용하는 사람의 선택권을 보장하여야 한다.

정답 ①

(11회 기출)

18) 사회복지사업법령상 과태료 부과 대상인 경우는?

① 보호대상자의 신용정보를 타인에게 누설하는 경우

② 법령상 보수교육을 이유로 사회복지시설 운영자가 사회복지사에게 불리한 처분을 하는 경우

③ 정당한 이유 없이 사회복지시설의 설치를 방해하는 경우

④ 법인의 수익사업에서 생긴 수익을 시설 운영 외의 목적으로 사용하는 경우

⑤ 신고하지 아니하고 사회복지시설을 설치 · 운영하는 경우

사회복지사업법 제13조 제3항: 사회복지법인 또는 사회복지시설을 운영하는 자는 그 법인 또는 시설에 종사하는 사회복지사에 대하여 제2항 단서에 따른 교육을 이유로 불리한 처분을 하여서는 아니 된다.

• 제13조 제2항 단서 및 제3항, 제11조의4, 제18조제6항, 제24조, 제31조, 제34조의3, 제34조의4, 제37조, 제38조제1항 · 제2항 또는 제45조를 위반한 자에게는 300만원 이하의 과태료를 부과한다.

정답 ②

(11회 기출)

19) 사회복지사업법령상 다음의 역할을 모두 수행하는 조직은?

> ㄱ. 사회복지사에 대한 전문지식 및 기술의 개발 · 보급
>
> ㄴ. 사회복지사의 전문성 향상을 위한 교육훈련
>
> ㄷ. 사회복지사제도에 대한 조사 연구
>
> ㄹ. 국제사회복지사단체와의 교류 · 협력

① 한국사회복지협의회   ② 한국사회복지사협회   ③ 한국사회복지사연합회

④ 한국사회복지사위원회   ⑤ 한국사회복지관협회

한국사회복지사협회의 업무(사회복지사업법 시행령 제22조 참조)

1. 사회복지사에 대한 전문지식 및 기술의 개발·보급, 2. 사회복지사의 전문성 향상을 위한 교육훈련, 3. 사회복지사제도에 대한 조사연구·학술대회개최 및 홍보·출판사업, 4. 국제사회복지사단체와의 교류·협력, 5. 보건복지부장관이 위탁하는 사회복지사업에 관한 업무, 6. 기타 협회의 목적달성에 필요한 사항

정답 ②

중요도 ★★★ (11회 기출)

20) 사회복지사업법령상 사회복지시설 운영위원회의 역할로 옳은 것을 모두 고른 것은?

> 가. 시설운영계획의 수립·평가에 관한 심의
>
> 나. 시설종사자의 근무환경 개선에 관한 심의
>
> 다. 시설과 지역사회의 협력에 관한 심의
>
> 라. 시설거주자의 인권보호에 관한 심의

① 가, 나, 다　　② 가, 다　　③ 나, 라　　④ 라　　⑤ 가, 나, 다, 라

사회복지사업법 제36조(운영위원회) 제1항: 시설의 장은 시설의 운영에 관한 다음 각 호의 사항을 심의하기 위하여 시설에 운영위원회를 두어야 한다. 다만, 보건복지부령으로 정하는 경우에는 복수의 시설에 공동으로 운영위원회를 둘 수 있다.

1. 시설운영계획의 수립·평가에 관한 사항, 2. 사회복지 프로그램의 개발·평가에 관한 사항, 3. 시설 종사자의 근무환경 개선에 관한 사항, 4. 시설 거주자의 생활환경 개선 및 고충 처리 등에 관한 사항, 5. 시설 종사자와 거주자의 인권보호 및 권익증진에 관한 사항, 6. 시설과 지역사회의 협력에 관한 사항, 7. 그 밖에 시설의 장이 운영위원회의 회의에 부치는 사항

정답 ⑤

중요도 ★★★ (10회 기출)

21) ( )에 들어갈 숫자의 합은?

> 사회복지사업법상 사회복지법인은 대표이사를 포함한 이사 ( )명 이상과 감사 ( )명 이상을 두어야 하며, 이사 또는 감사 중에 결원이 생겼을 때에는 ( ) 개월 이내에 보충하여야 한다.

① 7　　② 9　　③ 11　　④ 13　　⑤ 15

사회복지사업법 제18조 및 제20조 참조

• 제18조: 법인은 대표이사를 포함한 이사 7명 이상과 감사 2명 이상을 두어야 한다.

• 제20조(임원의 보충): 이사 또는 감사 중에 결원이 생겼을 때에는 2개월 이내에 보충하여야 한다.

정답 ③

〈국민연금법〉

중요도 ★★★   (17회 기출)

01) 국민연금법의 내용으로 옳은 것은?

① 이 법을 적용할 때 배우자의 범위에는 사실상의 혼인관계에 있는 자는 제외된다.

② 수급권을 취득할 당시 가입자였던 자의 태아가 출생하면 그 자녀는 가입자였던 자에 의하여 생계를 유지하고 있던 자녀로 본다.

③ 지역가입자의 종류는 사업장가입자와 지역가입자의 2가지로 구분된다.

④ 지역가입자가 사업장가입자의 자격을 취득한 때에는 그에 해당하게 된 날의 다음날에 지역가입자의 자격을 상실한다.

⑤ 수급권자가 사망한 경우 그 수급권자에게 미지급에게 미지급 급여가 있으면 그 급여를 받을 순위는 자녀, 배우자, 부모의 순으로 한다.

해설

제3조(정의) 제3항: 수급권을 취득할 당시 가입자 또는 가입자였던 자의 태아가 출생하면 그 자녀는 가입자 또는 가입자였던 자에 의하여 생계를 유지하고 있던 자녀로 본다.

오답노트

① 이 법을 적용할 때 배우자, 남편 또는 아내에는 사실상의 혼인관계에 있는 자를 포함한다(제3조).
③ 가입자는 사업장가입자, 지역가입자, 임의가입자 및 임의계속가입자로 구분한다(제7조).
④ 사업장가입자는 국민연금 가입 대상 제외자에 해당하게 된 때 경우에는 그에 해당하게 된 날에 자격을 상실한다(제12조 단서).
⑤ 유족연금의 받을 순위는 배우자, 자녀, 부모, 조부모, 형제자매의 순으로 한다(제73조).

정답 ②

중요도 ★★★   (15회 기출)

02) 국민연금법상 유족연금에 관한 설명으로 옳지 않은 것은?

① 노령연금 수급권자가 사망하면 그 유족에게 유족연금이 지급된다.

② 가입기간이 10년 이상인 가입자가 사망하면 그 유족에게 유족연금이 지급된다.

③ 유족연금 수급권자인 배우자가 재혼한 때에는 그 수급권은 소멸한다.

④ 자녀인 유족연금수급권자가 다른 사람에게 입양된 때에는 그 수급권은 소멸하지 않는다.

⑤ 장애등급이 3급인 장애연금 수급권자가 사명하면 그 유족에게 유족연금이 지급되지 아니한다.

국민연금법 제75조(유족연금 수급권의 소멸): 수급권자가 사망한 때, 배우자인 수급권자가 재혼한 때, 자녀나 손자녀인 수급권자가 파양된 때, 장애등급 2급 이상에 해당하지 아니한 자녀인 수급권자가 25세가 된 때 또는 장애등급 2급 이상에 해당하지 아니한 손자녀인 수급권자가 19세가 된 때

정답 ④

03) 국민연금법상 지역가입자에 관한 내용이다. ( )에 들어갈 숫자가 순서대로 옳은 것은?

> ( )세 이상 ( )세 미만인 자로서 학생이거나 군 복무 등의 이유로 소득이 없는 자(연금보험료를 납부한 사실이 있는 자 제외)는 지역가입자에서 제외한다.

① 15, 25　　　② 15, 27　　　③ 18, 27　　　④ 18, 30　　　⑤ 20, 30

제9조. 제8조에 따른 사업장가입자가 아닌 자로서 18세 이상 60세 미만인 자는 당연히 지역가입자가 된다. 다만, 다음 각 호의 어느 하나에 해당하는 자는 제외한다.
- 제3호: 18세 이상 27세 미만인 자로서 학생이거나 군 복무 등의 이유로 소득이 없는 자(연금보험료를 납부한 사실이 있는 자는 제외한다.)

정답 ③

04) 국민연금법령에 관한 설명으로 옳지 않은 것은?

① 부담금이란 사업장의 가입자가 부담하는 금액을 말한다.

② 가입자는 사업장가입자, 지역가입자, 임의가입자 및 임의계속가입자로 구분한다.

③ 가입자의 가입 종류가 변동되면 그 가입자의 가입기간은 각 종류별 가입기간을 합산한 기간으로 한다.

④ 국민연금공단은 법인으로 한다.

⑤ 연금액은 지급사유에 따라 기본연금액과 부양가족연금액을 기초로 산정한다.

제3조 (정의 등) 제11호: "부담금"이란 사업장가입자의 사용자가 부담하는 금액을 말한다.

② 제7조(가입자의 종류) 참조
③ 제20조(가입기간의 합산) ② 참조
④ 제26조(법인격) 참조
⑤ 제50조(급여 지급) ② 참조

정답 ①

05) 국민연금법령에서 사용하는 용어의 뜻으로 옳지 않은 것은?

① 기여금이란 사업장가입자의 사용자가 부담하는 금액을 말한다.

② 사용자란 해당 근로자가 소속되어 있는 사업장의 사업주를 말한다.

③ 평균소득월액이란 매년 사업장가입자 및 지역가입자 전원의 기준소득월액을 평균한 금액을 말한다.

④ 기준소득월액이란 연금보험료와 급여를 산정하기 위하여 가입자의 소득월액을 기준으로 하여 대통령령으로 정하는 금액을 말한다.

⑤ 사업장이란 근로자를 사용하는 사업소 및 사무소를 말한다.

해설

제3조 (정의 등) 제1항 제12호: "기여금"이란 사업장가입자가 부담하는 금액을 말한다.

보충노트

2. "사용자(使用者)"란 해당 근로자가 소속되어 있는 사업장의 사업주를 말한다.

3. "평균소득월액"이란 매년 사업장가입자 및 지역가입자 전원(全員)의 기준소득월액을 평균한 금액을 말한다.

4. "기준소득월액"이란 연금보험료와 급여를 산정하기 위하여 국민연금가입자(가입자)의 소득월액을 기준으로 하여 정하는 금액을 말한다.

※ "소득"이란 일정한 기간 근로를 제공하여 얻은 수입에서 대통령령으로 정하는 비과세소득을 제외한 금액 또는 사업 및 자산을 운영하여 얻는 수입에서 필요경비를 제외한 금액을 말한다. 정답 ①

06) 국민연금법령상 급여의 종류에 해당하지 않는 것은?

① 노령연금   ② 상병보상연금   ③ 유족연금   ④ 장애연금   ⑤ 반환일시금

해설

제49조(급여의 종류) 참조

1. 노령 연금, 2. 장애연금, 3. 유족연금, 4. 반환일시금 정답 ②

07) 국민연금법령상 분할연금을 받으려는 자가 모두 갖추어야 할 요건으로 옳지 않은 것은?

① 배우자의 국민연금 가입기간 중의 혼인 기간이 5년 이상일 것

② 배우자와 이혼하였을 것

③ 배우자였던 사람이 노령연금 수급권자일 것

④ 60세가 되었을 것

⑤ 요건을 모두 갖추게 된 때부터 1년 이내에 청구할 것

제64조(분할연금 수급권자 등) 제3항: 분할연금은 제 1항 각호의 요건을 모두 갖추게 된 때부터 5년 이내에 청구하여야 한다.

보충노트

① 혼인 기간(배우자의 가입기간 중의 혼인 기간으로서 별거, 가출 등의 사유로 인하여 실질적인 혼인관계가 존재하지 아니하였던 기간을 제외한 기간을 말한다. 이하 같다)이 5년 이상인 자가 다음 각 호의 요건을 모두 갖추면 그때부터 그가 생존하는 동안 배우자였던 자의 노령연금을 분할한 일정한 금액의 연금(분할연금)을 받을 수 있다.

1. 배우자와 이혼하였을 것

2. 배우자였던 사람이 노령연금 수급권자일 것

3. 60세가 되었을 것

② 제1항에 따른 분할연금액은 배우자였던 자의 노령연금액(부양가족연금액은 제외한다) 중 혼인 기간에 해당하는 연금액을 균등하게 나눈 금액으로 한다.

정답 ⑤

중요도 ★★★   (10회 기출)

08) 국민연금법상 국민연금기금을 운용할 수 있는 방법으로 옳은 것을 모두 고른 것은?

> ㄱ. 은행법에 따른 은행에 대한 예입 또는 신탁
> ㄴ. 공공사업을 위한 공공부문에 대한 투자
> ㄷ. 기금의 본래 사업 목적을 수행하기 위한 재산의 취득 및 처분
> ㄹ. 노인복지법에 따른 노인복지시설의 설치 공급 임대

① ㄱ, ㄴ, ㄷ   ② ㄱ, ㄷ   ③ ㄴ, ㄹ

④ ㄹ   ⑤ ㄱ, ㄴ, ㄷ, ㄹ

해설

제102조 (기금의 관리 및 운용)

① 기금은 보건복지부장관이 관리·운용한다.

② 보건복지부장관은 국민연금 재정의 장기적인 안정을 유지하기 위하여 그 수익을 최대로 증대시킬 수 있도록 제103조에 따른 국민연금기금운용위원회에서 의결한 바에 따라 다음의 방법으로 기금을 관리·운용하되, 가입자, 가입자였던 자 및 수급권자의 복지증진을 위한 사업에 대한 투자는 국민연금 재정의 안정을 해치지 아니하는 범위에서 하여야 한다. 다만, 제2호의 경우에는 기획재정부장관과 협의하여 국채를 매입한다.

1. 대통령령으로 정하는 금융기관에 대한 예입 또는 신탁

2. 공공사업을 위한 공공부문에 대한 투자

3. 자본시장과 금융투자업에 관한 법률 제4조에 따른 증권의 매매 및 대여

4. 자본시장과 금융투자업에 관한 법률 제5조제1항 각 호에 따른 지수 중 금융투자상품지수에 관한 파생상품시장에서의 거래

5. 제46조에 따른 복지사업 및 대여사업

6. 기금의 본래 사업 목적을 수행하기 위한 재산의 취득 및 처분

7. 그 밖에 기금의 증식을 위하여 대통령령으로 정하는 사업

정답 ⑤

<국민건강보험법>

(17회 기출)

중요도 ★★★

01) 국민건강보험법상 가입자가 자격을 상실하는 시기로 옳은 것은?

① 사망한 날의 다음날　　　　　② 국적을 잃은 날

③ 국내에 거주하지 아니하게 된 날　　④ 직장가입자의 피부양자가 된 다음 날

⑤ 수급권자가 된 다음 날

해설

국민건강보험법 제10조(자격의 상실시기 등) 참조
- 해당일의 다음날에 자격 상실: 사망한 날의 다음 날, 국적을 잃은 날의 다음 날, 국내에 거주하지 아니하게 된 날의 다음 날
- 해당일에 자격 상실: 직장가입자의 피부양자가 된 날, 수급권자가 된 날, 건강보험을 적용받고 있던 사람이 유공자 등 의료보호 대상자가 되어 건강보험의 적용배제신청을 한 날

정답 ①

중요도 ★★★

(14회 기출)

02) 국민건강보험법령상 직장가입자의 피부양자가 될 수 없는 자는? (단, 직장가입자에게 주로 생계를 의존하고, 그와 동거하며 보수나 소득이 없는 자에 한함)

① 직장가입자의 배우자의 자매　　② 직장가입자의 배우자

③ 직장가입자의 자녀　　　　　　④ 직장가입자의 부모

⑤ 직장가입자의 조부모

해설

국민건강보험법 제5조(적용대상 등) 제2항: 피부양자는 다음 각 호의 어느 하나에 해당하는 사람 중 직장가입자에게 주로 생계를 의존하는 사람으로서 소득 및 재산이 보건복지부령으로 정하는 기준 이하에 해당하는 사람을 말한다.
1. 직장가입자의 배우자, 직장가입자의 형제·자매
2. 직장가입자의 직계존속(배우자의 직계존속을 포함한다)
3. 직장가입자의 직계비속(배우자의 직계비속을 포함한다)과 그 배우자

정답 ①

중요도 ★★★★

(13회 기출)

03) 국민건강보험법령상 건강보험 가입자가 자격을 상실하는 날로서 옳은 것은?

① 국적을 잃은 날

② 사망한 날

③ 국내에 거주하지 아니하게 된 날의 다음 날

④ 의료급여법에 따라 의료급여를 받게 된 날의 다음 날

⑤ 직장가입자의 피부양자가 된 날의 다음 날

제10조 (자격의 상실 시기 등) 제1항: 가입자는 다음 각 호의 어느 하나에 해당하게 된 날에 그 자격을 잃는다.

1. 사망한 날의 다음 날
2. 국적을 잃은 날의 다음 날
3. 국내에 거주하지 아니하게 된 날의 다음 날
4. 직장가입자의 피부양자가 된 날
5. 수급권자가 된 날
6. 건강보험을 적용받고 있던 사람이 유공자등 의료보호대상자가 되어 건강보험의 적용배제신청을 한 날

정답 ③

중요도 ★★★★   (12회 기출)

04) 국민건강보험법령상 요양기관에서 제외할 수 있는 기관은?

① 의료법에 따라 개설된 의료기관

② 약사법에 따라 등록된 약국

③ 약사법에 따라 설립된 한국희귀의약품센터

④ 지역보건법에 따른 보건소

⑤ 사회복지사업법에 따른 사회복지시설에 수용된 사람의 진료를 주된 목적으로 개설
   된 의료기관

해설

제42조 (요양기관): 요양급여(간호와 이송은 제외한다)는 다음 각 호의 요양기관에서 실시한다. 이 경우 보건복지부장관은 공익이나 국가정책에 비추어 요양기관으로 적합하지 아니한 대통령령으로 정하는 의료기관 등은 요양기관에서 제외할 수 있다.

   1. 의료법에 따라 개설된 의료기관
   2. 약사법에 따라 등록된 약국
   3. 약사법 제91조에 따라 설립된 한국희귀의약품센터
   4. 지역보건법에 따른 보건소 · 보건의료원 및 보건지소
   5. 농어촌 등 보건의료를 위한 특별조치법에 따라 설치된 보건진료소

• 시행령 제18조(요양기관에서 제외되는 의료기관 등)
  – 법 제42조 제1항 각 호 외의 부분 후단에서 "대통령령으로 정하는 의료기관 등"이란 다음 각호의 의료기관 또는 약국을 말한다.
   1. 의료법 제35조에 따라 개설된 부속 의료기관
   2. 사회복지사업법 제34조에 따른 사회복지시설에 수용된 사람의 진료를 주된 목적으로 개설된 의료기관
   3. 제19조 제1항에 따른 본인부담액을 받지 아니하거나 경감하여 받는 등의 방법으로 가입자나 피부양자를 유인(誘引)하는 행위 또는 이와 관련하여 과잉 진료행위를 하거나 부당하게 많은 진료비를 요구하는 행위를 하여 다음 각 목의 어느 하나에 해당하는 업무정지 처분 등을 받은 의료기관

정답 ⑤

중요도 ★★★   (11회 기출)

05) 국민건강보험법령상 이의신청 및 심판청구 등에 관한 설명으로 옳지 않은 것은?

① 국민건강보험공단의 처분에 이의가 있는 자는 공단에 이의신청을 할 수 있다.

② 건강보험심사평가원의 처분에 이의가 있는 자는 심사평가원에 이의신청을 할 수 있다.

③ 이의신청은 처분이 있은 날로부터 180일을 지나면 제기하지 못하는 것이 원칙이다.

④ 이의신청에 대한 결정에 불복하는 자는 건강보험분쟁조정위원회에 심판청구를 할 수 있다.

⑤ 이의신청에 대한 결정에 불복하는 자는 건강보험분쟁조정위원회에 심판청구를 한 후가 아니면 행정소송을 제기할 수 없다.

해설

제90조(행정소송) 공단 또는 심사평가원의 처분에 이의가 있는 자와 제87조에 따른 이의신청 또는 제88조에 따른 심판청구에 대한 결정에 불복하는 자는 행정소송법에서 정하는 바에 따라 행정소송을 제기할 수 있다.

정답 ⑤

(10회 기출)

06) 국민건강보험법상 국민건강보험공단의 업무가 아닌 것은?

① 요양급여의 적정성에 대한 평가   ② 가입자 및 피부양자의 자격 관리

③ 국민건강보험 보험료의 부과 징수   ④ 보험급여비용의 지급

⑤ 건강보험에 관한 교육훈련

해설

제62조(건강보험심사평가원): 요양급여비용을 심사하고 요양급여의 적정성을 평가하기 위하여 건강보험심사평가원을 설립한다.

오답노트

제14조(국민건강보험공단 업무 등)

1. 가입자 및 피부양자의 자격 관리
2. 보험료와 그 밖에 이 법에 따른 징수금의 부과 · 징수
3. 보험급여의 관리
4. 가입자 및 피부양자의 건강 유지와 증진을 위하여 필요한 예방사업
5. 보험급여 비용의 지급
6. 자산의 관리 · 운영 및 증식사업
7. 의료시설의 운영
8. 건강보험에 관한 교육훈련 및 홍보
9. 건강보험에 관한 조사연구 및 국제협력
10. 이 법에서 공단의 업무로 정하고 있는 사항
11. 국민연금법, 고용보험 및 산업재해보상보험의 보험료징수 등에 관한 법률, 임금채권보장법 및 석면피해구제법에 따라 위탁받은 업무
12. 그 밖에 이 법 또는 다른 법령에 따라 위탁받은 업무
13. 그 밖에 건강보험과 관련하여 보건복지부장관이 필요하다고 인정한 업무

정답 ①

〈산업재해보상보험법〉

01) 산업재해보상보험법상 보험급여의 종류별로 명시되지 않은 것은?

① 휴업급여　　　　　　　　② 구직급여

③ 유족급여　　　　　　　　④ 상병보상연금

⑤ 장해급여

해설

산업재해보상보험법 제36조(보험급여의 종류와 산정 기준 등): 요양급여, 휴업급여, 장해급여, 간병급여, 유족급여, 직업재활급여, 상병(傷病) 보상연금, 장의비(葬儀費) 등

• 구직급여는 고용보험법상 급여의 종류에 해당된다.

정답 ②

02) 산업재해보상보험법상 용어에 관한 설명으로 옳지 않은 것은?

① 업무상의 사유에 따른 근로자의 부상 · 질병 · 장해 또는 사망은 업무상의 재해이다.

② 근로자란 근로기준법에 따른 근로자를 말한다.

③ 사실혼 관계에 있는 배우자는 유족에 포함되지 않는다.

④ 치유란 부상 또는 질병이 완치되거나 치료의 효과를 더 이상 기대할 수 없고 그 증상이 고정된 상태에 이르게 된 것을 말한다.

⑤ 진폐(塵肺)란 분진을 흡입하여 폐에 생기는 섬유증식성(纖維增殖性) 변화를 주된 증상으로 하는 질병을 말한다.

해설

산업재해보상보험법 제5조(정의) 참조

1. "업무상의 재해"란 업무상의 사유에 따른 근로자의 부상 · 질병 · 장해 또는 사망을 말한다.
2. "근로자"란 근로기준법에 따른 근로자를 말한다.
3. "유족"이란 사망한 자의 배우자(사실상 혼인 관계에 있는 자를 포함한다. 이하 같다) · 자녀 · 부모 · 손자녀 · 조부모 또는 형제자매를 말한다.
4. "치유"란 부상 또는 질병이 완치되거나 치료의 효과를 더 이상 기대할 수 없고 그 증상이 고정된 상태에 이르게 된 것을 말한다.
5. "장해"란 부상 또는 질병이 치유되었으나 정신적 또는 육체적 훼손으로 인하여 노동능력이 상실되거나 감소된 상태를 말한다.
6. "중증요양상태"란 업무상의 부상 또는 질병에 따른 정신적 또는 육체적 훼손으로 노동능력이 상실되거나 감소된 상태로서 그 부상 또는 질병이 치유되지 아니한 상태를 말한다.
7. "진폐"(塵肺)란 분진을 흡입하여 폐에 생기는 섬유증식성(纖維增殖性) 변화를 주된 증상으로 하는 질병을 말한다.
8. "출퇴근"이란 취업과 관련하여 주거와 취업장소 사이의 이동 또는 한 취업 장소에서 다른 취업 장소로의 이동을 말한다.

정답 ③

03) 산업재해보상보험법령상 보험급여의 종류에 해당하지 않는 것은?

① 요양급여   ② 간병급여

③ 주거급여   ④ 직업재활급여

⑤ 장의비

해설

제36조(보험급여의 종류와 산정 기준 등): 보험급여의 종류는 다음 각 호와 같다. 다만, 진폐에 따른 보험급여의 종류는 제1호의 요양급여, 제4호의 간병급여, 제7호의 장의비, 제8호의 직업재활급여, 제91조의3에 따른 진폐보상연금 및 제91조의4에 따른 진폐 유족연금으로 한다.

1. 요양급여, 2. 휴업급여, 3. 장해급여, 4. 간병급여, 5. 유족급여, 6. 상병(傷病)보상연금, 7. 장의비(葬儀費), 8. 직업재활급여

정답 ③

04) 산업재해보상보험법상 다음에서 정의하는 용어가 순서대로 옳은 것은?

> • 부상 또는 질병이 치유되었으나 정신적 또는 육체적 훼손으로 인하여 노동능력이 상실되거나 감소된 상태를 말한다.
> • 업무상 부상 또는 질병에 따른 정신적 또는 육체적 훼손으로 노동력이 상실되거나 감소된 상태로서 그 부상 또는 질병이 치유되지 아니한 상태를 말한다.

① 장해, 진폐   ② 폐질, 장해   ③ 장해, 폐질

④ 폐질, 진폐   ⑤ 진폐, 장해

해설

제5조(정의) 참조

5. "장해"란 부상 또는 질병이 치유되었으나 정신적 또는 육체적 훼손으로 인하여 노동능력이 상실되거나 감소된 상태를 말한다.
6. "폐질"이란 업무상의 부상 또는 질병에 따른 정신적 또는 육체적 훼손으로 노동능력이 상실되거나 감소된 상태로서 그 부상 또는 질병이 치유되지 아니한 상태를 말한다.

정답 ③

05) 산업재해보상보험법령상 업무상 사고에 해당하지 않는 것은?(다툼이 있는 경우에는 판례에 의함)

① 근로계약에 따른 업무수행 행위를 하던 중에 발생한 사고

② 업무를 준비하거나 마무리하는 행위를 하던 중에 발생한 사고

③ 사업주가 주관한 등산대회에 참가하여 발생한 사고

④ 출장 중에 개인적인 용무를 보다가 발생한 사고

⑤ 휴게시간 중 사업주의 지배관리하에 있다고 볼 수 있는 행위로 발생한 사고

해설

제37조(업무상의 재해의 인정 기준) 제1항: 근로자가 다음 각 호의 어느 하나에 해당하는 사유로 부상·질병 또는 장해가 발생하거나 하면 업무상의 재해로 본다. 다만, 업무와 재해 사이에 상당인과관계(相當因果關係)가 없는 경우에는 그러하지 아니하다.

1. 업무상 사고

　가. 근로자가 근로계약에 따른 업무나 그에 따르는 행위를 하던 중 발생한 사고

　나. 사업주가 제공한 시설물 등을 이용하던 중 그 시설물 등의 결함이나 관리소홀로 발생한 사고

　다. 사업주가 제공한 교통수단이나 그에 준하는 교통수단을 이용하는 등 사업주의 지배관리하에서 출퇴근 중 발생한 사고

　라. 사업주가 주관하거나 사업주의 지시에 따라 참여한 행사나 행사준비 중에 발생한 사고

　마. 휴게시간 중 사업주의 지배관리하에 있다고 볼 수 있는 행위로 발생한 사고

　바. 그 밖에 업무와 관련하여 발생한 사고

정답 ④

---

06) 산업재해보상보험법령의 내용으로 옳은 것은?

① 사망한 자와 사실상 혼인 관계에 있는 자는 유족의 범위에 포함되지 않는다.

② 장해급여의 결정과 지급은 한국장애인고용공단에서 수행한다.

③ 진폐에 따른 산업재해보상보험급여의 종류로는 요양급여, 휴업급여, 장해급여 등이 있다.

④ 휴업급여는 취업하지 못한 기간에 관계없이 지급한다.

⑤ 유족보상연금 수급권자인 사망한 근로자의 배우자가 재혼한 때에는 그 자격을 잃는다.

해설

제64조 ① 유족보상연금 수급자격자인 유족이 다음 각 호의 어느 하나에 해당하면 그 자격을 잃는다. 1. 사망한 경우, 2. 재혼한 때(사망한 근로자의 배우자만 해당하며, 재혼에는 사실상 혼인 관계에 있는 경우를 포함한다)

오답노트

① 제5조(정의) 3호 "유족"이란 사망한 자의 배우자(사실상 혼인 관계에 있는 자를 포함한다)·자녀·부모·손자녀·조부모 또는 형제자매를 말한다.

② 장해급여의 결정과 지급은 근로복지공단에서 수행한다.

③ 진폐에 따른 보험급여의 종류는 제1호의 요양급여, 제4호의 간병급여, 제7호의 장의비, 제8호의 직업재활급여, 제91조의3에 따른 진폐보상연금 및 제91조의4에 따른 진폐유족연금으로 한다.

④ 제52조(휴업급여) 휴업급여는 업무상 사유로 부상을 당하거나 질병에 걸린 근로자에게 요양으로 취업하지 못한 기간에 대하여 지급하되, 1일당 지급액은 평균임금의 100분의 70에 상당하는 금액으로 한다. 다만, 취업하지 못한 기간이 3일 이내이면 지급하지 아니한다.

정답 ⑤

07) 산업재해보상보험법 연금을 받으려는 자가 모두 갖추어야 할 요건으로 옳지 않은 것은?

① 고용노동부장관의 위탁을 받아 근로복지공단이 보험 사업을 수행한다.

② 업무상 재해에는 업무상 사고와 업무상 질병이 포함된다.

③ 가구 내 고용활동에는 산업재해보상보험법이 적용되지 아니한다.

④ 간병급여는 실제로 간병을 한 자에게 지급한다.

⑤ 진폐에 따른 보험급여의 특례가 규정되어 있다.

해설

제61조(간병급여) 제1항: 간병급여는 제40조에 따른 요양급여를 받은 자 중 치유 후 의학적으로 상시 또는 수시로 간병이 필요하여 실제로 간병을 받는 자에게 지급한다.

정답 ④

08) 산업재해보상보험법에 관한 내용으로 옳지 않은 것은?

① 근로자 5인 미만을 고용하는 사업장에는 적용하지 않는다.

② 업무상의 재해란 업무상의 사유에 따른 근로자의 부상 질병 장해 또는 사망을 말한다.

③ 업무상 부상이 3일 이내의 요양으로 치유될 수 있는 경우에는 요양급여를 지급하지 아니한다.

④ 근로자의 자해행위로 인한 부상이나 질병은 업무상 재해로 보지 아니한다.

⑤ 장해급여는 업무상 부상이나 질병이 치유된 후 신체 등에 장해가 있는 경우에 지급한다.

해설

제6조(적용 범위) 이 법은 근로자를 사용하는 모든 사업 또는 사업장에 적용한다. 다만, 위험률·규모 및 장소 등을 고려하여 대통령령으로 정하는 사업에 대하여는 이 법을 적용하지 아니한다.

정답 ①

〈고용보험법〉

(17회 기출)

01) 고용보험법의 내용으로 옳지 않은 것은?

① 일용근로자는 1개월 미만 동안 고용되는 자를 말한다.

② 실업급여에는 취업촉진수당이 포함되지 않는다.

③ 실업이란 근로의 의사와 능력이 있음에도 불구하고 취업하지 못한 상태에 있는 것을 말한다.

④ 구직급여를 지급받으려는 자는 이직 후 지체없이 직업안정기관에 출석하여 실업을 신고하여야 한다.

⑤ 65세 이후에 고용되거나 자영업을 개시한 자에 대한 고용안정 및 직업능력개발사업에 관하여는 이 법을 적용한다.

해설

고용보험법 제37조(실업급여의 종류) 참조
• 실업급여: 구직급여, 취업촉진수당
• 취업촉진수당: 조기(早期)재취업수당, 직업능력개발 수당, 광역 구직활동비, 이주비 등

정답 ②

(16회 기출)

02) 다음은 고용보험법상 이직한 피보험자의 구직급여 수급요건 중 하나이다. (   )에 들어갈 숫자를 옳게 짝지은 것은?

> 이직일 이전 (ㄱ)개월간 피보험 단위기간이 통산하여 (ㄴ)일 이상일 것

① ㄱ: 6, ㄴ: 90　　　　② ㄱ: 6, ㄴ: 120　　　　③ ㄱ: 10, ㄴ: 180

④ ㄱ: 18, ㄴ: 120　　　⑤ ㄱ: 18, ㄴ: 180

해설

고용보험법 제40조(구직급여의 수급 요건) 제1항 제1호 참조
• 이직일 이전 18개월간 제41조에 따른 피보험 단위기간이 통산(通算)하여 180일 이상일 것

정답 ⑤

(14회 기출)

03) 고용보험법상 육아휴직급여에 관한 설명으로 옳지 않은 것은?

① 육아휴직을 받으려면 육아휴직을 시작한 날 이전 18개월간 피보험 단위기간이 통산하여 180일 이상이어야 한다.

② 피보험자가 육아휴직기간 중에 이직(離職)한 경우에는 그 사실을 직업안정기관의 장에게 신고하여야 한다.

③ 직업안정기관의 장은 필요하다고 인정하면 육아휴직급여 기간 중의 취업여부 등에 대하여 조사할 수 있다.

④ 피보험자가 육아휴직 급여 기간 중에 그 사업에서 이직(離職)한 경우에는 그 이직(離職)하였을 때부터 육아휴직급여를 지급하지 아니한다.

⑤ 직업안정기관의 장은 거짓으로 육아휴직 급여를 지급 받은 자에게 지급받은 전체 육아휴직 급여의 전부 또는 일부의 반환을 명할 수 있다.

해설

제70조(육아휴직 급여) 제1항: 고용노동부장관은 남녀고용평등과 일·가정 양립 지원에 관한 법률 제19조에 따른 육아휴직을 30일(「근로기준법」 제74조에 따른 출산전후휴가기간과 중복되는 기간은 제외한다) 이상 부여받은 피보험자 중 육아휴직을 시작한 날 이전에 제41조에 따른 피보험 단위기간이 통산하여 180일 이상인 피보험자에게 육아휴직 급여를 지급한다.

정답 ①

04) 고용보험법령상 취업촉진 수당의 종류로 옳은 것을 모두 고른 것은?

ㄱ. 조기재취업수당	ㄴ. 광역 구직활동비
ㄷ. 직업능력개발 수당	ㄹ. 구직급여

① ㄱ, ㄴ, ㄷ   ② ㄱ, ㄷ   ③ ㄴ, ㄹ   ④ ㄹ   ⑤ ㄱ, ㄴ, ㄷ, ㄹ

해설

제37조(실업급여의 종류) 참조
① 실업급여는 구직급여와 취업촉진 수당으로 구분한다.
② 취업촉진 수당의 종류는 다음 각 호와 같다.
  1. 조기(早期)재취업수당, 2. 직업능력개발 수당, 3. 광역 구직활동비, 4. 이주비

정답 ①

05) 고용보험법령상 자영업자의 피보험자의 실업급여의 종류에 해당하는 것은?

① 훈련연장급여   ② 개별연장급여   ③ 특별연장급여
④ 조기재취업수당   ⑤ 이주비

해설

제69조의2(자영업자인 피보험자의 실업급여의 종류): 자영업자인 피보험자의 실업급여의 종류는 제37조에 따른다. 다만, 제51조부터 제55조까지의 규정에 따른 연장급여와 제64조에 따른 조기재취업 수당은 제외한다.

정답 ④

중요도 ★★★

06) 고용보험법령상 취업촉진 수당의 종류가 아닌 것은?

① 구직급여   ② 이주비   ③ 광역 구직활동비

④ 직업능력개발 수당   ⑤ 조기(早期) 재취업 수당

해설

제37조(실업급여의 종류) 제2항: 취업촉진 수당의 종류는 다음 각 호와 같다.
1. 조기(早期)재취업 수당, 2. 직업능력개발 수당, 3. 광역 구직활동비, 4. 이주비

정답 ①

중요도 ★★★

07) 고용보험법상 구직급여에 관한 설명으로 옳지 않은 것은?

① 급여를 지급받으려는 자는 이직 후 지체 없이 직업안정기관에 출석하여 실업을 신고하여야 한다.

② 급여를 받으려면 이직일 이전 18개월간 피보험 단위기간이 통산하여 180일 이상이어야 한다.

③ 자기 사정으로 자영업을 하기 위하여 이직한 경우에도 수급자격이 있다.

④ 직무와 관련된 법률을 위반하여 금고 이상의 형을 선고받고, 그 사유로 해고된 자는 수급자격이 없는 것으로 본다.

⑤ 직업안정기관의 장은 부정한 방법으로 급여를 받은 자에게 그 급여의 반환을 명할 수 있다.

해설

제58조(이직 사유에 따른 수급자격의 제한): 피보험자가 다음 각 호의 어느 하나에 해당한다고 직업안정기관의 장이 인정하는 경우에는 수급자격이 없는 것으로 본다.
  1. 중대한 귀책사유로 해고된 피보험자로서 다음 각 목의 어느 하나에 해당하는 경우
    가. 형법 또는 직무와 관련된 법률을 위반하여 금고 이상의 형을 선고받은 경우
    나. 사업에 막대한 지장을 초래하거나 재산상 손해를 끼친 경우로서 고용노동부령으로 정하는 기준에 해당하는 경우
    다. 정당한 사유 없이 근로계약 또는 취업규칙 등을 위반하여 장기간 무단결근한 경우
  2. 자기 사정으로 이직한 피보험자로서 다음 각 목의 어느 하나에 해당하는 경우
    가. 전직 또는 자영업을 하기 위하여 이직한 경우
    나. 제1호의 중대한 귀책사유가 있는 자가 해고되지 아니하고 사업주의 권고로 이직한 경우
    다. 그 밖에 고용노동부령으로 정하는 정당한 사유에 해당하지 아니하는 사유로 이직한 경우

정답 ③

〈노인장기요양보험법〉

01) 노인장기요양보험법상 장기요양인정을 신청할 수 있는 자격을 모두 고른 것은?

> ㄱ. 65세 미만의 자로서 대통령령으로 정하는 노인성 질병을 가진 자로 의료급여
> 법 제3조 제1항에 따른 수급권자
> ㄴ. 대통령령으로 정하는 노인성 질병이 없는 65세 미만의 외국인으로서 국민건강
> 보험법 제19조에 따른 건강보험의 가입자
> ㄷ. 65세 이상의 노인으로 국민건강보험법 제5조에 따른 건강보험 가입자의 피부
> 양자

① ㄱ   ② ㄷ   ③ ㄱ, ㄴ   ④ ㄱ, ㄷ   ⑤ ㄱ, ㄴ, ㄷ

해설

제12조(장기요양인정의 신청자격): 장기요양인정을 신청할 수 있는 자는 노인 등으로서 장기요양보험가입자 또는 그 피부양자, 의
료급여법 제3조 제1항에 따른 수급권자의 자격을 갖추어야 한다.   정답 ④

02) 노인장기요양보험법상 다음은 어떤 장기요양급여에 관한 설명인가?

> 수급자를 하루 중 일정한 시간 동안 장기요양기관에 보호하여 신체활동지원 및 심
> 신기능의 유지·향상을 위한 교육·훈련 등을 제공하는 장기요양급여

① 방문요양   ② 방문간호   ③ 주·야간보호
④ 단기보호   ⑤ 기타재가급여

해설

제23조(장기요양급여의 종류) 재가급여 참조
• 방문요양: 장기요양요원이 수급자의 가정 등을 방문하여 신체활동 및 가사활동 등을 지원하는 장기요양급여
• 방문목욕: 장기요양요원이 목욕설비를 갖춘 장비를 이용하여 수급자의 가정 등을 방문하여 목욕을 제공하는 장기요양급여
• 방문간호: 장기요양요원인 간호사 등이 의사, 한의사 또는 치과의사의 지시서에 따라 수급자의 가정 등을 방문하여 간호, 진료
의 보조, 요양에 관한 상담 또는 구강위생 등을 제공하는 장기요양급여
• 주·야간보호: 수급자를 하루 중 일정한 시간 동안 장기요양기관에 보호하여 신체활동지원 및 심신기능의 유지·향상을 위한
교육·훈련 등을 제공하는 장기요양급여
• 단기보호: 수급자를 일정 기간 동안 장기요양기관에 보호하여 신체활동 지원 및 심신기능의 유지·향상을 위한 교육·훈련 등
을 제공하는 장기요양급여
• 기타재가급여: 수급자의 일상생활·신체활동 지원 및 인지기능의 유지·향상에 필요한 용구를 제공하거나 가정을 방문하여 재
활에 관한 지원 등을 제공하는 장기요양급여
                                                                                                정답 ③

03) 노인장기요양법상 장기요양급여에 해당하지 않는 것은?

① 시설급여
② 가족요양비
③ 특례요양비
④ 요양병원간병비
⑤ 장의비

해설

제23조(장기요양급여의 종류) 제1항: 이 법에 따른 장기요양급여의 종류는 다음 각 호와 같다.

1. 재가급여: 방문요양, 방문목욕, 방문간호, 주·야간보호, 단기보호, 기타 재가급여 등
2. 시설급여: 장기요양기관이 운영하는 노인복지법 제34조에 따른 노인의료복지시설 등에 장기간 동안 입소하여 신체활동 지원 및 심신기능의 유지·향상을 위한 교육·훈련 등을 제공하는 장기요양급여
3. 특별현금급여: 가족요양비, 특례요양비, 요양병원간병비 등

정답 ⑤

04) 노인장기요양보험법령상 이의신청 등에 관한 설명으로 옳은 것은?

① 국민건강보험공단의 장기요양인정 처분에 이의가 있는 자는 처분이 있는 날부터 60일 이내에 공단에 이의를 신청할 수 있다.

② 이의신청은 구두, 문서 또는 전자메일로 할 수 있다.

③ 국민건강보험공단은 장기요양심판위원회를 구성하여 이의신청사건을 심의하게 하여야 한다.

④ 이의신청에 대한 결정에 불복하는 자는 결정처분을 받은 날부터 90일 이내에 장기요양심사위원회에 심사청구를 할 수 있다.

⑤ 국민건강보험공단의 처분에 이의가 있는 자는 행정소송법으로 정하는 바에 따라 행정소송을 제기할 수 있다.

해설

제57조(행정소송): 공단의 처분에 이의가 있는 자와 제55조에 따른 심사청구 또는 제56조에 따른 재심사청구에 대한 결정에 불복하는 자는 「행정소송법」으로 정하는 바에 따라 행정소송을 제기할 수 있다. 〈개정 2018. 12. 11.〉

오답노트

제56조(재심사청구)

① 제55조에 따른 심사청구에 대한 결정에 불복하는 사람은 그 결정통지를 받은 날부터 90일 이내에 장기요양재심사위원회에 재심사를 청구할 수 있다. 〈개정 2018. 12. 11.〉

② 재심사위원회는 보건복지부장관 소속으로 두고, 위원장 1인을 포함한 20인 이내의 위원으로 구성한다. 〈개정 2018. 12. 11.〉

③ 재심사위원회의 위원은 관계 공무원, 법학, 그 밖에 장기요양사업 분야의 학식과 경험이 풍부한 자 중에서 보건복지부장관이 임명 또는 위촉한다. 이 경우 공무원이 아닌 위원이 전체 위원의 과반수가 되도록 하여야 한다. 〈개정 2018. 12. 11.〉

정답 ⑤

05) 노인장기요양보험법령의 내용으로 옳은 것은?

① 장기요양보험사업은 고용노동부장관이 관장한다.

② 장기요양보험사업의 보험자는 국민연금공단으로 한다.

③ 장기요양보험료는 건강보험료와 통합하여 고지하여야 한다.

④ 통합 징수한 장기요양보험료와 건강보험료를 각각의 독립회계로 관리하여야 한다.

⑤ 장기요양급여는 시설급여를 우선적으로 제공하는 것을 기본원칙으로 한다.

해설

제8조(장기요양보험료의 징수) 제3항: 공단은 제2항에 따라 통합 징수한 장기요양보험료와 건강보험료를 각각의 독립회계로 관리하여야 한다.

오답노트

① 장기요양보험사업은 보건복지부장관이 관장한다.
② 장기요양보험사업의 보험자는 국민건강보험공단으로 한다.
③ 장기요양보험료는 국민건강보험법 제69조에 따른 보험료와 통합하여 징수한다. 이 경우 공단은 장기요양보험료와 건강보험료를 구분하여 고지하여야 한다.
⑤ 장기요양급여는 노인 등이 가족과 함께 생활하면서 가정에서 장기요양을 받는 재가급여를 우선적으로 제공하여야 한다.

정답 ④

06) 노인장기요양보험법령상 장기요양인정 신청에 관한 설명으로 옳지 않은 것은?

① 장기요양보험가입자 또는 그 피부양자는 장기요양인정 신청을 할 수 있다.

② 장기요양인정 신청자는 원칙적으로 의사소견서를 제출하여야 한다.

③ 보건복지부장관이 정하여 고시하는 도서 · 벽지 지역에 거주하는 자는 의사소견서를 제출하지 아니할 수 있다.

④ 장기요양등급 변경을 원하는 수급자는 장기요양인정의 갱신 신청을 하여야 한다.

⑤ 신청자가 직접 신청할 수 없는 사유가 있을 때에는 그 가족이나 친족, 그 밖의 이해관계인이 대리 신청할 수 있다.

해설

제21조(장기요양등급 등의 변경) 제1항: 장기요양급여를 받고 있는 수급자는 장기요양등급, 장기요양급여의 종류 또는 내용을 변경하여 장기요양급여를 받고자 하는 경우 공단에 변경신청을 하여야 한다.

보충노트

① 제12조(장기요양인정의 신청자격) 참조
② 제13조(장기요양인정의 신청) 참조

③ 제13조(장기요양인정의 신청) 참조
⑤ 제22조(장기요양인정 신청 등에 대한 대리) 참조

07) 노인장기요양보험법에 관한 내용으로 옳지 않은 것은?

① 수급자로 판정받기 위해서는 신청자격요건을 충족하고 6개월 이상 동안 혼자서 일상 생활을 수행하기 어렵다고 인정되어야 한다.

② 장기요양보험료는 소득에 관계없이 일정액을 징수한다.

③ 가족으로부터 장기요양급여를 받은 때 가족요양비를 특별현금급여로 수급할 수 있는 경우도 있다.

④ 고의로 사고를 발생하도록 하거나 본인의 위법행위에 기인하여 장기요양인정을 받은 경우에는 장기요양급여의 지급이 제한된다.

⑤ 국민건강보험공단은 수급자가 의료법에 따른 요양병원에 입원하는 경우 비용의 일부를 요양병원간병비로 지급할 수 있다.

해설

제9조(장기요양보험료의 산정) 제1항: 장기요양보험료는 국민건강보험법 제69조 제4항 및 제5항에 따라 산정한 보험료액에서 같은 법 제74조 또는 제75조에 따라 경감 또는 면제되는 비용을 공제한 금액에 장기요양보험료율을 곱하여 산정한 금액으로 한다. 제2항: 장기요양보험료율은 보건복지부장관 소속 장기요양위원회의 심의를 거쳐 대통령령으로 정한다.

보충노트

① 제15조(등급판정 등) 참조
③ 제23조(장기요양급여의 종류) 참조
④ 제29조(장기요양 급여의 제한) 참조
⑤ 제26조(요양병원간병비) 참조

정답 ②

제6장 공공부조 관련법률

〈국민기초생활보장법〉

중요도 ★★★

01) 국민기초생활보장법의 내용으로 옳지 않은 것은?

① 수급자에 대한 급여는 정당한 사유 없이 수급자에게 불리하게 변경할 수 없다.

② 수급자란 이법에 따른 급여를 받는 사람을 말한다.

③ 이 법에 따른 급여는 건강하고 문화적인 최저생활을 유지할 수 있는 것이어야 한다.

④ 수급자 및 차상위자는 상호 협력하여 자활기업을 설립 · 운영할 수 있다.

⑤ 교육급여는 보건복지부장관의 소관으로 한다.

해설

국민기초생활보장법 제12조(교육급여)

• 교육급여는 수급자에게 입학금, 수업료, 학용품비, 그 밖의 수급품을 지급하는 것으로 하되 학교의 종류 · 범위 등에 관하여 필요한 사항은 대통령령으로 정한다.

• 교육급여는 교육부장관의 소관으로 한다. 　　　　　　　　　　　　　　　　　　　　　　　　　정답 ⑤

중요도 ★★★

02) 국민기초생활보장법의 내용으로 옳은 것은?

① 국외에 체류하는 외국인도 수급권자가 될 수 있다.

② 기준 중위소득은 지방자치단체별로 중앙생활보장위원회가 고시한다.

③ 주거급여는 여성가족부 소관으로 한다.

④ 보장기관은 차상위자가 자활에 필요한 자산을 형성할 수 있도록 재정적인 지원을 할 수는 없다.

⑤ 소관 행정기관의 장은 수급자의 최저생활을 보장하기 위하여 3년마다 소관별로 기초 생활보장 기본계획을 수립하여 보건복지부장관에게 제출하여야 한다.

해설

국민기초생활보장법 제20조의2(기초생활보장 계획의 수립 및 평가): 소관 중앙행정기관의 장은 수급자의 최저생활을 보장하기 위하여 3년마다 소관별로 기초생활보장 기본계획을 수립하여 보건복지부장관에게 제출하여야 한다.

오답노트

① 국외에 체류하는 외국인은 수급권자가 될 수 없으나 국내에 체류하는 외국인은 수급권자가 될 수 있다(제15조의2).

② 기준 중위소득이란 보건복지부장관이 급여의 기준 등에 활용하기 위하여 제20조 제2항에 따른 중앙생활보장위원회의 심의 · 의결을 거쳐 고시하는 국민 가구소득의 중위값을 말한다(제2조).

③ 주거급여에 관하여 필요한 사항은 따로 법률에서 정한다(11조). 주거급여법은 국토교통부 소관의 법률이다.

④ 보장기관은 차상위자가 자활에 필요한 자산을 형성할 수 있도록 재정적인 지원을 할 수 있다(제18조의4).

정답 ⑤

(15회 기출)

중요도 ★★★

03) 국민기초생활보장법상 소득의 범위에 해당하지 않는 것은?

① 퇴직금

② 임대소득

③ 사업소득

④ 국민연금법에 따른 연금

⑤ 친족으로부터 정기적으로 받는 금품 중 보건복지부장관이 정하는 금품 이상의 금품

해설

시행령 제5조(소득의 범위) 제1항 참조

1. 근로소득, 2. 사업소득, 3. 재산소득, 4. 이전소득 등

정답 ①

(14회 기출)

중요도 ★★★

04) 국민기초생활보장법상 기준중위소득의 산정에 관한 내용이다. (   )에 들어갈 용어가 순서대로 옳은 것은?

> 기준중위소득은 통계법 제27조에 따라 통계청이 공표하는 통계자료의 (   )의 중간 값에 최근 가구소득 (   ), 가구규모에 따른 소득수준의 차이 등을 반영하여 (   )별로 산정한다.

① 경상소득, 평균 증가율, 가구규모   ② 평균소득, 누적 증가율, 개별가구

③ 경상소득, 누적 증가율, 개별가구   ④ 평균소득, 누적 증가율, 가구규모

⑤ 실질소득, 평균 증가율, 가구규모

해설

국민기초생활보장법 제6조의2(기준 중위소득의 산정): 기준 중위소득은 「통계법」 제27조에 따라 통계청이 공표하는 통계자료의 가구 경상소득(근로소득, 사업소득, 재산소득, 이전소득을 합산한 소득을 말한다)의 중간값에 최근 가구소득 평균 증가율, 가구규모에 따른 소득수준의 차이 등을 반영하여 가구규모별로 산정한다.

정답 ①

05) 국민기초생활보장법령에 관한 설명으로 옳지 않은 것은?

① 수급권자를 부양할 책임이 있는 부양의무자에는 수급권자의 손자는 포함되지 않는다.

② 수급권자의 친족도 수급권자에 대한 급여를 신청할 수 있다.

③ 보장기관은 급여를 개인 단위로 실시하되, 특히 필요한 경우는 개별가구 단위로 실시할 수 있다.

④ 부양의무자의 부양은 국민기초생활 보장법에 따른 급여에 우선하여 행하여진다.

⑤ 수급자가 검진 지시에 따르지 아니한 것을 이유로 보장기관이 수급자에 대한 급여 결정을 취소하려면 청문을 하여야 한다.

해설

국민기초생활보장법 제4조 제3항: 보장기관은 이 법에 따른 급여를 개별가구 단위로 실시하되, 특히 필요하다고 인정하는 경우에는 개인 단위로 실시할 수 있다.

정답 ③

06) 국민기초생활 보장법령상 급여에 관한 설명으로 옳은 것은?

① 보장기관이 차상위자에 대해서 가구별 생활여건을 고려하여 지급하는 급여는 생계급여로 한다.

② 보장기관은 수급자의 소득·재산·근로능력 등이 변동된 경우 직권으로 급여의 종류·방법 등을 변경할 수 있다.

③ 수급자가 시장·군수·구청장의 처분에 대하여 이의신청을 하는 경우에는 보건복지부장관에게 하여야 한다.

④ 지방자치단체가 국민기초생활 보장법의 급여 수준을 초과하여 급여를 실시하는 경우 그 초과 보장 비용의 100분의 40은 국가가 부담한다.

⑤ 생계급여를 타인의 가정에 위탁하여 실시하는 것은 허용되지 않는다.

해설

국민기초생활보장법 제29조(급여의 변경) 제1항: 보장기관은 수급자의 소득·재산·근로능력 등이 변동된 경우에는 직권으로 또는 수급자나 그 친족, 그 밖의 관계인의 신청에 의하여 그에 대한 급여의 종류·방법 등을 변경할 수 있다.

오답노트

① 차상위계층에 속하는 사람에 대한 급여는 보장기관이 차상위자의 가구별 생활여건을 고려하여 예산의 범위에서 주거급여, 의료급여, 교육급여, 해산급여(解産給與), 장제급여(葬祭給與), 자활급여에 따른 급여의 전부 또는 일부를 실시할 수 있다.

③ 제38조 제1항: 수급자나 급여 또는 급여 변경을 신청한 사람은 시장·군수·구청장의 처분에 대하여 이의가 있는 경우에는 그 결정의 통지를 받은 날부터 60일 이내에 해당 보장기관을 거쳐 시·도지사에게 서면 또는 구두로 이의를 신청할 수 있다.

④ 제43조 제5항: 지방자치단체의 조례에 따라 이 법에 따른 급여 범위 및 수준을 초과하여 급여를 실시하는 경우 그 초과 보장비용은 해당 지방자치단체가 부담한다.

⑤ 제9조 제3항: 제1항의 수급품은 수급자에게 직접 지급한다. 다만, 제10조 제1항 단서에 따라 제32조에 따른 보장시설이나 타인의 가정에 위탁하여 생계급여를 실시하는 경우에는 그 위탁받은 사람에게 이를 지급할 수 있다.

정답 ②

중요도 ★★　　　　　　　　　　　　　　　　　　　　　　　　　　　　(12회 기출)

07) 국민기초생활 보장법령에 따른 급여의 종류에 해당하지 않는 것은?

① 생계급여　　　　　　② 휴업급여　　　　　　③ 주거급여
④ 의료급여　　　　　　⑤ 교육급여

해설

급여의 종류(제7조): 제1항: 이 법에 따른 급여의 종류는 1. 생계급여, 2. 주거급여, 3. 의료급여, 4. 교육급여, 5. 해산급여(解産給與), 6. 장제급여(葬祭給與), 7. 자활급여가 있다.

정답 ②

중요도 ★★★　　　　　　　　　　　　　　　　　　　　　　　　　(12회 기출)

08) 국민기초생활보장법령상 차상위계층에 관한 내용이다. (　　)에 들어갈 내용으로 옳은 것은?

> 차상위계층이란 수급권자에 해당하지 아니하는 계층으로서 소득인정액이 (　　) 이하인 사람을 말한다.

① 기준 중위소득의 100분의 10　　　　② 기준 중위소득의 100분의 20
③ 기준 중위소득의 100분의 30　　　　④ 기준 중위소득의 100분의 40
⑤ 기준 중위소득의 100분의 50

해설

제2조(정의) 10: "차상위계층"이란 수급권자(제14조의2에 따라 수급권자로 보는 사람은 제외한다)에 해당하지 아니하는 계층으로서 소득인정액이 대통령령으로 정하는 기준 이하인 계층을 말한다.
• 시행령 제3조(차상위계층) 법 제2조 제10호에서 "소득인정액이 대통령령으로 징하는 기준 이하인 계층"이란 소득인정액이 기준 중위소득의 100분의 50 이하인 사람을 말한다.

정답 ⑤

중요도 ★★★★　　　　　　　　　　　　　　　　　　　　　　　　(11회 기출)

09) 국민기초생활보장법령상 차상위계층에 관한 설명으로 옳지 않은 것은?

① 소득평가액이 기준 중위소득의 100분의 50 이하인 자를 말한다.

② 특별자치도지사·시장·군수·구청장은 차상위계층에 대하여 조사할 수 있다.

③ 차상위계층에 대한 조사는 다음 연도 수급권자의 규모를 예측하려는 것이다.

④ 차상위계층에 대한 조사를 하려는 경우 조사대상자의 동의를 받아야 한다.

⑤ 조사대상자의 동의는 다음 연도의 급여신청으로 본다.

해설

제2조 제10호 및 시행령 제3조: 차상위계층이란 수급권자에 해당하지 아니하는 계층으로서 소득인정액이 기준 중위소득의 100분의 50 이하인 사람을 말한다.

정답 ①

중요도 ★★★

10) 국민기초생활보장법령상 '부양의무자가 있어도 부양능력이 없는 경우'에 해당하는 것은?

① 부양의무자가 병역법에 따라 징집되거나 소집된 경우

② 부양의무자가 해외이주법에 따른 해외이주자에 해당하는 경우

③ 부양의무자가 부양을 기피하거나 거부하는 경우

④ 부양의무자가 수급자인 경우

⑤ 부양의무자가 가출로 경찰서 등 행정관청에 신고 된 후 1개월이 지난 경우

해설

부양의무자가 수급자인 경우에는 부양능력이 없는 경우(법 제8조의2 제1항)에 해당된다.

오답노트

• ①, ②, ③, ⑤는 부양받을 수 없는 경우(법 제8조의2 제2항)에 해당된다.

정답 ④

중요도 ★★★

(10회 기출)

11) 국민기초생활보장법상 수급권자의 부양의무자에 해당되지 않는 사람은?

① 아들   ② 결혼한 딸   ③ 며느리   ④ 손자   ⑤ 어머니

해설

제2조 10호(정의) 참조

• 국민기초생활보장법상 '부양의무'는 수급권자를 부양할 책임이 있는 사람으로서 수급권자의 1촌의 직계혈족 및 그 배우자를 말한다(국민기초생활보장법 제2조 제5호).

• 따라서 직계비속 1촌에 해당하는 아들이나 딸, 직계존속 1촌에 해당하는 아버지나 어머니는 부양의무자에 해당하는 반면, 손자 또는 외손자는 부양의무자에 해당하지 않는다.

정답 ④

중요도 ★★★

12) 국민기초생활보장법상 급여에 관한 설명으로 옳지 않은 것은?

① 급여는 건강하고 문화적인 최저생활을 유지할 수 있는 것이어야 한다.

② 급여는 다른 법령에 의한 보호에 우선하여 행하여지는 것으로 한다.

③ 부양의무자의 부양은 급여에 우선하여 행하여지는 것으로 한다.

④ 국내에 체류하는 외국인의 일부도 수급권자가 될 수 있다.

⑤ 생계급여는 금전을 지급하는 것을 원칙으로 하지만, 이에 의할 수 없다고 인정되는 경우에는 물품을 지급함으로써 행할 수 있다.

해설

국민기초생활보장법 제3조 제2항: 부양의무자의 부양과 다른 법령에 따른 보호는 국민기초생활보장법에 따른 급여에 우선하여 행하여지는 것으로 한다. 다만, 다른 법령에 따른 보호의 수준이 이 법에서 정하는 수준에 이르지 아니하는 경우에는 나머지 부분에 관하여 이 법에 따른 급여를 받을 권리를 잃지 아니한다.

보충노트

① 제4조(급여의 기준) 제1항: 이 법에 따른 급여는 건강하고 문화적인 최저생활을 유지할 수 있는 것이어야 한다.

③ 제3조(급여의 기본원칙) 제2항: 부양의무자의 부양과 다른 법령에 따른 보호는 이 법에 따른 급여에 우선하여 행하여지는 것으로 한다.

④ 제5조의2(외국인에 대한 특례): 국내에 체류하고 있는 외국인 중 대한민국 국민과 혼인하여 본인 또는 배우자가 임신 중이거나 대한민국 국적의 미성년 자녀를 양육하고 있거나 배우자의 대한민국 국적인 직계존속과 생계나 주거를 같이하고 있는 사람으로서 대통령령으로 정하는 사람이 수급권자의 범위에 해당하는 경우에는 수급권자가 된다.

⑤ 제9조(생계급여의 방법) 제1항: 생계급여는 금전을 지급하는 것으로 한다. 다만, 금전으로 지급할 수 없거나 금전으로 지급하는 것이 적당하지 아니하다고 인정하는 경우에는 물품을 지급할 수 있다.

정답 ②

<의료급여법과 긴급복지지원법>

중요도 ★★★

(17회 기출)

01) 긴급복지지원법상 긴급지원의 종류 중 '직접지원'에 해당하지 않은 것은?

① 생계지원   ② 의료지원   ③ 교육지원

④ 정보제공지원   ⑤ 사회복지시설이용지원

해설

긴급복지지원법 제9조(긴급지원의 종류 및 내용) 참조
- 금전 또는 현물(現物) 등의 직접지원
  - 생계지원, 의료지원, 주거지원, 사회복지시설 이용 지원, 교육지원, 그 밖의 지원
- 민간기관·단체와의 연계 등의 지원
- 민간기관·단체와의 연계 등의 지원
  - 대한적십자사 조직법에 따른 대한적십자사, 사회복지공동모금회법에 따른 사회복지공동모금회 등의 사회복지기관·단체와의 연계 지원
  - 상담·정보제공, 그 밖의 지원

정답 ④

중요도 ★★★

(15회 기출)

02) 국민기초생활보장법에 따른 의료급여 수급자로서 의료급여법상 1종 수급자가 아닌 사람은?

① 18세인 자

② 65세인 자

③ 장애인고용촉진 및 직업재활법에 따른 중증장애인

④ 임신 중에 있는 자

⑤ 병역법에 따른 병역의무를 이행 중인 자

해설

의료급여법시행령 제3조(수급권자의 구분) 제2항(1종 수급권자): 법 제3조 제1항 제1호에 따른 국민기초생활 보장법에 의한 수급자 중 다음의 어느 하나에 해당하는 자
가. 다음의 어느 하나에 해당하는 자 또는 근로능력이 없거나 근로가 곤란하다고 인정하여 보건복지부장관이 정하는 자만으로 구성된 세대의 구성원
  1. 18세 미만인 자
  2. 65세 이상인 자
  3. 장애인고용촉진 및 직업재활법 제2조 제2호에 해당하는 중증장애인
  4. 국민기초생활 보장법 시행령 제7조 제1항 제2호에 해당하는 자
  5. 임신 중에 있거나 분만 후 6개월 미만의 여자
  6. 병역법에 의한 병역의무를 이행 중인 자

정답 ①

03) 의료급여법상 의료급여기관에 해당하는 것을 모두 고른 것은? (단, 법령에 따라 보건 복지부장관이 의료급여기관에서 제외하는 경우는 고려하지 않음)

> ㄱ. 농어촌 등 보건의료를 위한 특별조치법에 따라 설치된 보건진료소
>
> ㄴ. 지역보건법에 따라 설치된 보건의료원
>
> ㄷ. 약사법에 따라 설립된 한국희귀의약품센터
>
> ㄹ. 약사법에 따라 개설등록된 약국

① ㄱ, ㄴ, ㄷ   ② ㄱ, ㄷ   ③ ㄴ, ㄹ

④ ㄹ   ⑤ ㄱ, ㄴ, ㄷ, ㄹ

해설

제9조(의료급여기관) 제1항: 의료급여는 다음 각 호의 의료급여기관에서 실시한다. 이 경우 보건복지부장관은 공익상 또는 국가시 책 상 의료급여기관으로 적합하지 아니하다고 인정할 때에는 대통령령으로 정하는 바에 따라 의료급여기관에서 제외할 수 있다.

  1. 의료법에 따라 개설된 의료기관

  2. 지역보건법에 따라 설치된 보건소 · 보건의료원 및 보건지소

  3. 농어촌 등 보건의료를 위한 특별조치법에 따라 설치된 보건진료소

  4. 약사법에 따라 개설 등록된 약국 및 같은 법 제91조에 따라 설립된 한국희귀의약품센터

정답 ⑤

04) 의료급여법령에 관한 설명으로 옳지 않은 것은?

① 국민기초생활 보장법에 따른 수급자는 의료급여 수급권자이다.

② 수급권자가 다른 법령에 따라 의료급여를 받고 있는 경우에는 의료급여법에 따른 의 료급여를 하지 아니한다.

③ 관할 시장 · 군수 · 구청장은 수급권자가 되려는 자의 인정 신청이 없더라도 직권으 로 수급권자를 정할 수 있다.

③ 지역보건법에 따라 설치된 보건지소는 제1차 의료급여기관이다.

④ 의료급여기관은 의료급여를 하기 전에 수급권자에게 본인부담금을 청구하여서는 아 니 된다.

해설

제3조의3 제1항: 제3조제1항 제2호부터 제10호까지의 수급권자가 되려는 사람은 보건복지부령으로 정하는 바에 따라 특별자치도 지사 · 시장 · 군수 · 구청장에게 수급권자 인정 신청을 하여야 한다.

정답 ③

05) 의료급여법령의 내용으로 옳지 않은 것은?

① 약사법에 따라 등록된 약국은 처방전을 급여비용을 청구한 날부터 3년간 보전하여야 한다.

② 시장·군수·구청장은 장애인복지법에 따라 등록한 장애인인 수급권자에게 보장구에 대하여 급여를 실시할 수 있다.

③ 의료급여기관은 의료급여를 하기 전에 수급권자에게 본인부담금을 청구할 수 있다.

④ 시장·군수·구청장은 수급권자의 소득, 재산상황, 근로능력 등이 변동되었을 때에는 직권으로 의료급여의 내용 등을 변경할 수 있다.

⑤ 시장·군수·구청장은 수급권자에 대한 의료급여가 필요 없게 된 경우에는 의료급여를 중지하여야 한다.

해설

제11조의4: 의료급여기관은 의료급여를 하기 전에 수급권자에게 본인부담금을 청구하거나 수급권자가 이 법에 따라 부담하여야 하는 비용과 비급여비용 외에 입원보증금 등 다른 명목의 비용을 청구하여서는 아니 된다.

오답노트

① 제11조의2(서류의 보존) 제2항 참조
② 제13조(장애인에 대한 특례) 참조
④ 제16조 제1항(의료급여의 변경) 참조
⑤ 제17조(의료급여의 중지 등) 제1항 참조

정답 ③

06) 의료급여법령에 관한 설명으로 옳지 않은 것은?

① 수급권자는 1종 수급권자와 2종 수급권자로 구분한다.

② 1종 수급권자와 2종 수급권자에게는 색깔로 구별되는 의료급여증을 발급한다.

③ 수급권자의 건강관리 능력 향상 및 합리적 의료이용 유도 등을 위하여 사례관리를 실시할 수 있다.

④ 예방·재활, 이송도 의료급여의 내용에 포함된다.

⑤ 다른 법령에 따라 의료급여를 받고 있는 경우에는 이 법에 의한 의료급여를 행하지 아니한다.

해설

의료급여법은 국민건강보험의 실시와 국민기초생활보장법의 시행에 따라 2001년 5월 24일 종전의 의료보호법을 전부 개정한 것이다. 의료보호법의 전부개정 이후 현재의 의료급여법의 규정에 색깔 구분은 존재하지 않는다.

① 시행령 제3조 (수급권자의 구분) 제1항: 수급권자는 법 제3조제3항에 따라 1종 수급권자와 2종 수급권자로 구분한다.

③ 제5조의2 제1항: 보건복지부장관 시 도지사 및 시장 군수 구청장은 수급권자의 건강관리능력 향상 및 합리적 의료이용 유도 등을 위하여 사례관리를 실시할 수 있다.

④ 제7조 제1항: 의료급여의 내용에는 진찰 검사 약제 치료재료의 지급 처치 수술과 그 밖의 치료 예방 재활 입원 간호 이송과 그 밖의 의료목적의 달성을 위한 조치 등이 포함된다.

⑤ 동법 제4조: 다른 법령에 따라 의료급여를 받고 있는 경우에는 이 법에 의한 의료급여를 행하지 아니한다.

정답 ②

---

07) 의료급여법상 의료급여에 관한 설명으로 옳지 않은 것은?

① 장애인복지법에 따라 등록한 장애인인 수급권자에게 보장구(補裝具)에 대하여 급여를 실시할 수 있다.

② 의료급여기관 외의 장소에서 출산을 한 경우에는 요양비를 지급한다.

③ 급여비용의 일부를 의료급여기금에서 부담하는 경우 그 나머지의 비용은 본인이 부담한다.

④ 국민기초생활보장법에 따른 의료급여 수급자는 의료급여법상 수급자가 될 수 없다.

⑤ 수급권자를 구분하여 급여의 내용과 기준을 달리할 수 있다.

제3조(수급권자) 제1항 제1호: 국민기초생활 보장법에 따른 의료급여 수급자가 될 수 있다.

① 제13조(장애인에 대한 특례) 제1항 참조

② 제12조(요양비) 제1항 참조

③ 제10조(급여비용의 부담) 참조

⑤ 제3조(수급권자) 제3항: 제1항에 따른 수급권자에 대한 의료급여의 내용과 기준은 대통령령으로 정하는 바에 따라 구분하여 달리 정할 수 있다.

정답 ④

---

08) 긴급복지지원법상 긴급지원 중 '금전 또는 현물(現物) 등의 직접지원'에 해당하지 않는 것은?

① 초 · 중 · 고등학생의 수업료 등 필요한 비용 지원

② 사회복지공동모금회법에 따른 사회복지공동모금회와의 연계 지원

③ 각종 검사 및 치료 등의 의료서비스 지원

④ 사회복지 사업법에 따른 사회복지 시설 입소

⑤ 임시거소 제공

긴급지원의 종류와 내용(제9조)

　1. 금전 또는 현물(現物) 등의 직접지원

　가. 생계지원: 식료품비·의복비 등 생계유지에 필요한 비용 또는 현물지원

　나. 의료지원: 각종 검사 및 치료 등 의료서비스 지원

　다. 주거지원: 임시거소(臨時居所) 제공 또는 이에 해당하는 비용지원

　라. 사회복지시설 이용 지원: 「사회복지사업법」에 따른 사회복지시설 입소(入所) 또는 이용 서비스 제공이나 이에 필요한 비용지원

　마. 교육지원: 초·중·고등학생의 수업료, 입학금, 학교운영지원비 및 학용품비 등 필요한 비용지원

　바. 그 밖의 지원: 연료비나 그 밖에 위기상황의 극복에 필요한 비용 또는 현물지원

정답 ②

　　　　　　　　　　　　　　　　　　　　　　　　　　　　　　(12회 기출)

09) 긴급복지지원법령의 내용으로 옳지 않은 것은?

① 시장·군수·구청장은 긴급지원담당공무원을 지정하여야 한다.

② 누구든지 긴급지원대상자를 발견한 경우에는 관할 시장·군수·구청장에게 신고하여야 한다.

③ 사회복지사업법에 따라 긴급복지지원법에 따른 지원 내용과 동일한 내용의 지원을 받고 있는 경우라도 긴급복지지원법에 따른 지원을 하여야 한다.

④ 국가 및 지방자치단체는 긴급지원 업무를 수행하기 위하여 필요한 비용을 분담하여야 한다.

⑤ 보건복지부장관은 위기상황에 처한 사람에게 상담·정보제공 및 관련 기관·단체 등과의 연계서비스를 제공하기 위하여 담당기구를 설치·운영할 수 있다.

기본원칙(제3조) 제2항: 재해구호법, 국민기초생활 보장법, 의료급여법, 사회복지사업법, 가정폭력방지 및 피해자보호 등에 관한 법률, 성폭력방지 및 피해자보호 등에 관한 법률 등 다른 법률에 따라 이 법에 따른 지원 내용과 동일한 내용의 구호·보호 또는 지원을 받고 있는 경우에는 이 법에 따른 지원을 하지 아니한다.

정답 ③

　　　　　　　　　　　　　　　　　　　　　　　　　　　　　　(11회 기출)

10) 긴급복지지원법령에 관한 설명으로 옳지 않은 것은?

① 위기상황에 처한 사람에게 일시적으로 신속하게 지원하는 것을 기본원칙으로 한다.

② 가구구성원으로부터 방임 또는 유기되거나 학대 등을 당하여 생계유지가 어렵게 된 경우도 위기상황에 포함된다.

③ 긴급지원대상자의 거주지가 분명하지 아니한 경우에는 긴급지원요청 또는 신고를

받은 시장·군수·구청장이 지원한다.

④ 긴급생계지원은 1개월간의 생계유지 등에 필요한 지원을 원칙으로 한다.

⑤ 긴급지원대상자가 국민기초생활보장법에 따른 수급권자로 결정된 경우에도 긴급지원의 적정성 심사를 하여야 한다.

해설

제14조(긴급지원의 적정성 심사) 제2항: 긴급지원심의위원회는 긴급지원대상자가 국민기초생활보장법 또는 의료급여법에 따른 수급권자로 결정된 경우에는 제1항에 따른 심사를 하지 아니할 수 있다.

정답 ⑤

〈기초연금법과 장애인연금법〉

01) 기초연금법의 내용으로 옳은 것은?

① 소득인정액이란 본인 및 배우자의 소득평가액과 재산의 소득환산액을 합산한 금액을 말한다.

② 기초연금수급권자가 국외로 이주하더라도 기초연금수급권은 상실하지 않는다.

③ 기초연금으로 지급받은 금품은 압류할 수 있다.

④ 기초연금은 기초연금의 지급을 신청한 날이 속하는 달의 다음 달부터 지급한다.

⑤ 본인과 그 배우자가 모두 기초연금수급권자인 경우에는 각각의 기초연금액에서 100분의 50에 해당하는 금액을 감액한다.

해설

제2조(정의) 제4호: "소득인정액"이란 본인 및 배우자의 소득평가액과 재산의 소득환산액을 합산한 금액을 말한다. 이 경우 소득평가액과 재산의 소득환산액을 산정하는 소득 및 재산의 범위는 대통령령으로 정하고, 소득평가액과 재산의 소득환산액의 구체적인 산정방법은 보건복지부령으로 정한다.

오답노트

② 기초연금수급권자가 국외로 이주한 경우 기초연금수급권은 상실한다(제17조).
③ 기초연금으로 지급받은 금품은 압류할 수 없다(제21조).
④ 기초연금은 기초연금의 지급을 신청한 날이 속하는 달부터 지급한다(제14조).
⑤ 본인과 그 배우자가 모두 기초연금수급권자인 경우에는 각각의 기초연금액에서 100분의 20에 해당하는 금액을 감액한다(제8조).

정답 ①

02) 기초연금법의 내용으로 옳지 않은 것은?

① 보건복지부장관은 선정기준액을 정하는 경우 65세 이상인 사람 중 기초연금 수급자가 100분의 70 수준이 되도록 한다.

② 기초연금으로 지급받은 금품은 압류할 수 없다.

③ 기초연금의 지급이 정지된 기간에는 기초연금을 지급하지 아니한다.

④ 기초연금 수급자가 국외로 이주한 때에 기초연금수급권을 상실한다.

⑤ 기초연금 수급권자의 권리는 3년간 행사하지 아니하면 시효의 완성으로 소멸한다.

해설

기초연금법 제23조(시효): 제19조에 따른 환수금을 환수할 권리와 기초연금 수급권자의 권리는 5년간 행사하지 아니하면 시효의 완성으로 소멸한다.

정답 ⑤

03) 기초연금법에 관한 설명으로 옳지 않은 것은?

① 기초연금은 65세 이상인 사람으로서 소득인정액이 선정기준액 이하인 사람에게 지급한다.

② 기초연금 수급희망자는 특별자치시장, 특별자치도지사, 시장, 군수, 구청장에게 기초연금의 지급을 신청할 수 있다.

③ 부부가 모두 기초연금 수급권자인 경우 각각의 기초연금액에서 기초연금액의 100분의 30에 해당하는 금액을 감액한다.

④ 수급권자가 국외로 이주한 경우 수급권을 상실한다.

⑤ 시장은 수급자가 법령에 따라 사망한 것으로 추정되는 경우 그 사유가 발생한 날이 속하는 달의 다음 달부터 그 사유가 소멸한 날이 속하는 달까지는 기초연금의 지급을 정지한다.

해설

제8조(기초연금액의 감액) 제1항: 본인과 그 배우자가 모두 기초연금 수급권자인 경우에는 각각의 기초연금액에서 기초연금액의 100분의 20에 해당하는 금액을 감액한다.

정답 ③

04) 기초연금법의 내용으로 옳지 않은 것은?

① 기초연금 수급권자에 대한 기초연금의 금액은 기준연금액과 국민연금 급여액 등을 고려하여 산정한다.

② 기초연금액이 기준연금액을 초과하는 경우 기준연금액을 기초연금액으로 본다.

③ 본인과 배우자가 모두 기초연금 수급자인 경우에는 각각의 기초연금액에서 기초연금액의 100분의 20에 해당하는 금액을 감액한다.

④ 보건복지부장관은 3년마다 기초연금수급권자의 생활수준 등을 고려하여 기초연금액의 적정성을 평가하여야 한다.

⑤ 기초연금 수급권자의 권리는 5년간 행사하지 아니하면 시효의 완성으로 소멸한다.

해설

제9조(기초연금액의 적정성 평가 등) 제1항: 보건복지부장관은 제5조 제2항에도 불구하고 5년마다 기초연금 수급권자의 생활수준, 국민연금법 제51조 제1항 제1호에 따른 금액의 변동률, 전국소비자물가변동률 등을 종합적으로 고려하여 기초연금액의 적정성을 평가하고 그 결과를 반영하여 기준연금액을 조정하여야 한다.

정답 ④

05) 기초연금법령에 관한 설명으로 옳은 것은?

① 보건복지부장관은 선정기준액을 정하는 경우 65세 이상인 사람 중 수급자가 100분의 60 수준이 되도록 한다.

② 소득인정액은 본인의 소득평가액과 재산의 소득환산액을 합산한 금액을 말한다.

③ 본인과 그 배우자가 모두 기초연금 수급권자인 경우에는 기초연금액의 100분의 20에 해당하는 금액을 가산하여 지급한다.

④ 기초연금 수급권자는 국외로 이주한 때에 수급권을 상실한다.

⑤ 기초연금의 지급에 드는 비용은 전부 시 · 도 및 시 · 군 · 구가 나누어 부담한다.

해설

제17조(기초연금 수급권의 상실): 기초연금 수급권자는 다음 각 호의 어느 하나에 해당하게 된 때에 기초연금 수급권을 상실한다.
1. 사망한 때, 2. 국적을 상실하거나 국외로 이주한 때, 3. 제3조에 따른 기초연금 수급권자에 해당하지 아니하게 된 때

오답노트

① 제3조 제2항: 보건복지부장관은 선정기준액을 정하는 경우 65세 이상인 사람 중 기초연금 수급자가 100분의 70 수준이 되도록 한다.

② 제2조 4: "소득인정액"이란 본인 및 배우자의 소득평가액과 재산의 소득환산액을 합산한 금액을 말한다.

③ 제8조 제1항: 본인과 그 배우자가 모두 기초연금 수급권자인 경우에는 각각의 기초연금액에서 기초연금액의 100분의 20에 해당하는 금액을 감액한다.

⑤ 제25조 제1항: 국가는 지방자치단체의 노인인구 비율 및 재정 여건 등을 고려하여 기초연금의 지급에 드는 비용 중 100분의 40 이상 100분의 90 이하의 범위에서 대통령령으로 정하는 비율에 해당하는 비용을 부담한다.   정답 ④

06) 기초연금법의 내용으로 옳지 않은 것은?

① 연금지급 대상은 만65세 이상으로 소득인정액이 일정금액 이하인 자이다.

② 연금지급에 드는 비용은 지방자치단체가 모두 부담한다.

③ 연금급여액은 수급자의 소득인정액에 따라 달리 지급할 수 있다.

④ 국외로 이주할 때에는 수급권을 상실한다.

⑤ 연금수급 희망자의 연금지급 신청은 그 친족이 대신할 수 있다.

해설

제4조(국가와 지방자치단체의 책무) 제1항~제3항

① 국가와 지방자치단체는 기초연금이 제1조의 목적에 따라 노인의 생활안정을 지원하고 복지를 증진하는 데 필요한 수준이 되도록 최대한 노력하여야 한다.

② 국가와 지방자치단체는 제1항에 따라 필요한 비용을 부담할 수 있도록 재원(財源)을 조성하여야 한다. 이 경우 국민연금법 제101조 제1항에 따라 설치된 국민연금기금은 기초연금 지급을 위한 재원으로 사용할 수 없다.

③ 국가와 지방자치단체는 기초연금의 지급에 따라 계층 간 소득역전 현상이 발생하지 아니하고 근로의욕 및 저축유인이 저하되지 아니하도록 최대한 노력하여야 한다.   정답 ②

제7장 사회복지서비스 관련 법률

〈아동관련 사회복지법률〉

(16회 기출)

중요도 ★★★

01) 아동복지법의 내용으로 옳지 않은 것은?

① 학교의 장은 친권자가 없는 아동을 발견한 경우 그 복지를 위하여 필요하다고 인정할 때에는 시장·군수·구청장에게 친권자의 선임을 청구하여야 한다.

② 아동위원은 명예직으로 하되, 아동위원에 대하여는 수당을 지급할 수 있다.

③ 누구든지 아동의 정신건강 및 발달에 해를 끼치는 정서적 학대행위를 하여서는 아니 된다.

④ 매년 5월 5일을 어린이날로 하며, 5월 1일부터 5월 7일 까지를 어린이주간으로 한다.

⑤ 법원의 심리과정에서 변호사가 아닌 아동보호전문기관의 상담원은 학대아동사건의 심리에 있어서 법원의 허가를 받아 보조인이 될 수 있다.

해설

아동복지법 제19조(아동의 후견인의 선임 청구 등) 제1항: 시·도지사, 시장·군수·구청장, 아동복지시설의 장 및 학교의 장은 친권자 또는 후견인이 없는 아동을 발견한 경우 그 복지를 위하여 필요하다고 인정할 때에는 법원에 후견인의 선임을 청구하여야 한다.

보충노트

② 아동복지법 제14조(아동위원) 참조
③ 아동복지법 제17조(금지행위) 참조
④ 아동복지법 제6조(어린이날 및 어린이주간) 참조
⑤ 아동복지법 제21조(보조인의 선임 등) 참조

정답 ①

(14회 기출)

중요도 ★★★

02) 아동복지법의 내용으로 옳지 않은 것은?

① 아동을 15세 미만인 사람으로 정하고 있다.

② 보호자로부터 이탈된 아동은 보호아동에 포함된다.

③ 보호자가 아동을 학대하는 등 그 보호자가 아동을 양육하기에 적당하지 아니한 경우 그 아동은 보호대상 아동에 포함된다.

④ 보호자를 포함한 성인이 아동의 정상적 발달을 저해할 수 있는 성적폭력이나 가혹행위를 하는 것은 아동학대에 포함된다.

⑤ 아동의 보호자가 아동을 방임하는 것은 아동학대에 포함된다.

아동복지법 제3조(정의) 1호 "아동"이란 18세 미만인 사람을 말한다.　　　　　　　　　　　정답 ①

　　　　　　　　　　　　　　　　　　　　　　　　　　　　　(13회 기출)

03) 아동복지법의 내용으로 옳지 않은 것은?

① "아동"이란 18세 미만인 사람을 말한다.

② 보건복지부장관은 5년마다 아동정책기본계획을 수립하여야 한다.

③ 국가 또는 지방자치단체 외의 자는 시장·군수·구청장에게 신고하고 아동복지시설을 설치할 수 있다.

④ 아동정책조정위원회는 국무총리 소속으로 한다.

⑤ 국가기관은 아동학대 예방교육을 연2회 이상 실시하여야 한다.

아동복지법 제26조의2(아동학대 예방교육의 실시): 국가기관과 지방자치단체의 장, 공공기관의 운영에 관한 법률에 따른 공공기관과 대통령령으로 정하는 공공단체의 장은 아동학대의 예방과 방지를 위하여 필요한 교육을 연1회 이상 실시하고, 그 결과를 보건복지부장관에게 제출하여야 한다.　　　　　　　　　　　　　　　　　　　　　　　　정답 ⑤

　　　　　　　　　　　　　　　　　　　　　　　　　　　　　(13회 기출)

04) 영유아보육법의 내용이다. (　)에 들어갈 말은?

> 국공립어린이집 외의 어린이집을 설치·운영하려는 자는 특별자치도지사·시장·군수·구청장의 (　)를(을) 받아야 한다.

① 인가　　　　② 신고　　　　③ 인증　　　　④ 허가　　　　⑤ 특허

영유아보육법 제13조(국공립어린이집 외의 어린이집의 설치): 국공립어린이집 외의 어린이집을 설치·운영하려는 자는 특별자치도지사·시장·군수·구청장의 인가를 받아야 한다. 인가받은 사항 중 중요 사항을 변경하려는 경우에도 또한 같다.　　　　　　　　　　　　　　　　　　　　　　　　　　　　　　　　정답 ①

　　　　　　　　　　　　　　　　　　　　　　　　　　　　　(13회 기출)

05) 입양특례법상 입양기관의 장의 직무에 관한 설명으로 옳지 않은 것은?

① 입양기관의 장은 양친이 될 사람에게 입양 전에 아동양육에 관한 교육을 하여야 한다.

② 입양될 아동은 가족관계등록이 되어 있지 아니한 상태에서 인수할 때에는 그 아동에 대한 가족관계등록 창설 절차를 거친다.

③ 국내 입양자를 위하여 입양 성립 후 1년 동안 양친과 양자의 상호적응 상태에 대하여 사후관리를 하여야 한다.

④ 국외로 입양된 자를 위하여 입양된 자가 그 국가의 국적을 취득한 후 6개월 까지 사후관리를 하여야 한다.

⑤ 입양을 원하는 국가나 그 국가의 공인을 받은 입양기관과 입양업무에 관한 협약을 체결한 때에는 보건복지부장관에게 보고하여야 한다.

입양특례법 제25조(사후서비스 제공) 제1항: 입양기관의 장은 입양이 성립된 후 1년 동안 양친과 양자의 상호적응을 위하여 다음의 사후관리를 하여야 한다. 국외입양 사후관리에 관한 내용, 방법 등 구체적인 사항은 대통령령으로 정한다.
- 양친과 양자의 상호적응상태에 관한 관찰 및 이에 필요한 서비스
- 입양가정에서의 아동양육에 필요한 정보의 제공
- 입양가정이 수시로 상담할 수 있는 창구의 개설 및 상담요원의 배치

정답 ④

중요도 ★★   (13회 기출)

06) 영유아보육법의 내용이다. (   )안에 들어갈 말은?

> 국공립어린이집 외의 어린이집을 설치 · 운영하려는 자는 특별자치도지사 · 시장 · 군수 · 구청장의 (   )를(을) 받아야 한다.

① 인가   ② 보증   ③ 인증   ④ 허가   ⑤ 특허

제13조(국공립어린이집 외의 어린이집의 설치) 제1항: 국공립어린이집 외의 어린이집을 설치 · 운영하려는 자는 특별자치도지사 · 시장 · 군수 · 구청장의 인가를 받아야 한다. 인가받은 사항 중 중요 사항을 변경하려는 경우에도 또한 같다.

정답 ①

중요도 ★★★   (10회 기출)

07) 영유아보육법상 어린이집을 설치 운영할 수 있는 자는?

① 정신질환자

② 향정신성의약품 중독자

③ 만 18세인 자

④ 금고 이상의 실형을 선고받고 그 집행이 종료된 날로부터 1년이 경과한 자

⑤ 금고 이상의 형을 집행유예를 선고받고 그 유예기간이 종료된 자

영유아보육법 제16조 (결격사유): 다음의 어느 하나에 해당하는 자는 어린이집을 설치 · 운영할 수 없다.

1. 미성년자 · 피성년후견인 또는 피한정후견인
2. 「정신보건법」 제3조제1호의 정신질환자
3. 「마약류 관리에 관한 법률」 제2조제1호의 마약류에 중독된 자
4. 파산선고를 받고 복권되지 아니한 자
5. 금고 이상의 실형을 선고받고 그 집행이 종료되거나 집행이 면제된 날부터 5년(「아동복지법」 제3조 제7호의2에 따른 아동학대관련범죄를 저지른 경우에는 20년)이 경과되지 아니한 자
6. 금고 이상의 형의 집행유예를 선고받고 그 유예기간 중에 있는 사람. 다만, 아동복지법 제3조 제7호의2에 따른 아동학대관련범죄로 금고 이상의 형의 집행유예를 선고 받은 경우에는 그 집행유예가 확정된 날부터 20년이 지나지 아니한 사람
7. 제45조에 따라 어린이집의 폐쇄명령을 받고 5년이 경과되지 아니한 자
8. 제54조에 따라 300만원 이상의 벌금형이 확정된 날부터 2년이 지나지 아니한 사람 또는 아동복지법 제3조 제7호의2에 따른 아동학대관련범죄로 벌금형이 확정된 날부터 10년이 지나지 아니한 사람
9. 제23조의3에 따른 교육명령을 이행하지 아니한 자

정답 ⑤

(13회 기출)

중요도 ★★★

08) 아동복지법령상 지역아동보호전문기관의 업무로 옳은 것을 모두 고른 것은?

> ㄱ. 아동학대 신고접수, 현장조사 및 응급보호
> ㄴ. 피해아동, 피해아동의 가족 및 아동학대행위자를 위한 상담 · 치료 및 교육
> ㄷ. 아동학대예방 교육 및 홍보
> ㄹ. 피해아동 가정의 사후관리

① ㄱ, ㄴ, ㄷ　　　② ㄱ, ㄷ　　　③ ㄴ, ㄹ　　　④ ㄹ　　　⑤ ㄱ, ㄴ, ㄷ, ㄹ

해설

아동복지법 제46조(아동보호전문기관의 업무) 제2항: 지역아동보호전문기관은 다음 각 호의 업무를 수행한다.
1. 아동학대 신고접수, 현장조사 및 응급보호
2. 피해아동, 피해아동의 가족 및 아동학대행위자를 위한 상담 · 치료 및 교육
3. 아동학대예방 교육 및 홍보
4. 피해아동 가정의 사후관리
5. 아동학대사례전문위원회 설치 · 운영 및 자체사례회의 운영
6. 그 밖에 대통령령으로 정하는 아동학대예방사업과 관련된 업무

정답 ⑤

(12회 기출)

중요도 ★

09) 아동복지법령상 아동학대예방의 날은?

① 4월 20일　　　② 9월 7일　　　③ 10월 2일　　　④ 11월 19일　　　⑤ 12월 10일

해설

제23조(아동학대예방의 날) 제1항: 아동의 건강한 성장을 도모하고, 범국민적으로 아동학대의 예방과 방지에 관한 관심을 높이기 위하여 매년 11월 19일을 아동학대예방의 날로 지정하고, 아동학대예방의 날부터 1주일을 아동학대예방주간으로 한다.

정답 ④

중요도 ★★

10) 아동복지법령상 아동학대 신고의무자를 모두 고른 것은?

> 가. 가정위탁지원센터의 장   나. 응급구조사
> 다. 사회복지전담공무원   라. 종교단체 성직자

① 가, 나, 다   ② 가, 다   ③ 나, 라

④ 라   ⑤ 가, 나, 다, 라

해설

아동학대범죄의 처벌 등에 관한 특례법 제10조(아동학대범죄 신고의무와 절차) 제2항: 다음 각 호의 어느 하나에 해당하는 사람이 직무를 수행하면서 아동학대범죄를 알게 된 경우나 그 의심이 있는 경우에는 아동보호전문기관 또는 수사기관에 즉시 신고하여야 한다.

1. 아동복지법 제10조의2에 따른 아동권리보장원 및 가정위탁지원센터의 장과 그 종사자
2. 아동복지시설의 장과 그 종사자(아동보호전문기관의 장과 그 종사자는 제외한다)
3. 아동복지법 제13조에 따른 아동복지전담공무원
4. 가정폭력방지 및 피해자보호 등에 관한 법률 제5조에 따른 가정폭력 관련 상담소 및 같은 법 제7조의2에 따른 가정폭력피해자 보호시설의 장과 그 종사자
5. 건강가정기본법 제35조에 따른 건강가정지원센터의 장과 그 종사자
6. 다문화가족지원법 제12조에 따른 다문화가족지원센터의 장과 그 종사자
7. 사회복지사업법 제14조에 따른 사회복지 전담공무원 및 같은 법 제34조에 따른 사회복지시설의 장과 그 종사자
8. 성매매방지 및 피해자보호 등에 관한 법률 제5조에 따른 지원시설 및 같은 법 제10조에 따른 성매매피해상담소의 장과 그 종사자
9. 성폭력방지 및 피해자보호 등에 관한 법률 제10조에 따른 성폭력피해상담소, 같은 법 제12조에 따른 성폭력피해자보호시설의 장과 그 종사자 및 같은 법 제18조에 따른 성폭력피해자통합지원센터의 장과 그 종사자
10. 소방기본법 제34조에 따른 구급대의 대원
11. 응급의료에 관한 법률 제2조제7호에 따른 응급의료기관등에 종사하는 응급구조사
12. 영유아보육법 제7조에 따른 육아종합지원센터의 장과 그 종사자 및 제10조에 따른 어린이집의 원장 등 보육교직원
13. 유아교육법 제20조에 따른 교직원 및 같은 법 제23조에 따른 강사 등
14. 삭제(2016년 5월 29일)
15. 의료법 제3조 제1항에 따른 의료기관의 장과 그 의료기관에 종사하는 의료인 및 의료기사
16. 장애인복지법 제58조에 따른 장애인복지시설의 장과 그 종사자로서 시설에서 장애아동에 대한 상담·치료·훈련 또는 요양 업무를 수행하는 사람
17. 정신건강증진 및 정신질환자 복지서비스 지원에 관한 법률 제3조 제3호에 따른 정신건강복지센터, 같은 조 제5호에 따른 정신의료기관, 같은 조 제6호에 따른 정신요양시설 및 같은 조 제7호에 따른 정신재활시설의 장과 그 종사자
18. 청소년기본법 제3조제6호에 따른 청소년시설 및 같은 조 제8호에 따른 청소년단체의 장과 그 종사자
19. 청소년보호법 제35조에 따른 청소년 보호·재활센터의 장과 그 종사자
20. 초·중등교육법 제19조에 따른 교직원, 같은 법 제19조의2에 따른 전문상담교사 및 같은 법 제22조에 따른 산학겸임교사 등
21. 한부모가족지원법 제19조에 따른 한부모가족복지시설의 장과 그 종사자
22. 학원의 설립·운영 및 과외교습에 관한 법률 제6조에 따른 학원의 운영자·강사·직원 및 같은 법 제14조에 따른 교습소의 교습자·직원
23. 아이돌봄지원법 제2조제4호에 따른 아이돌보미
24. 아동복지법 제37조에 따른 취약계층 아동에 대한 통합서비스지원 수행인력
25. 입양특례법 제20조에 따른 입양기관의 장과 그 종사자

정답 ①

<노인복지법>

01) 노인복지법의 내용으로 옳지 않은 것은?

① 국가는 노인 보건복지관련 연구시설을 위하여 필요하다고 인정하는 경우 국유재산 법 규정에 불구하고 국유재산을 무상으로 대부할 수 있다.

② 지방자치단체는 노인보건복지관련 사업의 육성을 위하여 필요하다고 인정하는 경우 지방재정법의 규정에 불구하고 공유재산을 무상으로 사용하게 할 수 있다.

③ 재가노인복지시설, 노인공동생활가정 및 노인요양공동생활가정은 공동주택에만 설 치할 수 있다.

④ 노인복지법에 의한 노인복지주택의 건축물의 용도는 건축관계 법령에도 불구하고 노유자 시설로 본다.

⑤ 노인복지시설에서 노인을 위하여 사용하는 건물·토지 등에 대하여는 관계법령이 정하는 바에 의하여 조세 기타 공과금을 감면할 수 있다.

해설

노인복지법 제55조(「건축법」에 대한 특례) 제1항: 이 법에 의한 재가노인복지시설, 노인공동생활가정, 노인요양공동생활가정 및 학대피해노인 전용쉼터는 「건축법」 제19조의 규정에 불구하고 단독주택 또는 공동주택에 설치할 수 있다.

오답노트

① 노인복지법 제54조(국·공유재산의 대부 등) 참조
② 노인복지법 제54조(국·공유재산의 대부 등) 참조
④ 노인복지법 제55조(「건축법」에 대한 특례) 참조
⑤ 노인복지법 제54조(조세감면) 참조

정답 ③

02) 노인복지법상 노인학대에 관한 설명으로 옳지 않은 것은?

① 지방자치단체는 노인학대를 예방하기 위하여 긴급전화를 설치하여 한다.

② 누구든지 노인학대를 알게 된 때에는 수사기관에 신고할 수 있다.

③ 누구든지 정당한 사유없이 노인학대 현장에 출동한 자에 대하여 현장조사를 거부하 여서는 아니 된다.

④ 부양의무자인 자녀는 노인을 위하여 지급된 금품을 그 목적외의 용도에 사용할 수 있다.

⑤ 노인학대신고를 접수한 노인보호전문기관의 직원은 지체 없이 노인학대 현장에 출 동하여야 한다.

노인복지법 제39조의9 (금지행위): 누구든지 65세 이상의 사람에 대하여 다음의 어느 하나에 해당하는 행위를 하여서는 아니 된다.
- 노인을 위하여 증여 또는 급여된 금품을 그 목적 외의 용도에 사용하는 행위   정답 ④

       (14회 기출)

03) 노인복지법상 노인의 날은?

① 매년 3월 15일   ② 매년 5월 8일   ③ 매년 9월 1일

④ 매년 10월 2일   ⑤ 매년 12월 1일

노인복지법 제6조(노인의 날 등): 노인에 대한 사회적 관심과 공경의식을 높이기 위하여 매년 10월 2일을 노인의 날로, 매년 10월을 경로의 달로 한다.   정답 ④

       (13회 기출)

04) 노인복지법령상 노인복지시설에 관한 설명으로 옳지 않은 것은?

① 노인복지주택은 노인주거복지시설이다.

② 노인교실은 노인여가복지시설이다.

③ 노인학대 신고전화 운영은 지역노인보호전문기관의 업무이다.

④ 노인공동생활가정은 노인의료복지시설이다.

⑤ 방문요양서비스의 제공을 목적으로 하는 시설은 재가노인복지시설이다.

노인복지법 제32조(노인주거복지시설): 양로시설, 노인공동생활가정, 노인복지주택

- 제34조(노인의료복지시설): 노인요양시설, 노인요양공동생활가정
- 제36조(노인여가복지시설): 노인복지관, 경로당, 노인교실
- 제38조(재가노인복지시설): 방문요양서비스, 주·야간보호서비스, 단기보호서비스, 방문 목욕서비스 등
- 제39조의5(노인보호전문기관의 설치 등)   정답 ④

       (12회 기출)

05) 노인복지법령상 노인복지시설의 종류에 해당하는 것을 모두 고른 것은?

ㄱ. 노인여가복지시설	ㄴ. 재가노인복지시설
ㄷ. 노인주거복지시설	ㄹ. 노인보호전문기관

① ㄱ, ㄴ, ㄷ   ② ㄱ, ㄷ   ③ ㄴ, ㄹ   ④ ㄹ   ⑤ ㄱ, ㄴ, ㄷ, ㄹ

04번) 해설 및 보충노트 참조

정답 ⑤

(11회 기출)

06) 노인복지법령에 관한 설명으로 옳은 것은?

① 60세 이상의 노인은 국가 또는 지방자치단체의 수송시설을 무료로 또는 할인하여 이용할 수 있다.

② 자격이 취소된 요양보호사는 취소된 날로부터 3년이 경과되지 않으면 요양보호사가 될 수 없다.

③ 노인요양공동생활가정은 노인주거복지시설이다.

④ 중앙노인보호전문기관은 노인인권보호정책을 제안할 수 있다.

⑤ 노인인력개발기관은 노인에 의한 재화의 생산·판매 등을 직접 담당하는 기관이다.

노인복지법 제39조의5 (노인보호전문기관의 설치 등) 제1항: 국가는 지역 간의 연계체계를 구축하고 노인학대를 예방하기 위하여 다음 각 호의 업무를 담당하는 중앙노인보호전문기관을 설치·운영하여야 한다.

1. 노인인권보호 관련 정책제안, 2. 노인인권보호를 위한 연구 및 프로그램의 개발, 3. 노인학대 예방의 홍보, 교육자료의 제작 및 보급, 4. 노인보호전문사업 관련 실적 취합, 관리 및 대외자료 제공, 5. 지역노인보호전문기관의 관리 및 업무지원, 6. 지역노인보호전문기관 상담원 심화교육, 7. 관련 기관 협력체계의 구축 및 교류, 8. 노인학대 분쟁사례 조정을 위한 중앙노인학대사례판정위원회 운영

① 제26조 제1항: 국가 또는 지방자치단체는 65세 이상의 자에 대하여 대통령령이 정하는 바에 의하여 국가 또는 지방자치단체의 수송시설 및 고궁 능원 박물관 공원 등의 공공시설을 무료로 또는 그 이용요금을 할인하여 이용하게 할 수 있다.

② 제39조의13(요양보호사의 결격사유) 제6호: 자격이 취소된 요양보호사는 취소된 날로부터 1년이 경과되지 않으면 요양보호사가 될 수 없다.

③ 제34조(노인의료복지시설) 제1항: 1. 노인요양시설, 2. 노인요양공동생활가정

⑤ 제23조의2(노인일자리전담기관의 설치·운영 등) 제1항: 노인의 능력과 적성에 맞는 일자리지원사업을 전문적·체계적으로 수행하기 위한 노인일자리전담기관은 다음의 기관으로 한다. 1. 노인인력개발기관, 2. 노인일자리지원기관

정답 ④

(10회 기출)

07) 요양보호사의 직무와 자격증의 교부에 대해 규정하고 있는 법은?

① 노인장기요양보험법   ② 국민건강보험법   ③ 사회복지사업법

④ 자원봉사활동기본법   ⑤ 노인복지법

요양보호사의 직무, 자격증의 교부 등(노인복지법 제39조의2): 노인복지시설의 설치, 운영자는 보건복지부령으로 정하는 바에 따라 노인 등의 신체활동 또는 가사활동 지원 등의 업무를 전문적으로 수행하는 요양보호사를 두어야 한다.

정답 ⑤

〈장애인복지법〉

01) 장애인복지법상 벌칙에 관한 내용이다. (   )에 들어갈 숫자가 순서대로 옳은 것은?

> 장애인의 신체에 폭행을 가한 사람은 (   )년 이하의 징역 또는 (   )천만 원 이하의 벌금에 처한다.

① 1, 1   ② 3. 3   ③ 5. 5   ④ 7, 7   ⑤ 10, 7

해설

- 장애인복지법 59조의9(금지행위) 제2호 참조
  - 장애인의 신체에 폭행을 가하거나 상해를 입히는 행위
- 장애인복지법 제86조(벌칙) 제3항 제3호 참조
- 다음의 어느 하나에 해당하는 사람은 5년 이하의 징역 또는 5천만 원 이하의 벌금에 처한다.
  - 제59조의9 제2호(폭행에 한정한다)부터 제6호까지에 해당하는 행위를 한 사람   정답 ③

02) 장애인복지법의 내용으로 옳지 않은 것은?

① 중앙행정기관의 장은 해당 기관의 장애인정책을 효율적으로 수립·시행하기 위하여 소속 공무원 중에서 장애인정책책임관을 지정할 수 있다.

② 재한외국인처우기본법에 따른 결혼이민자는 장애인복지법에 따른 장애인 등록을 할 수 없다.

③ 국가와 지방자치단체는 장애정도가 심하여 자립하기가 매우 곤란한 장애인이 필요한 보호 등을 평생 받을 수 있도록 알맞은 정책을 강구하여야 한다.

④ 장애인은 장애인 관련 정책과정에 우선적으로 참여할 권리가 있다.

⑤ 국가는 초중등교육법에 따른 학교에서 사용하는 교과용 도서에 장애인에 대한 인식 개선을 위한 내용이 포함되도록 하여야 한다.

해설

장애인복지법 제32조의 2(재외동포 및 외국인의 장애인 등록) 제1항: 재외동포 및 외국인 중 다음 각 호의 어느 하나에 해당하는 사람은 제32조에 따라 장애인 등록을 할 수 있다.

1. 재외동포의 출입국과 법적 지위에 관한 법률 제6조에 따라 국내거소신고를 한 사람
2. 주민등록법 제6조에 따라 재외국민으로 주민등록을 한 사람
3. 출입국관리법 제31조에 따라 외국인등록을 한 사람으로서 같은 법 제10조제1항에 따른 체류자격 중 대한민국에 영주할 수 있는 체류자격을 가진 사람
4. 재한외국인 처우 기본법 제2조제3호에 따른 결혼이민자
5. 난민법 제2조제2호에 따른 난민인정자

정답 ②

중요도 ★★★

03) 장애인복지법상 장애인등록에 관한 설명으로 옳은 것은?

① 장애인 등록을 할 수 있는 자는 장애인 본인에 한한다.

② 국가는 외국인이 장애인으로 등록된 경우 예산 등을 고려하여 장애인복지사업의 지원을 제한할 수 있다.

③ 장애인 등록증을 받은 자가 사망하면 그 등록에 따른 권한은 상속권자에게 상속된다.

④ 구청장은 장애인의 등급사정을 위하여 구청장 직속의 정밀심사기관을 두어야 한다.

⑤ 장애인의 등급사정을 위해 고용노동부에 등급판정위원회를 둘 수 있다.

해설

장애인복지법 제32조의 2(재외동포 및 외국인의 장애인 등록) 제2항: 국가는 외국인이 장애인으로 등록된 경우 예산 등을 고려하여 장애인복지사업의 지원을 제한할 수 있다.

오답노트

① 장애인복지법 제32조(장애인 등록) 제1항 참조
③ 장애인복지법 제32조의 3(장애인 등록 취소 등) 제1항 참조
④ 장애인복지법 제32조(장애인 등록) 제6항 참조
⑤ 장애인복지법 제32조(장애인 등록) 제4항 참조   정답 ②

중요도 ★★★

04) 장애인복지법상 실태조사에 관한 내용이다. (   )에 들어갈 내용이 옳은 것은?

> (   )은 장애인복지정책에 필요한 기초자료로 활용하기 위하여 (   )년마다 장애실태조사를 실시하여야 한다.

① 보건복지부장관, 2   ② 보건복지부장관, 3   ③ 보건복지부장관, 5
④ 고용복지부장관, 3   ⑤ 고용복지부장관, 5

해설

장애인복지법 제31조(실태조사): 보건복지부장관은 장애인 복지정책의 수립에 필요한 기초 자료로 활용하기 위하여 3년마다 장애실태조사를 실시하여야 한다.   정답 ②

중요도 ★★

05) 장애인복지법령상 장애인복지전문인력에 속하지 않는 사람은?

① 의지 · 보조기 기사   ② 한국수어 통역사   ③ 언어재활사
④ 장애상담치료사   ⑤ 점역사 · 교정사

장애인복지법 시행규칙 제55조(장애인복지전문인력의 범위): 의지 · 보조기 기사, 언어재활사, 한국수어 통역사, 점역사(點譯士) · 교정사(矯正士) 등

정답 ④

(12회 기출)

06) 장애인복지법령의 내용으로 옳은 것은?

① 보건복지부장관은 장애실태조사를 5년마다 실시하여야 한다.

② 모든 재외동포 및 외국인은 장애인 등록을 할 수 없다.

③ 보건복지부장관은 3년마다 장애인정책종합계획을 수립 · 시행하여야 한다.

④ 장애인은 장애인 관련 정책결정과정에 우선적으로 참여할 권리가 있다.

⑤ 장애인의 장애 인정과 등급 사정에 관한 업무를 담당하게 하기 위하여 국민건강보험공단에 장애판정위원회를 둔다.

제4조 장애인의 권리): 장애인은 장애인 관련 정책결정과정에 우선적으로 참여할 권리가 있다.

① 제31조(실태조사): 보건복지부장관은 장애인 복지정책의 수립에 필요한 기초 자료로 활용하기 위하여 3년마다 장애실태조사를 실시하여야 한다.

② 제32조의2(재외동포 및 외국인의 장애인 등록): 재외동포 및 외국인 중 다음의 어느 하나에 해당하는 사람은 제32조에 따라 장애인 등록을 할 수 있다.

③ 제10조의2(장애인정책종합계획): 보건복지부장관은 장애인의 권익과 복지증진을 위하여 관계 중앙행정기관의 장과 협의하여 5년마다 장애인정책종합계획을 수립 · 시행하여야 한다.

⑤ 제32조(장애인 등록): 장애인의 장애 인정과 등급 사정(査定)에 관한 업무를 담당하게 하기 위하여 보건복지부에 장애판정위원회를 둘 수 있다.

정답 ④

(11회 기출)

07) 장애인복지법령에서 명시하고 있는 사항으로 옳은 것을 모두 고른 것은?

> 가. 장애 발생 예방과 조기발견을 위한 국민의 노력
>
> 나. 장애인 대상 성범죄의 신고의무
>
> 다. 장애인에 대한 차별금지
>
> 라. 장애인의 가족계획 수립 및 지도

① 가, 나, 다   ② 가, 다   ③ 나, 라   ④ 라   ⑤ 가, 나, 다, 라

장애인의 가족계획 수립 및 지도에 대한 내용은 장애인복지법에는 없다.
- 제10조(국민의 책임) 참조
- 제59조의2(장애인 대상 성범죄의 신고) 참조
- 제8조(차별금지 등) 참조

정답 ①

(10회 기출)

08) 장애인복지법에 관한 내용으로 옳은 것은?

① 장애인정책조정위원회는 보건복지부 소속하에 둔다.

② 장애인의 실태조사는 5년마다 실시하여야 한다.

③ 국가와 지방자치단체는 장애인에게 적합한 사업을 경영하는 자에게 장애인의 능력과 적성에 따라 장애인을 고용하도록 권유할 수 있다.

④ 장애는 크게 신체적 장애, 정신적 장애, 사회적 장애로 구분된다.

⑤ 국가는 대학에서 사용하는 교양도서에 장애인에 대한 인식개선을 위한 내용이 포함되도록 하여야 한다.

제46조(고용 촉진): 국가와 지방자치단체는 직접 경영하는 사업에 능력과 적성이 맞는 장애인을 고용하도록 노력하여야 하며, 장애인에게 적합한 사업을 경영하는 자에게 장애인의 능력과 적성에 따라 장애인을 고용하도록 권유할 수 있다.

① 제11조(장애인정책조정위원회) 참조
② 제31조(실태조사) 제1항 참조
④ 제2조(장애인의 정의 등) 제2항 참조
⑤ 제25조(사회적 인식개선) 제1항 참조

정답 ③

〈여성 · 가족 관련사회복지법〉

01) 가정폭력방지 및 피해자보호 등에 관한 법률의 내용으로 옳지 않은 것은?

① 단기보호시설은 피해자 등을 6개월의 범위에서 보호하는 시설이다.

② 국가는 가정폭력 관련 상담소의 설치 · 운영에 드는 경비의 전부를 보조하여야 한다.

③ 여성가족부장관 또는 시 · 도지사는 긴급전화센터를 설치 · 운영하여야 한다.

④ 가정폭력의 예방과 방지에 관한 교육 · 홍보는 가정폭력 관련 상담소의 업무에 해당한다.

⑤ 사회복지법인은 시장군수구청장의 인가를 받아 가정폭력피해자 보호시설을 설치 · 운영할 수 있다.

해설

가정폭력방지 및 피해자보호 등에 관한 법률 제4조(국가 등의 책무) 제4항: 국가와 지방자치단체는 제5조제2항과 제7조제2항에 따라 설치 · 운영하는 가정폭력관련 상담소와 가정폭력피해자 보호시설에 대하여 경비(經費)를 보조하는 등 이를 육성 · 지원하여야 한다. 정답 ②

02) 성폭력방지 및 피해자보호 등에 관한 법률상 국가와 지방자치단체의 책무에 해당하는 것을 모두 고른 것은?

> ㄱ. 성폭력 신고체계의 구축 · 운영
>
> ㄴ. 성폭력 예방을 위한 유해환경 개선
>
> ㄷ. 성폭력 예방을 위한 조사 · 연구, 교육 및 홍보
>
> ㄹ. 피해자에 대한 직업훈련 및 법률구조 등 사회복귀 지원

① ㄱ, ㄴ   ② ㄴ, ㄷ   ③ ㄱ, ㄷ, ㄹ   ④ ㄴ, ㄷ, ㄹ   ⑤ ㄱ, ㄴ, ㄷ, ㄹ

해설

성폭력방지 및 피해자보호 등에 관한 법률 제3조(국가 등의 책무) 제1항 참조

1. 성폭력 신고체계의 구축 · 운영
2. 성폭력 예방을 위한 조사 · 연구, 교육 및 홍보
3. 피해자를 보호 · 지원하기 위한 시설의 설치 · 운영
4. 피해자에 대한 주거지원, 직업훈련 및 법률구조 등 사회복귀 지원
5. 피해자에 대한 보호 · 지원을 원활히 하기 위한 관련 기관 간 협력체계의 구축 · 운영
6. 성폭력 예방을 위한 유해환경 개선
7. 피해자 보호 · 지원을 위한 관계 법령의 정비와 각종 정책의 수립 · 시행 및 평가

정답 ⑤

03) 한부모가족지원법상 지원대상인 아동으로 옳은 것은 모두 몇 개인가?

> ㉠ 부모의 생사가 분명하지 아니한 아동
> ㉡ 부모가 유기하여 부양을 받을 수 없는 아동
> ㉢ 부모가 신체의 질병으로 장기간 노동능력을 상실한 아동
> ㉣ 부모가 가정의 불화로 가출하여 부모의 부양을 받을 수 없는 아동
> ㉤ 부모의 장기복역으로 부양을 받을 수 없는 경우

① 1개 ② 2개 ③ 3개 ④ 4개 ⑤ 5개

해설

한부모가족지원법 제5조의2(지원대상자의 범위에 대한 특례) 제2항: 다음의 어느 하나에 해당하는 아동과 그 아동을 양육하는 조부 또는 조모로서 여성가족부령으로 정하는 자는 제5조에도 불구하고 이 법에 따른 지원대상자가 된다.

1. 부모가 사망하거나 생사가 분명하지 아니한 아동
2. 부모가 정신 또는 신체의 장애·질병으로 장기간 노동능력을 상실한 아동
3. 부모의 장기복역 등으로 부양을 받을 수 없는 아동
4. 부모가 이혼하거나 유기하여 부양을 받을 수 없는 아동
5. 제1호부터 제4호까지에 규정된 자에 준하는 자로서 여성가족부령으로 정하는 아동
   - 부모가 가정의 불화로 가출하여 부모의 부양을 받을 수 없는 아동

정답 ⑤

04) 다문화가족지원법상 실태조사 등에 관한 내용이다. ( )에 들어갈 용어를 바르게 짝지은 것은?

> (ㄱ)장관은 다문화가족의 현황 및 실태를 파악하고 다문화가족 지원을 위한 정책 수립에 활용하기 위하여 (ㄴ)년마다 다문화가족에 실태조사를 실시하고 그 결과를 발표하여야 한다.

① ㄱ: 고용노동부, ㄴ: 3년 ② ㄱ: 고용노동부, ㄴ: 5년
③ ㄱ: 여성가족부, ㄴ: 3년 ④ ㄱ: 여성가족부, ㄴ: 5년
⑤ ㄱ: 보건복지부, ㄴ: 3년

해설

다문화가족지원법 제4조(실태조사 등) 제1항: 여성가족부장관은 다문화가족의 현황 및 실태를 파악하고 다문화가족 지원을 위한 정책수립에 활용하기 위하여 3년마다 다문화가족에 실태조사를 실시하고 그 결과를 발표하여야 한다

정답 ③

중요도 ★★

05) 성폭력방지 및 피해자보호 등에 관한 법률상 피해자보호에 관한 설명으로 옳지 않은 것은?

① 일반보호시설에 입소기간은 1년 이내이나 예외적으로 연장할 수 있다.

② 누구든지 피해자를 고용하고 있는 자는 성폭력과 관련하여 피해자를 해고하여서는 아니 된다.

③ 지방자치단체는 성폭력 전담의료기관의 의료지원에 필요한 경비의 전부를 지원할 수 없다.

④ 국가는 피해자에 대하여 법률상담과 소송대리 등의 지원을 할 수 있다.

⑤ 미성년자가 피해자인 경우 성폭력행위자가 아닌 보호자 입소에 동의하는 때에는 그 미성년자는 보호시설에 입소할 수 있다.

해설

성폭력방지 및 피해자보호 등에 관한 법률 제28조(의료비 지원): 국가 또는 지방자치단체는 성폭력 전담의료기관의 의료지원에 필요한 경비의 전부 또는 일부를 지원할 수 있다.

정답 ③

중요도 ★★★

06) 가정폭력방지 및 피해자보호 등에 관한 법률상 가정폭력피해자 보호시설의 종류에 해당하지 않는 것은?

① 단기보호시설　　　② 장기보호시설　　　③ 외국인보호시설
④ 장애인보호시설　　　⑤ 노인보호시설

해설

노인보호시설은 가정폭력방지 및 피해자보호 등에 관한 법률상 가정폭력피해자 보호시설의 종류에 해당하지 않는다.

정답 ⑤

중요도 ★★★

07) 한부모가족지원법상 정의 규정에서 "모" 또는 "부"에 해당하는 자를 모두 고른 것은?

ㄱ. 배우자와 이혼한 자로서 아동인 자녀를 양육하는 자

ㄴ. 교정시설에 입소한 배우자를 가진 사람으로서 아동인 자녀를 양육하는 자

ㄷ. 배우자로부터 유기(遺棄)된 자로서 아동인 자녀를 양육하는 자

ㄹ. 미혼자(사실혼 관계에 있는 자를 제외한다)로서 아동인 자녀를 양육하는 자

① ㄱ, ㄴ, ㄷ   ② ㄱ, ㄷ   ③ ㄴ, ㄹ   ④ ㄹ   ⑤ ㄱ, ㄴ, ㄷ, ㄹ

해설

한부모가족지원법 제4조(정의) 제1호: "모" 또는 "부"란 다음 각 목의 어느 하나에 해당하는 자로서 아동인 자녀를 양육하는 자를 말한다.
- 배우자와 사별 또는 이혼하거나 배우자로부터 유기(遺棄)된 자
- 정신이나 신체의 장애로 장기간 노동능력을 상실한 배우자를 가진 자
- 교정시설 · 치료감호시설에 입소한 배우자 또는 병역복무 중인 배우자를 가진 사람
- 미혼자[사실혼(事實婚) 관계에 있는 자는 제외한다]

정답 ⑤

중요도 ★★★   (12회 기출)

08) 가정폭력 방지 및 피해자보호 등에 관한 법률의 내용이다. ( )에 들어갈 기간을 옳게 짝지은 것은?

> 가정폭력피해자 보호시설 중 단기보호시설은 가정폭력으로 정상적인 가정생활과 사회생활 이 어렵거나 그 밖에 긴급히 보호를 필요로 하는 피해자 및 피해자가 동반한 가정구성원을 (ㄱ)의 범위에서 보호하는 시설을 말하며, 단기보호시설의 장은 그 단기보호시설에 입소한 피해자등에 대한 보호기간을 여성가족부령으로 정하는 바에 따라 (ㄴ)의 범위에서 한 차례만 연장할 수 있다.

① ㄱ: 1개월, ㄴ: 1개월   ② ㄱ: 3개월, ㄴ: 2개월

③ ㄱ: 6개월, ㄴ: 3개월   ④ ㄱ: 1년, ㄴ: 1년 6개월

⑤ ㄱ: 2년, ㄴ: 2년

해설

제7조의2 (보호시설의 종류) 참조
• 보호시설의 종류는 다음 각 호와 같다.
1. 단기보호시설: 피해자등을 6개월의 범위에서 보호하는 시설
2. 장기보호시설: 피해자등에 대하여 2년의 범위에서 자립을 위한 주거편의(住居便宜) 등을 제공하는 시설
3. 외국인보호시설: 배우자가 대한민국 국민인 외국인 피해자등을 2년의 범위에서 보호하는 시설
4. 장애인보호시설: 「장애인복지법」의 적용을 받는 장애인인 피해자등을 2년의 범위에서 보호하는 시설
• 단기보호시설의 장은 그 단기보호시설에 입소한 피해자등에 대한 보호기간을 여성가족부령으로 정하는 바에 따라 3개월의 범위에서 한 차례만 연장할 수 있다.

정답 ③

중요도 ★★   (11회 기출)

09) 한부모가족지원법령에 관한 설명으로 옳은 것은?

① 청소년 한부모란 22세 미만의 모 또는 부를 말한다.

② 출산 후 해당 아동을 양육하지 않는 미혼모도 미혼모자가족복지시설을 이용할 수 있다.

③ 보건복지부장관은 5년마다 한부모가족에 대한 실태조사를 실시하여야 한다.

④ 사업에 필요한 자금은 복지 자금 대여의 대상이 아니다.

⑤ 한부모가족복지상담소는 자립욕구가 강한 모자가족에게 일정 기간 동안 주거를 지원하는 시설이다.

해설

제5조의2(지원대상자의 범위에 대한 특례) 제1항: 혼인 관계에 있지 아니한 자로서 출산 전 임신부와 출산 후 해당 아동을 양육하지 아니하는 모는 제5조에도 불구하고 제19조 제1항 제3호의 미혼모자가족복지시설을 이용할 때에는 이 법에 따른 지원대상자가 된다.

오답노트

① 제4조(정의)1의2: "청소년 한부모"란 24세 이하의 모 또는 부를 말한다.

③ 제6조(실태조사 등): 여성가족부장관은 한부모가족 지원을 위한 정책수립에 활용하기 위하여 3년마다 한부모가족에 대한 실태조사를 실시하고 그 결과를 공표하여야 한다.

④ 제13조(복지자금의 대여): 국가나 지방자치단체는 한부모가족의 생활안정과 자립을 촉진하기 위하여 다음 각 호의 어느 하나의 자금을 대여할 수 있다.

1. 사업에 필요한 자금, 2. 아동교육비, 3. 의료비, 4. 주택자금, 5. 그 밖에 대통령령으로 정하는 한부모가족의 복지를 위하여 필요한 자금

⑤ 제19조(한부모가족복지시설) 1항 5호. 한부모가족복지상담소: 한부모가족에 대한 위기·자립 상담 또는 문제해결 지원 등을 목적으로 하는 시설

정답 ②

(11회 기출)

중요도 ★★★

10) 다문화가족지원법령에 관한 설명으로 옳지 않은 것은?

① 대한민국 국민과 사실혼 관계에서 출생한 자녀를 양육하고 있는 다문화가족 구성원도 이 법의 지원대상이 된다.

② 생활정보 제공 및 교육 지원에 관한 규정을 두고 있다.

③ 다국어에 의한 서비스 제공 규정은 아직 마련되어 있지 않다.

④ 가정폭력 피해자에 대한 보호·지원 규정을 두고 있다.

⑤ 의료 및 건강관리를 위한 지원 규정을 두고 있다.

해설

제11조(다국어에 의한 서비스 제공): 국가와 지방자치단체는 제5조부터 제10조까지의 규정에 따른 지원정책을 추진함에 있어서 결혼이민자등의 의사소통의 어려움을 해소하고 서비스 접근성을 제고하기 위하여 다국어에 의한 서비스 제공이 이루어지도록 노력하여야 한다.

① 제14조(사실혼 배우자 및 자녀의 처우) 참조

② 제6조(생활정보 제공 및 교육 지원) 참조

④ 제8조(가정폭력 피해자에 대한 보호·지원) 참조

⑤ 제9조(의료 및 건강관리를 위한 지원) 참조

정답 ③

(10회 기출)

11) 다문화가족지원법상 다문화가족정책에 관한 기본계획의 수립에 대한 설명으로 옳지 않은 것은?

① 여성가족부장관은 5년마다 기본계획을 수립하여야 한다.

② 여성가족부장관은 관계 기관의 장에게 기본계획의 수립에 필요한 자료의 제출을 요구할 수 있다.

③ 기본계획에는 다문화가족 지원을 위한 재원 확보 및 배분에 관한 사항이 포함되어야 한다.

④ 여성가족부장관이 기본계획을 수립할 때에는 미리 지방자치단체의 장과 협의하여야 한다.

⑤ 기본계획은 다문화가족정책위원회의 심의를 거쳐 확정한다.

해설

제3조의2 (다문화가족 지원을 위한 기본계획의 수립) 제3항: 여성가족부장관은 기본계획을 수립할 때에는 미리 관계 중앙행정기관의 장과 협의하여야 한다.

보충노트

① 제3조의2(다문화가족 지원을 위한 기본계획의 수립) 제1항 참조

② 제3조의2(다문화가족 지원을 위한 기본계획의 수립) 제5항 참조

③ 제3조의2(다문화가족 지원을 위한 기본계획의 수립) 제2항 참조

⑤ 제3조의2(다문화가족 지원을 위한 기본계획의 수립) 제4항 참조

정답 ④

(10회 기출)

12) (   )에 들어갈 숫자를 순서대로 바르게 나열한 것은?

> 한부모가족지원법상 "청소년 한부모"란 (   )세 이하의 모 또는 부를 말하며, "아동"이란 (   )세 미만의 자를 말하나 취학 중인 경우에는 (   )세 미만을 말한다.

① 18, 14, 18   ② 20, 14, 20   ③ 20, 18, 20

④ 24, 18, 22   ⑤ 24, 20, 22

해설

제4조(정의) 참조
- 1의2. "청소년 한부모"란 24세 이하의 모 또는 부를 말한다.
- 5. "아동"이란 18세 미만(취학 중인 경우에는 22세 미만을 말하되, 병역법에 따른 병역 의무를 이행하고 취학 중인 경우에는 병역의무를 이행한 기간을 가산한 연령 미만)의 자를 말한다.

정답 ④

<기타 사회복지 관련법>

(17회 기출)

중요도 ★★★

01) 정신건강증진 및 정신질환자 복지서비스지원에 관한 법률의 내용으로 옳지 않은 것은?

① 모든 정신질환자는 인간으로서의 존엄과 가치를 보장받고, 최적의 치료를 받을 권리를 가진다.

② 모든 국민은 정신질환으로부터 보호받을 권리를 가진다.

③ 모든 정신질환자는 정신질환이 있다는 이유로 부당한 차별대우를 받지 아니한다.

④ 입원치료가 필요한 정신질환자에 대하여는 의료진의 판단에 의해 입원이 권장되어야 한다.

⑤ 정신건강증진시설에 입원 등을 하고 있는 모든 사람은 가능한 한 자유로운 환경을 누릴 권리와 다른 사람들과 자유로이 의견교환을 할 수 있는 권리를 가진다.

해설

정신건강증진 및 정신질환자 복지서비스지원에 관한 법률 제2조(기본이념) 참조

• 모든 국민은 정신질환으로부터 보호받을 권리를 가진다.
• 모든 정신질환자는 인간으로서의 존엄과 가치를 보장받고, 최적의 치료를 받을 권리를 가진다.
• 모든 정신질환자는 정신질환이 있다는 이유로 부당한 차별대우를 받지 아니한다.
• 미성년자인 정신질환자는 특별히 치료, 보호 및 교육을 받을 권리를 가진다.
• 정신질환자에 대해서는 입원 또는 입소가 최소화되도록 지역 사회 중심의 치료가 우선적으로 고려되어야 하며, 정신건강증진시설에 자신의 의지에 따른 입원 또는 입소가 권장되어야 한다.
• 정신건강증진시설에 입원 등을 하고 있는 모든 사람은 가능한 한 자유로운 환경을 누릴 권리와 다른 사람들과 자유로이 의견교환을 할 수 있는 권리를 가진다.
• 정신질환자는 원칙적으로 자신의 신체와 재산에 관한 사항에 대하여 스스로 판단하고 결정할 권리를 가진다. 특히 주거지, 의료행위에 대한 동의나 거부, 타인과의 교류, 복지서비스의 이용 여부와 복지서비스 종류의 선택 등을 스스로 결정할 수 있도록 자기결정권을 존중받는다.
• 정신질환자는 자신에게 법률적 · 사실적 영향을 미치는 사안에 대하여 스스로 이해하여 자신의 자유로운 의사를 표현할 수 있도록 필요한 도움을 받을 권리를 가진다.
• 정신질환자는 자신과 관련된 정책의 결정과정에 참여할 권리를 가진다.

정답 ④

중요도 ★★★

(17회 기출)

02) 사회복지공동모금회법의 내용으로 옳은 것은?

① 사회복지공동모금회에는 20명 이상 25명 이하의 이사를 둔다.

② 사회복지공동모금회는 보건복지부장관의 승인 없이 복권을 발행할 수 있다.

③ 사회복지공동모금회는 모금창구로 지정된 언론기관의 명의로 모금계좌를 개설할 수 없다.

④ 사회복지공동모금회의 회계연도는 1월 1일부터 12월 31일까지로 한다.

⑤ 기부금품의 기부자는 사용 용도를 지정할 수 없다.

제28조(회계연도) 모금회의 회계연도는 1월 1일부터 12월 31일까지로 한다.

① 사회복지공동모금회에는 15명 이상 20명 이하의 이사를 둔다(제7조).

② 사회복지공동모금회는 보건복지부장관의 승인 없이 복권을 발행할 수 없다(제18조의2).

③ 사회복지공동모금회는 모금창구로 지정된 언론기관의 명의로 모금계좌를 개설할 수 있다(제19조).

⑤ 기부금품의 기부자는 사용 용도를 지정할 수 있다(제27조).

정답 ④

(16회 기출)

03) 자원봉사활동기본법상 자원봉사활동의 원칙에 해당하지 않은 것은?

① 무보수성   ② 비집단성   ③ 비영리성

④ 비정파성   ⑤ 비종파성

자원봉사활동기본법 제2조(기본방향) 제2호 참조

• 자원봉사활동은 국민의 협동적인 참여 능력을 높일 수 있는 방향으로 추진하여야 한다.

• 자원봉사활동은 무보수성, 자발성, 공익성, 비영리성, 비정파성(非政派性), 비종파성(非宗派性)의 원칙 아래 수행될 수 있도록 하여야 한다.

• 모든 국민은 나이, 성별, 장애, 지역, 학력 등 사회적 배경에 관계없이 누구든지 자원봉사활동에 참여할 수 있도록 하여야 한다.

• 자원봉사활동의 진흥을 위한 정책은 민·관 협력의 기본 정신을 바탕으로 하여 추진하여야 한다.

정답 ②

중요도 ★★★

(17회 기출)

01) 사회보장과 관련한 헌법재판소 결정내용으로 옳은 것은?

① 국민연금법상 연금보험료의 강제징수는 헌법상 재산권보장에 위배된다.

② 건강보험료 체납으로 인하여 보험금여가 제한되는 기간 중에 발생한 보험료에 대한 강제징수는 건강보험가입자의 재산권을 침해한다.

③ 국민기초생활보장법령상 수급자 등의 금융자산을 확인할 수 있는 자료의 제출요구는 급여신청자의 평등권을 침해한다.

④ 60세 이상의 국민에 대한 국민연금제도 가입을 제한하는 것은 헌법상의 인간다운 생활을 할 권리를 침해하는 것이라고 볼 수 없다.

⑤ 사회복지사업법의 규정 내용 중 사회복지법인의 재산을 기본재산과 보통재산으로 구분하도록 한 것은 명확성의 원칙에 위반된다.

오답노트

① 국민연금법상 연금보험료의 강제징수는 헌법상 재산권보장에 위배되지 않는다.

② 건강보험료 체납으로 인하여 보험금여가 제한되는 기간 중에 발생한 보험료에 대한 강제징수는 건강보험가입자의 재산권을 침해하는 것이 아니다.

③ 국민기초생활보장법령상 수급자 등의 금융자산을 확인할 수 있는 자료의 제출요구는 급여신청자의 평등권을 침해하지 않는다.

⑤ 사회복지사업법의 규정 내용 중 사회복지법인의 재산을 기본재산과 보통재산으로 구분하도록 한 것은 명확성의 원칙에 따른 것이다.

정답 ④

중요도 ★★★

(13회 기출)

02) 사회복지에 관한 헌법재판소나 대법원의 결정 또는 판결 내용인 것은?

① 국민연금가입 연령을 18세 이상 60세 미만으로 제한한 것은 헌법상의 행복추구권, 평등권, 인간다운 생활을 할 권리를 박탈한 것이다.

② 사회복지법인의 대표자가 이사회의 의결없이 법인의 재산을 처분한 경우에 그 처분행위는 이 사회의 의결 여부를 알지 못한 선의의 제3자에게는 효력이 있다.

③ 국민건강보험법에서 보험료 체납의 경우에 보험료를 완납할 때까지 보험급여를 실시하지 아니 할 수 있도록 한 것은 헌법상 행복추구권 등 기본권의 직접적 침해이다.

④ 헌법 제34조 제5항의 신체장애자 등에 대한 국가의 보호 의무에서 장애인을 위한 저상버스를 도입하여야 한다는 구체적인 내용의 의무가 발생하는 것은 아니다.

⑤ 국민연금 보험료의 강제징수는 헌법상 재산권의 침해이다.

해설

헌법재판소 2002. 12. 18. 자 2002헌마52 결정 참조

정답 ④

(11회 기출)

중요도 ★★★

03) 사회복지에 관한 헌법재판소나 대법원의 결정 또는 판결의 내용과 다른 것은?

① 60세 이상의 국민에 대한 국민연금제도 가입을 제한하는 것은 헌법상의 인간다운 생활을 할 권리를 침해하는 것이 아니다.

② 국민연금 보험료의 강제징수는 헌법상 재산권의 침해가 아니다.

③ 일부 이사가 참석하지 않은 상태에서 소집통지서에 회의의 목적사항으로 명시한 바 없는 안건에 관한 사회복지법인 이사회 결의의 효력은 무효이다.

④ 대한민국 정부가 지방공무원에게 맞춤형 복지제도를 시행하기 위한 법규 제정을 하지 아니한 것은 위헌이다.

⑤ 장애인을 위하여 저상버스를 도입해야 한다는 구체적 내용의 의무가 헌법으로부터 나오는 것은 아니다.

해설

맞춤형 복지제도 차별적용 위헌 확인(2006헌마186) 참조

• 지방공무원법 제77조(능률증진을 위한 실시사항) 는 지방공무원의 보건 휴양 안전 후생 기타 능률 증진에 필요한 사항의 기준 설정 및 실시 의무를 관할 지방자치단체의 장에게 부여하고 있고 피청구인 대한민국 정부에게는 이를 위한 법령 규칙 등 세부 기준의 제정 의무를 부여하고 있지 아니하므로 그 부작위를 다투는 이 사건 심판청구는 부적법하다.

• 지방재정법 지방교부세법 및 지방자치법 조항 어디에도 피청구인 대한민국 정부에게 지방공무원에 대한 맞춤형 복지제도의 실시를 위한 예산지원의무 등을 규정하고 있지 아니 하므로 그 부작위를 다투는 심판청구 역시 부적법하다

정답 ④